LA BELGIQUE ET SES NATIONS DANS LA NOUVELLE EUROPE

La Pensée et les Hommes

Fondateurs (1954)
Robert Hamaide, Georges Van Hout (président d'honneur)

Comité de direction
Oscar De Bouvere, Hervé Hasquin, Jacques Lemaire

Comité de rédaction et de programmation
Jacques Cels, Paul Danblon, Baudouin Decharneux,
Albert Deman, Anne-Marie Geritzen, Georges Goriely,
Guy Haarscher, Hervé Hasquin, Gilbert Hottois, Jacques Lemaire,
Georges Liénard, Frédéric Soumois, Robert Steenhout,
Marthe Van de Meulebroeke, Georges Van Hout, Claude Wachtelaer

Rubriques
Publications
Radio *La Pensée et les Hommes*
Radio *Penser c'est vivre*
Télévision

Secrétariat permanent
Cathy Leyder

Adresse centrale
Avenue Victoria, 5 - 1000 Bruxelles - Tél. (02) 640 15 20
Le courrier doit être envoyé à cette adresse avec mention
de la rubrique visée.

Abonnement aux publications
Le montant de l'abonnement pour trois dossiers annuels est fixé,
pour 1997, à 1 000 FB (à majorer de 200 FB si la situation géographique du destinataire implique l'usage du courrier aérien).
Abonnement de soutien : 1.200 FB (ou plus)
C.C.P. : 000-0047663-36 - *La Pensée et les Hommes*
1000 Bruxelles
Les volumes peuvent être acquis séparément aux Editions de
l'Université de Bruxelles (avenue Paul Héger, 26, 1000 Bruxelles).
L'abonnement permet une réduction importante du prix des trois
volumes et constitue un soutien direct à
La Pensée et les Hommes

Cet ouvrage est réalisé par *La Pensée et les Hommes*
dans le cadre de la collection
« Laïcité » du Centre d'Action Laïque

Publié avec le soutien de la Communauté française de Belgique

LA PENSEE ET LES HOMMES

40ᵉ année. Nouvelle série, n°36

LA BELGIQUE ET SES NATIONS DANS LA NOUVELLE EUROPE

**Dossier édité par
Jacques Lemaire et André Miroir**

Editions de l'Université de Bruxelles
1997

Dans la même série

La laïcité et les médias, 1985
Naissance, vie, mort : quelles libertés ?, 1986
Les individualismes, 1986
Dire l'Histoire, 1987
Immigrés : qui dit non à qui ?, 1987
Judaïsme et laïcité, 1988
Quelle religion pour la Révolution ?, 1989
Le français et les Belges, 1989
Panem et sportenses ? Sport et société, 1989
La laïcité en Amérique du Nord, 1990
Le cours de morale. Aspects théoriques, 1990
Le cours de morale. Aspects pédagogiques, 1991
La guerre et la paix, 1991
Le rationalisme est-il en crise ?, 1991
La franc-maçonnerie et l'Europe, 1992
Profession : homme politique, 1992
Le mensonge, 1993
Chrétiens et francs-maçons dialoguent, 1993
La drogue : réprimer, libérer, soigner, 1993
Enquêtes sur le bouddhisme, 1994
Passéisme et renouveau dans l'Eglise catholique, 1994
Les nationalismes, 1994
Rabelais, humaniste sérieux et divertissant, 1995
Affrontements et intolérances, 1995
Bilan de la Révolution française, 1995
Bioéthique : jusqu'où peut-on aller ?, 1996
Les nouvelles familles, 1996
Franc-maçonnerie et religions, 1996
Relire l'exclusion, 1997
La démocratie en danger, 1997

© 1997 by Editions de l'Université de Bruxelles
Avenue Paul Héger 26 - 1000 Bruxelles - Belgique
Imprimé en Belgique

Avant-propos

Jacques LEMAIRE
Président de *La Pensée et les Hommes*

Reprenant un usage inauguré par le numéro du printemps de 1986 avec *Naissance, vie, mort : quelles libertés ?* et poursuivi en mai 1989 avec *Le français et les Belges*, l'association *La Pensée et les Hommes* a organisé, les vendredi 6 et samedi 7 décembre 1996, en collaboration avec le CERIS (Centre d'étude des relations internationales et stratégiques) de l'ULB, une rencontre scientifique sur le thème *La Belgique et ses nations dans la nouvelle Europe*, qui fait l'objet de la présente publication.

Le sujet est doublement d'actualité : d'une part, parce que l'émergence du nationalisme s'observe dans plusieurs régions d'Europe, de l'Irlande à la Yougoslavie, en passant par les pays baltes, l'Espagne, l'Italie, la Roumanie, la Hongrie et la Belgique ; d'autre part, parce que certaines réponses ont été apportées aux exigences nationalistes (comme la partition entre la république tchèque et la Slovaquie), alors que des revendications plus ou moins amples, plus ou moins déterminées, plus ou moins pacifiques s'expriment en Flandre, en Transylvanie, en Padanie, dans le pays basque, en Corse, en Irlande du Nord, etc.

A la lumière de ces diverses formes d'explosion nationaliste, et en opérant – avec toute la prudence requise en pareil cas – d'intéressantes comparaisons, le colloque s'est penché avec une attention toute spéciale sur le contenu des affirmations régionales de l'Europe.

A l'époque où s'est tenue cette réunion, le pays était tétanisé par les « affaires » : affaires de corruption, où des hommes politiques du nord comme du sud du royaume se sont trouvés impliqués (l'appât du gain transcendant les frontières linguistiques), et surtout par la découverte de réseaux d'assassins pédophiles, dont les victimes appartiennent à la Flandre comme à la Wallonie. L'attitude des parents de Julie et Mélissa, d'An et Eefje, le sursaut des citoyens lors de la marche blanche d'octobre 1996, ont émoussé pour un temps le tranchant des affirmations nationalistes. Le pays s'est retrouvé autour de graves difficultés d'un destin commun, doublement malheureux.

En même temps, l'impéritie et l'impuissance de l'appareil étatique (des structures judiciaires et des services de police) ont favorisé la remise en cause de l'État lui-même, jugé incapable de répondre aux légitimes aspirations des citoyens.

Depuis, la situation est revenue à une plus stricte appréciation « communautaire » des faits. Les difficultés économiques et les menaces de fermeture d'entreprises ont en quelque sorte ravivé les intérêts régionaux. De la notion de fédéralisme (1970), les hérauts de la politique régionale sont passés sans ambages à une forme larvée de séparatisme (1991), voire à la tentation du rattachisme (1996). En catimini, les armes se préparent pour la négociation fédérale de la prochaine législature, en 1999. Et l'horizon 2002 ne représente pas seulement la promesse d'une monnaie unique en Europe : la symbolique de l'histoire concrétise pas mal de volontés indépendantistes dans la partie septentrionale du territoire.

Le devenir de la Belgique en tant qu'État-nation est posé. Quel rôle pourront jouer dans le futur les identités nationales ou communautaires ? Les facteurs économiques l'emporteront-ils sur les réalités culturelles ? L'intégration européenne favorisera-t-elle les mouvements centrifuges ou les tendances centripètes ? Quel sort sera réservé à Bruxelles, ville enclavée ou ville-frontière ? A ces questions, des responsables politiques et des chercheurs ont tenté d'apporter des perspectives de réponse. Ils nous montrent les possibilités qui s'offrent à nous, analysent les difficultés de chaque situation, soulignent les écueils auxquels les citoyens de la Belgique risquent d'être confrontés dans les toutes prochaines années.

L'essentiel, pour nous, tient dans le respect de la tolérance et de la dignité de chacun. Dans les changements peut-être radicaux qui risquent de se produire, le message laïque de liberté de la pensée, d'autonomie individuelle et de respect de la personne demeure d'actualité. Pour le reste, pour tout le reste, c'est l'avenir qui nous le dira...

Bruxelles, le 4 juillet 1997.

La Belgique et ses nations au regard de l'histoire

Hervé HASQUIN
Ministre de la Région de Bruxelles-capitale
Professeur à l'ULB

C'est en ma qualité d'historien que je m'exprime ici, même si j'ai un certain nombre d'engagements politiques bien connus. Avant d'examiner la nature des nations qui composent la Belgique, il faut se demander s'il y a jamais eu une nation belge. C'est la première question, mais elle n'est pas innocente. En effet, si l'on parcourt les livres d'histoire tels qu'ils se sont écrits en Belgique depuis 1830 jusqu'à un passé relativement récent, il faut convenir que la majorité des historiens se sont attelés à démontrer, parfois envers et contre tout, qu'il existait un peuple belge dès le moyen âge et que ce peuple belge, tout naturellement, est devenu une nation, qu'il y a donc eu un processus de continuité de là jusqu'au dix-neuvième et au vingtième siècles.

Aujourd'hui, à la fin du vingtième siècle, peu d'historiens universitaires belges oseraient encore défendre de pareilles thèses. On assiste d'ailleurs dans le chef de certains d'entre eux à des retournements de vocabulaire et à des changements d'attitude fort intéressants. Ainsi, Georges-Henri Dumont, qui a consacré de nombreux ouvrages à l'histoire de Belgique et qui en est manifestement un bon spécialiste, a écrit dans les années cinquante et même soixante des ouvrages qui s'inscrivaient de façon fort traditionnelle, voire servile, dans la tradition historiographique belge de la fin du dix-neuvième siècle et surtout des thèses d'Henri Pirenne. Cependant l'évolution du pays depuis un quart de siècle, essentiellement les mutations institutionnelles qui sont intervenues dans le pays, qui a cessé d'être un État unitaire pour devenir un État fédéral depuis 1970, a provoqué un changement visible. Le terme apparaît dans la Constitution belge depuis trois ans. Et l'on constate dans le chef d'un certain nombre d'historiens des évolutions de langage qui sont fort intéressantes. Ainsi donc, consultant récemment le dernier « Que sais-je ? » publié par Georges-Henri Dumont et consacré à l'histoire de Belgique — il est sorti de presse il y a quelques mois — je distingue clairement dans le chef de cet unitariste convaincu qui a écrit des discours extraordinairement « belgicains », une volonté de mettre l'histoire à la mode d'aujourd'hui. Ne consacre-t-il pas un chapitre au « fédéralisme des États bourguignons » ! Il y a donc là une volonté d'intégrer dans les schémas historiques le vocabulaire d'aujourd'hui.

Lode Wils, professeur à la Katholiek Universiteit Leuven, est l'auteur d'une *Histoire des nations belges*. En guise d'introduction à son ouvrage, il n'hésite pas à affirmer qu'il y a plusieurs nations en Belgique. Il se propose de livrer un aperçu du développement de la prise de conscience ethnique et nationale dans nos régions de l'empire franc à nos jours. Le projet est extrêmement ambitieux. Lode Wils n'hésite pas pour sa part à employer le terme d'« État fédéral catholique romain » pour qualifier les Pays-Bas espagnols et autrichiens. L'on mesure clairement les engagements de monsieur Lode Wils et l'on constate une volonté très nette de s'inscrire dans l'actualité du temps. Il s'agit de jeter un regard sur l'histoire, regard indiscutablement conditionné par l'évolution historique de ces vingt-cinq dernières années.

En résumé, on peut dire que pendant une bonne partie du dix-neuvième siècle, on essaie de nier la coexistence dans l'État belge de populations d'origines différentes. On est bien entendu gêné aux entournures par la divergence linguistique, parce qu'il faut tout de même reconnaître que tous les gens qui appartiennent au territoire belge de 1830 ne parlent pas la même langue. Mais l'on trouve sans trop de difficultés des palliatifs pour essayer de convaincre les Belges qu'ils forment une nation et une nation homogène par-dessus le marché.

Ainsi, au milieu du dix-neuvième siècle, la théorie des races est à l'honneur. On essaie de faire de tous les Belges, qu'ils soient flamands ou wallons, des Germains. Des historiens parmi les plus sérieux expliquent que, par-delà les apparences, il existe une unité profonde au sein de la Belgique : c'est le sang germanique qui coule dans les veines de tous les enfants du pays.

1. Henri Pirenne

Mais laissons ces fadaises pour des interprétations un peu plus intelligentes, notamment certaines théories de la fin du dix-neuvième siècle. Il faut rendre hommage à Henri Pirenne. S'il faut certes formuler quelques critiques à son égard, il reste le plus grand historien que la Belgique ait connu. C'est l'inventeur de ce qu'on appelle aujourd'hui la « nouvelle histoire ». On oublie souvent que les pères fondateurs de la nouvelle histoire, Marc Bloch et Lucien Fèvre ont fait appel à Henri Pirenne pour devenir le président et le directeur de la revue *Les Annales,* lorsqu'ils en décident le lancement en 1929. Précisément parce que Pirenne avait réussi cette révolution conceptuelle dans la façon d'écrire l'histoire aux confins du dix-neuvième et du vingtième siècle, à savoir d'avoir de l'histoire une vision globale. Celle-ci veut intégrer dans l'écriture de l'histoire une série de paramètres tels que l'économique, le social, la démographie. Cette vision globalisante de l'histoire n'avait pas son pareil précédemment, en tout cas dans les pays de langue française. Pirenne apparaît donc, aux confins des dix-neuvième et vingtième siècles, grâce à son *Histoire de Belgique*, comme le chef de file d'une nouvelle histoire dont l'influence et le rayonnement international seront tout à fait remarquables. Cette *Histoire de Belgique* est un véritable morceau de littérature et témoigne d'un authentique talent d'écrivain. Pour Pirenne, l'histoire était certes une science, mais restait un genre littéraire. Il avait une plume extraordinaire et ses chapitres se lisent toujours avec plaisir.

Pirenne apparaît donc, au début du vingtième siècle, non seulement au niveau scientifique, intellectuel, mais aussi pour la classe politique et l'« *establishment* » belge d'avant la Première Guerre mondiale, comme le père fondateur du sentiment national belge. Pourquoi ? Parce c'est un homme d'une grande amplitude intellectuelle, respecté pour sa science et son savoir. Il démontre avec des arguments qui méritent parfois réflexion et avec beaucoup de talent une continuité entre le peuple belge du moyen âge et la Belgique du dix-neuvième siècle. Dire que la Belgique est un État artificiel n'est pas une invention d'hommes politiques en mal d'imagination ou qui veulent faire parler d'eux en cette fin du vingtième siècle. Le thème de la Belgique comme pays artificiel est un thème parfaitement courant au dix-neuvième siècle, à tel point qu'un gouvernement de la seconde moitié du dix-neuvième siècle estimera même qu'il est superfétatoire d'enseigner l'histoire de Belgique dans les universités ! Qu'on apprenne d'abord l'histoire et tout ce qui a été dit et écrit de la Belgique du dix-neuvième siècle : on aura souvent d'étranges surprises.

Que nous apprennent globalement les thèses de Pirenne ? La Flandre lui apparaît comme le microcosme de la Belgique en devenir. Elle est à la fois de langue romane et de langue germanique. Du reste, Pirenne a tendance à surestimer la présence francophone dans la Flandre du moyen âge. Cette Flandre lui apparaît d'autant plus comme le berceau de la Belgique en devenir que les libertés des communes flamandes sont célèbres, que la prospérité de la Flandre au moyen âge l'est tout autant, le bilinguisme en plus. Comment ne pas voir dans cette Flandre prospère du moyen âge la Belgique extraordinairement prospère de la fin du dix-neuvième siècle ? Si l'on prend en considération la population du territoire, les tonnes d'acier produites, les kilomètres de voie ferrée, le nombre et la puissance des machines à vapeur, la Belgique est entre 1900 et 1910 la troisième puissance industrielle et économique au monde, derrière les États-Unis et l'Angleterre, loin devant la France et bien plus loin encore devant l'Allemagne. Pour l'historien de la fin du dix-neuvième siècle, quand on sait ce que représente la Belgique qui exporte ses trams, ses chemins de fer dans le monde entier et qu'on voit la situation de la Flandre bilingue au moyen âge, la tentation intellectuelle voire sentimentale est grande de jeter un pont entre ces deux entités et d'essayer d'en expliquer la continuité. Donc, selon Pirenne, ce qui fait finalement la spécificité de la Belgique, c'est une culture, une civilisation commune à l'ensemble des territoires belges, civilisation spécifique faite à la fois de romanisme et de germanisme. Sans un de ces deux éléments, la Belgique n'existerait pas. Ou bien elle serait allemande, ou bien elle serait française. Pirenne est un des tout premiers à isoler l'importance de la bataille des éperons d'or en juillet 1302, bataille qui apparaît comme la victoire du prolétariat flamand contre la chevalerie française. Les troupes de Philippe le Bel essuient une défaite sanglante et célèbre dans la plaine de Courtrai. Et, dit Pirenne, consciemment ou inconsciemment, cela relevait de la volonté de la Flandre de ne pas se laisser assimiler par la France. Si la chevalerie française avait gagné, la Flandre aurait sans doute été assimilée progressivement par la France et il n'y aurait pas eu de Belgique possible dans l'avenir.

Autre élément important de la thèse de Pirenne, c'est l'insistance sur le fait que toutes les provinces d'ancien régime en Belgique étaient des provinces bilingues. Et, dit-il, en restituant ce vocabulaire dans le contexte du temps, les « guerres de race » n'existaient pas. Qu'appelle-t-on les « races » ? Les groupes ethniques et les groupes linguistiques. Il ne faut pas y chercher nécessairement les connotations racistes à caractère péjoratif telles qu'on les appréhende aujourd'hui. On use et on abuse du terme de « race » dans le vocabulaire historique et général dans la seconde moitié du dix-neuvième siècle et en tout cas avant la guerre 14-18.

Les thèses de Pirenne peuvent donc se synthétiser ainsi : « Belges, ayez confiance, vous n'êtes pas une nation artificielle. C'est parce qu'il y a un peuple belge au dix-neuvième siècle qui a survécu à travers une série d'épreuves que la Belgique a vu le jour en 1830 ». Bref, il existe bel et bien un peuple et une nation belges. Il était normal que ce peuple, cette nation trouve à s'exprimer à l'intérieur d'un territoire bien défini. Pirenne adopte donc une conception tout à fait finaliste de l'histoire. Pour lui, la Belgique n'est pas un accident de l'histoire, mais une nécessité de l'histoire puisqu'il existait un peuple belge et qu'il a fini par se doter d'un État et de frontières.

Voilà l'histoire officielle. Pirenne apparaîtra comme le sauveur aux yeux de la classe politique, parce que les tremblements politiques et les émotions en Belgique, à la fin du dix-neuvième siècle, sont au moins égaux à ce qu'ils sont aujourd'hui. On réécrit tous les manuels scolaires en fonction de ses thèses. L'enseignement dans les universités se modèle sur le nouveau message qui vient d'être délivré. Et on commence à exploiter politiquement le discours de Pirenne, plus encore que par le passé. On passe sous silence tout ce qui est susceptible de mettre en évidence les moindres tensions, les moindres rivalités qui auraient pu exister dans le passé sur les territoires qui constitueront la Belgique de 1830. Quiconque avait tendance à mettre l'accent sur des rivalités et des dissensions surtout de caractère linguistique, était d'une certaine manière un incivique. Il y a des choses dont on ne parle pas. Et on finit par dire que ces choses-là n'ont jamais existé, en dépit de preuves contraires, claires et flagrantes. Au nom d'une vision unitariste de la Belgique, il y a une volonté de faire fi d'un certain nombre de particularismes locaux. L'histoire de Belgique doit être la résultante de la volonté d'un peuple qui se rassemble et ce rassemblement s'accompagne de rassemblements de territoires. Puis un jour la Belgique est là : c'était dans l'évolution naturelle des choses...

Comment va-t-on réagir à cette vision de Pirenne ? Il y a un grand tournant dans l'histoire de Belgique vers 1930-1935. Plusieurs événements se produisent. Les grandes lois linguistiques de 1932-1935 organisent l'unilinguisme dans les régions dans divers domaines essentiels, comme la justice, l'administration ou l'enseignement. Vous avez la flamandisation de l'université de Gand, où enseignait Pirenne. Et désormais, ce qui nous paraît tout à fait légitime aujourd'hui, mais qui était surprenant à l'époque, l'histoire sera enseignée exclusivement en néerlandais en Flandre. Des revues scientifiques en flamand se créent. Le roi Albert, qui apparaît encore comme le roi chevalier, le sauveur de la Belgique de 1914-1918, le seul à pouvoir faire l'unité, meurt en 1934. Pirenne disparaît en 1935. C'est beaucoup de choses en peu d'années. Et il est fascinant de constater ce qui se passe à ce moment-là au nord de la frontière linguistique. On peut dire que Pirenne est véritablement « largué » par l'historiographie flamande. En dépit de la place qu'il y occupait. Héros de la guerre et prisonnier pendant deux ans dans les camps allemands, il était revenu en triomphateur en Belgique, à l'Université de Gand où il devint recteur. Pirenne est pris au propre jeu de sa vision de l'histoire de Belgique. Dans sa préface au cinquième tome de son *Histoire de Belgique* consacré à la seconde moitié du dix-septième siècle et au dix-huitième siècle, il n'hésite pas à dire que les faits lui ont donné raison. La Belgique a vaillamment résisté. Qui oserait encore prétendre après cette guerre qu'il n'y a pas une nation belge ? Il affirme que nous sommes une nation et que nous n'avons donc rien à craindre.

2. Les derniers Belges

Dans la logique de son discours historique et de sa vision de l'histoire, Pirenne se fait le défenseur du bilinguisme en Flandre. C'est une grave erreur, étant donné la poussée du mouvement flamand et du mouvement wallon à nouveau dans les années trente et l'organisation de l'unilinguisme dans les régions. Se développe dans les années trente en Flandre une historiographie qui raisonne en termes de Flandre, d'intérêts flamands, de nation flamande déjà. La Belgique devient totalement accessoire dans les préoccupations de nombreux universitaires et de nombreux hommes politiques. On constate alors l'apparition d'une Belgique à deux vitesses. Des Flamands qui deviennent de plus en plus Flamands dans le monde académique, dans le monde universitaire et chez les historiens en particulier. Les derniers Belges, et ils le resteront essentiellement pendant une quarantaine d'années, ce sont les Bruxellois francophones et les Wallons. On constate là un décalage dans le temps qui se retrouve dans la façon d'écrire l'histoire et dans les prises de conscience. Encore aujourd'hui, et c'est une chose que les journalistes ne veulent pas voir et n'expliquent pas à la population, le vocabulaire politique n'a pas la même signification au nord et au sud du pays. Il faudrait lire plus souvent la presse flamande pour savoir qu'en Flandre le « fédéralisme radical » est l'équivalent du « séparatisme » en Wallonie. Cela complique considérablement l'analyse.

Pourquoi Pirenne est-il mis à mal également du côté francophone ? À partir du moment où il développe une conception tout à fait finaliste de l'histoire, il y a une pièce qui est dérangeante dans le puzzle de la Belgique : c'est la principauté de Liège, soit cinq mille sept cents kilomètres carrés, cinq cent mille habitants, qui coupe la Belgique d'aujourd'hui en deux. Un tiers de la principauté de Liège était en territoire flamand et un bon quart de la population de la principauté parlait le flamand. C'est une entité juridique totalement indépendante. Pendant des siècles, jusqu'à la fin du dix-huitième, quand vous allez de Liège à Bruxelles, vous allez à l'étranger, il y a des cantons douaniers, des administrations différentes, on échange des ambassadeurs... Baser la Belgique et le devenir de la nation belge en se fondant exclusivement sur les anciens Pays-Bas bourguignons devenus espagnols, puis autrichiens, est inacceptable pour une partie de la Wallonie et pour la principauté de Liège en particulier car, pour Pirenne, les vrais fondateurs de la Belgique sont les ducs de Bourgogne. Mais, quand on étudie l'histoire de la principauté de Liège, qui a martyrisé la principauté de Liège, sinon les ducs de Bourgogne, Philippe le Bon, Charles le Téméraire ? L'incendie de Liège, la mise à sac de Dinant et d'autres tristes souvenirs sont intolérables. Allez donc expliquer aux petits Liégeois, aux Dinantais et à des dizaines de milliers d'étudiants de Wallonie que l'histoire de leur pays n'a jamais été aussi glorieuse qu'à l'époque des ducs de Bourgogne, ceux-là mêmes qui massacraient leurs ancêtres...

Cela pose un problème conceptuel, pour essayer d'expliquer qu'il y a une nation belge depuis le moyen âge. Le vrai problème est là. Cependant les historiens francophones restent majoritairement dans la ligne de Pirenne. Quant aux historiens francophones wallingants, ils sont des amateurs pas toujours éclairés et racontent à leur tour parfois n'importe quoi. On ne les prend pas, à juste titre, très au sérieux. Il n'empêche que les sentiments dans une partie de l'opinion intellectuelle wallonne ne peuvent pas être favorables aux thèses de Pirenne et que les Liégeois ne peuvent pas, sous quelque forme que ce soit, se rallier à la vision un peu trop schématique voire simpliste de l'histoire de Belgique telle qu'elle est présentée et enseignée, pour expliquer envers et contre tout qu'il y a une nation belge depuis le moyen âge.

Autre fait à souligner : les révolutions de la fin du dix-huitième siècle. La révolution dite « brabançonne » qui secoue les Pays-Bas autrichiens est une révolution cléricale, dont le programme est aux antipodes du discours politique tenu par l'assemblée nationale à Paris. On veut un retour en arrière. Signe qui ne trompe pas, le premier geste des États belgiques-unis est d'abolir l'édit de tolérance de Joseph II de 1781 qui avait pourtant été accueilli dans l'Europe entière comme l'événement le plus glorieux du siècle, puisqu'on organisait enfin la tolérance religieuse dans l'empire des Habsbourg. Les protestants, les juifs, les luthériens cessaient d'être des citoyens de seconde zone, avaient accès à la fonction publique, avaient droit à des pasteurs, ne devaient plus se cacher, n'étaient plus martyrisés. La révolution brabançonne revint sur ces principes. Que se passa-t-il à Liège, où existait une tradition de francophilie, voire de francolâtrie très établie au dix-huitième siècle ? La révolution liégeoise copie, singe la révolution française. On y publie en septembre une déclaration des Droits de l'Homme et du Citoyen qui, sur un ou deux articles, est encore plus radicale que la déclaration des droits de l'Homme et du citoyen qui avait été promulguée à Paris le 26 août 1789. Il s'agit là de deux façons radicalement différentes de réagir à l'histoire. Or, Pirenne faisait des États belgiques-unis et de la révolution brabançonne l'un des éléments fondateurs de la nation belge ! Pour une partie non négligeable de l'opinion francophone, c'était une vision de l'histoire, une manière d'expliquer la Belgique qui était tout à fait inacceptable.

Sur la « périodisation », je partage l'analyse de Jean Stengers, dont le point de vue a pourtant évolué au fil du temps. Si on essaie de partir du principe — ce ne fut jamais le cas, mais à supposer même qu'il y eût une nation belge en 1830 — quelles sont les grandes étapes, les grandes articulations que l'on peut dégager jusqu'à ce jour ? Jusqu'en 1914-1918, on s'efforce de développer ce qu'on appelle un esprit national à l'intérieur de la Belgique. Mais un esprit national déjà mis à mal par le mouvement flamand, un phénomène que l'on n'enseignait pas, parce que jugé méprisable, dans les cours d'histoire de Belgique. Parler du mouvement flamand ou du mouvement wallon, faire des recherches à leur sujet, n'avait pas de sens. Jusqu'en 1975, c'étaient des choses considérées comme peu sérieuses en matière de recherche scientifique, y compris dans cette université. Il y a des sujets tabous dont on ne parlait pas. Beaucoup de collègues éminents ont été mes professeurs dans les années soixante. Que contenaient les grands cours d'histoire que j'ai suivis dans l'amphithéâtre Paul-Emile Janson au début des années soixante ? Et particulièrement un cours d'histoire passionnant avec le professeur éblouissant qu'était Jean Stengers. Mes notes de cours en font foi : il faut revoir la manière elliptique dont on parle du mouvement flamand ou du mouvement wallon pendant l'année académique 1962-1963, alors qu'il vient de se passer notamment en Wallonie un certain nombre de faits importants à l'occasion de la grève de 60-61.

Or, le mouvement flamand existe et met à mal très tôt l'histoire de Belgique. En 1839, la Belgique est assurée de son indépendance, mais dès 1840, les premières revendications du mouvement flamand se font entendre. Des commissions d'enquêtes sont mises sur pied au début des années dix-huit cent quarante. Dans les textes produits entre 1840 et 1850, on trouve déjà tout le programme du mouvement flamand tel qu'il va être mis en œuvre globalement jusqu'aux environs de 1950-1960. Voilà une réalité que l'on n'a jamais osé enseigner aux petits Belges, de peur de susciter le doute dans leur esprit quant à l'existence d'une nation belge. Au mouvement flamand répondra, mais avec quarante ans de retard, un mouvement wallon qui s'agitera surtout avant la guerre 14-18. Aux environs de la Première Guerre mondiale, on assiste à une polarisation sur les extrêmes, comme souvent dans les périodes de tension.

Pirenne sert de catalyseur à l'esprit national belge, mais dans le même temps on assiste à une poussée flamingante et à une poussée wallingante. Et puis c'est la guerre. Durant l'entre-deux-guerres, le nationalisme belge semble réel. Dans les années vingt, même Jules Destrée le reconnaît. Il constate que les esprits ont beaucoup évolué et que parler de fédéralisme est devenu presque dangereux, y compris en Wallonie et à Bruxelles. D'autant que les tenants de certaines formes de séparatisme en Flandre ont été discrédités par la collaboration avec l'occupant allemand. Mais la phase nationaliste belge, le sursaut de l'esprit national ne durera que quelques années durant les années vingt. Et les années trente voient de nouveau une grande période de divergences, mais avec un mouvement flamand qui redevient très dynamique et remet en cause, de façon beaucoup plus importante que par le passé, les structures traditionnelles de la Belgique. Dans les années trente, le mouvement flamand est de plus en plus en rupture avec le modèle belge.

Au lendemain de la Seconde Guerre mondiale, on assiste à l'émergence d'un nationalisme revivifié comme au lendemain de toutes les grandes épreuves, mais de très courte durée. Les choses vont s'emballer. 1960 est un grand tournant. Dans ses revendications transcrites dans les lois linguistiques de 1962-1963, le mouvement flamand va bien au-delà de ses revendications traditionnelles. Jusque-là, en résumant, l'histoire de Belgique peut s'écrire au travers de deux thèmes, d'une part la guerre scolaire et les débats idéologiques d'autre part les revendications du mouvement flamand. L'histoire de Belgique depuis 1840 jusque 1950-1960, c'est, d'une certaine façon, la réalisation des aspirations du mouvement flamand. À partir de 1960, on passe à la vitesse supérieure, on va bien au-delà des revendications traditionnelles ; on désire une territorialité affirmée ; une volonté d'assimilation se manifeste envers les minorités francophones de Flandre. Une Flandre en pleine prospérité économique, qui se sent de plus en plus forte à l'intérieur de l'État et qui pense de moins en moins en terme de Belgique.

3. La déchirure s'accentue

Dès la fin des années soixante, on n'enseigne plus l'histoire de Belgique dans les universités flamandes. On y enseigne l'histoire des Pays-Bas, ensemble culturel qui englobe à la rigueur les anciens États bourguignons mais le poids de la communauté flamande et germanique est considérable à l'intérieur de cette vision bénéluxienne de l'histoire de nos régions. Ce sont des signes qui ne trompent pas sur l'évolution des sentiments. L'Université libre de Bruxelles est une des rares universités de ce pays à avoir conservé un cours d'histoire de Belgique, signe des temps et témoignage du décalage, une fois de plus, entre le nord du pays et sa partie francophone.

En 1960, le mouvement flamand va bien au-delà de ce qu'ont été généralement ses revendications traditionnelles et, par ailleurs, le mouvement wallon prend de la consistance. La revendication fédéraliste fait son apparition pour la première fois à l'intérieur des régions wallonnes de façon sérieuse, dans la mesure où cette revendication est soutenue par les syndicats et des organisations politiques extrêmement puissantes. C'est la grève de 1960-1961 où la distorsion est claire : trois cent mille grévistes en Wallonie, cent mille en tout pour la Flandre, en dépit des déséquilibres démographiques qui existent entre le nord et le sud. Ce sont les lois linguistiques de 1962-1963, c'est l'affaire des Fourons. Une prise de conscience régionaliste commence à s'affirmer en Wallonie.

Plus surprenante est la prise de conscience régionaliste qui voit le jour en région de Bruxelles. Des partis spécifiquement bruxellois se présentent aux élections et, contre toute attente, gagnent plusieurs sièges. Un esprit régional bruxellois qui veut se distinguer de la Wallonie et de la Flandre, émerge au centre du pays. Une sociologie politique très particulière se développe. Contrairement au thème traditionnel du discours politique qui était encore de mise jusqu'aux environs de 1960, la volonté, si on réforme l'État, est, bien entendu, qu'il y ait deux grandes communautés linguistiques, la Flandre et la partie francophone du pays, — on l'appellera un jour la Communauté française —, mais aussi de considérer que du point de vue économique et social, il y ait désormais trois régions, la Flandre, Bruxelles et la Wallonie. Tout cela se forge dans les années soixante. La révision de la Constitution de 1970-1971 n'est que l'aboutissement de ce remue-ménage, de ce frémissement des années soixante. Un discours célèbre de Gaston Eyskens devant les Chambres explique que l'État unitaire appartient au passé, qu'il faut adapter la Belgique aux nécessaires évolutions de l'histoire. En vingt-cinq ans, la Belgique passe d'un État parfaitement unitaire, centralisé, pratiquement jacobin, à un État-nation tel qu'on l'imaginait encore au dix-neuvième siècle, même s'il n'y avait plus de nation belge, un État fédéral avec la structure qu'on lui connaît aujourd'hui. La mutation s'est indiscutablement accompagnée de l'émergence de consciences régionales beaucoup plus fortes aujourd'hui qu'elles ne l'étaient il y a vingt-cinq ans et *a fortiori* trente. Ceci n'exclut pas, par-delà les frontières des régions, des solidarités culturelles et linguistiques, entre une partie des flamands de Bruxelles et la Flandre et entre les francophones bruxellois et la Wallonie.

J'ai déjà souligné que le vocabulaire n'avait plus le même sens au nord et au sud du pays. Je voudrais vous raconter une anecdote qui montre que les évolutions se font en sens très opposés. Le président d'un parti que je connais bien a de la famille en Flandre, à Leuven en particulier. Le chef de famille de ces parents proches est médecin. Il appartient à la même formation politique que lui, mais à l'aile flamande. La discussion se déroule entre eux, il y a quelques semaines. Le francophone demande à son cousin : « Es-tu encore belge ? ». « Oui, bien entendu, je suis contre les séparatistes », répond le médecin. Donc, lui dit son interlocuteur francophone, « tu es bien d'accord qu'il faut une solidarité dans le pays, dans des matières telles que la sécurité sociale, les soins de santé, la politique de chômage en général, l'aide au développement économique ». « Non, lui répond son cousin : il est normal que l'argent de la Flandre lui revienne, que la Flandre ait un juste retour de ce qu'elle apporte au pays ». Mais, par ailleurs, il est très belge et ne veut pas entendre parler de la disparition de la Belgique. Quand on effectue des analyses de science politique, il faut s'interroger d'abord sur la signification des mots. On a écrit dans la presse depuis quelques mois tout et n'importe quoi en se fondant sur un certain nombre de sondages, mais en ne posant pas la question fondamentale de la signification des mots. Que disent ces sondages ? En Flandre, trente pour cent de gens se disent « indépendantistes et totalement autonomistes ». Quarante pour cent se prononcent pour un fédéralisme radical, qui exclut toute forme de solidarité. C'est ce qu'on appelle en Wallonie et chez les francophones bruxellois, dans le discours politique, le séparatisme. Restent trente pour cent qui ont encore une vision globale de la Belgique avec les mécanismes de solidarité qui en découlent. Si on relativise donc les choses, si on appelle les choses par leur nom, si on traduit la réalité du vocabulaire et ce qu'il recouvre, on doit bien constater qu'il y a des divorces de plus en plus importants, qu'une nation flamande existe à l'intérieur de la Belgique [1]. Il serait sot de le mettre en doute. Il n'y a pas encore de nation wallonne, il n'y a pas de nation bruxelloise. Mais depuis une vingtaine d'années, il y a des prises de conscience régionaliste qui déboucheront peut-être un jour sur des formes de nationalisme, qui n'existent pas encore, même si certains historiens, tombant dans les travers du dix-neuvième siècle, en Wallonie en particulier, essaient de justifier la Wallonie d'aujourd'hui comme si elle existait depuis toujours, en essayant d'expliquer envers et contre tout l'existence d'un peuple wallon uni, fort, maître de son destin et passant comme si de rien n'était à travers les siècles, pour affronter un avenir qu'on lui souhaite positif.

Note

[1] Cette impression fut confirmée lorsque j'accompagnais en mai 1997 L. Michel, président du parti réformateur libéral, dans plusieurs étapes de son « tour des Flandres » (Rond van Vlanderen). Voir mes commentaires dans l'interview parue dans le quotidien *Le Soir*, 14 mai 1997.

Orientation bibliographique

Destatte, Ph., *L'identité wallonne. Essai sur l'affirmation politique de la Wallonie (XIXe-XXe siècles)*, Charleroi, Institut Jules Destrée, 1997.

Hasquin, H., *Historiographie et politique en Belgique*, 3e éd., revue et augmentée, Bruxelles-Charleroi, Editions de l'Université de Bruxelles-Institut Jules Destrée, 1996.

Kotek, J., « Minorité majoritaire, majorité minoritaire : le cas de la Belgique », *Relations internationales*, n° 89, printemps, 1997, pp. 21-35.

Mabille, X., *Histoire politique de la Belgique. Facteurs et acteurs de changement.*, Bruxelles, CRISP, nouvelle éd. revue et complétée, 1997,

Stengers, J., « La déconstruction de l'État-nation : le cas belge », *Vingtième siècle, Revue d'histoire*, n° 50, avril-juin 1996, pp. 36-54,

Wils, L., *Histoire des nations belges. Belgique, Flandre, Wallonie : quinze siècles de passé commun*, traduit par Ch. Kesteloot, Ottignies Louvain-la-Neuve, Quorum, 1996.

Quel avenir pour la Belgique à l'horizon 2000 ?

Maurice BAYENET
Chef de groupe du Parti socialiste au Parlement wallon
Armand DE DECKER
Président du Conseil de la Région de Bruxelles-capitale
Marc BERTRAND
Représentant de M. Nothomb, président du PSC

Table ronde animée par
Xavier MABILLE
Directeur du CRISP et professeur à l'ULB

Xavier MABILLE :
Il faut résister à prendre le discours d'ouverture de monsieur Hasquin comme thème de débat, étant donné qu'il y aurait matière à débat. Tournons-nous plutôt délibérément vers l'avenir. Quel avenir pour la Belgique à l'horizon 2010 ? C'est une question difficile, dans la mesure où on peut l'entendre de plusieurs façons. Quel avenir souhaitez-vous, quel avenir prévoyez-vous ? L'avenir que vous souhaitez est-il aussi celui que vous prévoyez ? La question est importante aujourd'hui, dans la mesure où nous avons vécu, depuis quelques années, la chute de nombreux tabous. On se permet de se poser aujourd'hui un certain nombre de questions sur l'avenir de l'État qui auraient été malvenues il y a quelques années. Nous devons aborder aujourd'hui cette question sans tabous.

Armand DE DECKER :
Un mot pour regretter l'absence du Vlaamse Raad : le débat en aurait été d'autant plus intéressant. En effet, entre francophones, les divergences ne portent en général que sur quelques nuances. Je voudrais néanmoins ne pas résister à la tentation de commenter brièvement l'introduction de mon ami le professeur Hasquin. En l'écoutant, j'essayais de me placer du point de vue européen. En l'écoutant faire l'analyse de l'existence ou de la non-existence réelle d'un État ou d'une nation belge, je trouvais que cet exercice était politiquement d'un intérêt largement relatif. Pourquoi ? Parce que la question de l'existence réelle de l'État est une question qui peut se poser pour de

nombreux États européens. Il est évident que lorsqu'on examine le cas de l'Espagne d'aujourd'hui, on peut se poser exactement les mêmes questions. Si on regarde l'Italie, qui possède d'ailleurs une histoire comme État-nation plus récente et plus brève que la nôtre, on peut certainement se poser la question. Quand on observe l'Allemagne, on constate qu'elle aussi est un État extrêmement récent ; et même si l'on regarde un pays qui possède un sentiment national fort comme la Grande-Bretagne, on peut se poser la question de savoir si elle existe réellement au-delà de l'Angleterre. Y a-t-il véritablement un sentiment d'appartenance commun entre un Écossais, un Anglais, un Gallois et un Irlandais, alors que chaque fois qu'on les rencontre, ils veulent souligner leur différence.

Ce que les habitants de ces pays ont certes en commun, c'est une langue commune, à l'exception indiscutable des Espagnols. Il y a de nombreuses langues dans le royaume d'Espagne d'aujourd'hui. Ces langues ont conquis une existence et une reconnaissance politiques. Je pense au catalan et aux deux langues officielles de la Catalogne. En fait, les États-nations dont l'histoire paraît incontestable, ce sont la France et les Pays-Bas, même si leurs frontières ont été variables à travers le temps.

Qu'adviendra-t-il de la Belgique en 2010 ? Pour moi, comme je me sens profondément belge, tout aussi bien et aussi profondément chez moi à Anvers, à Ostende, à Liège, à Charleroi, à Arlon ou à Bruxelles, la question ne se pose pas. Je me sens belge et beaucoup de Bruxellois sont dans ce cas. C'est ce qui explique que les Bruxellois, peut-être davantage que d'autres, ressentent le besoin de jouer un rôle politique fédérateur, plutôt qu'un rôle diviseur. Au-delà de cela, je fais de la politique depuis vingt ans et je siège au parlement depuis quinze ans. J'ai donc assisté à un certain nombre d'évolutions. J'ai donc participé à un certain nombre de réformes de l'État. Celles auxquelles j'ai participé, j'ai eu la joie, peut-être par hasard de le faire dans l'opposition, et donc de pouvoir voter contre chacune d'entre elles, avec une totale conviction.

En 2010, la Belgique devra avoir évolué selon la volonté populaire. Si les Belges souhaitent continuer à vivre ensemble, ils continueront à vivre ensemble. Ce qui peut bien entendu se passer, c'est un contournement politique, un coup de force. Ce peut être par exemple le Vlaams Parlement, dont je regrette la non-représentation ici, qui décréterait en exploitant et en dépassant l'autonomie constitutive dont il dispose, l'indépendance de la Flandre et poserait ainsi un grave acte politique. C'est pour cela que le dernier stade de la réforme de l'État fut une réforme très dangereuse pour la survie de l'État belge, parce qu'on y a créé des forces centrifuges aujourd'hui puissantes. Le mécanisme le plus puissant, c'est l'élection directe des parlementaires flamands, wallons et bruxellois. Jusqu'à une époque très récente, en fait jusqu'aux dernières élections, les parlementaires avaient la « double casquette », à part les

Bruxellois qui avaient déjà un Conseil régional propre, élu directement. Ce qu'on ne pouvait que constater, c'est que tous les parlementaires flamands et tous les parlementaires wallons attribuaient une priorité et attachaient une importance infiniment plus grande à leur mandat national qu'à leur mandat régional. Et que lorsque vous vous promeniez dans les couloirs du Parlement et que vous entendiez des Flamands parler de leur Vlaamse Raad, les Wallons parler de leur Conseil régional, ils étaient fort critiques par exemple à propos du mode de fonctionnement, de la manière de prendre les décisions politiques, par rapport au système national qui est plus rigoureux, plus contraignant, parce qu'il est plus ancien. Ces élus qui, à l'époque, avaient une « double casquette » ressentaient, profondément que les enjeux fédéraux étaient plus importants que les enjeux régionaux. À l'heure actuelle, cette barrière-là n'existe plus, et cette évolution représente un large risque.

Il faut bien se dire que la Belgique existera en 2010 si les Belges souhaitent encore vivre ensemble. La question qui se pose effectivement est de savoir s'ils auront l'occasion de l'exprimer. D'où le problème du référendum : faut-il ou non en organiser un ? Je suis de ceux qui pensent, comme Hervé Hasquin, qu'on ne peut pas changer les règles fondamentales d'un État sans consulter la population sur sa volonté réelle.

En effet, quels sont aujourd'hui les obstacles à une volonté autonomiste et indépendantiste de plus en plus grande du côté de la Flandre et du Parlement flamand ? Parce que si j'écoute bien ce qui se dit du côté francophone, en Wallonie ou à Bruxelles, je n'entends personne revendiquer le séparatisme. J'entends beaucoup d'élus francophones s'inquiéter de la déclaration d'une indépendance flamande et des mesures qu'il y a aura à prendre face à ce fait unilatéral du monde politique flamand. Mais, aujourd'hui, je n'entends guère d'indépendantistes wallons s'exprimer d'une manière forte. Pourquoi ? Parce que la politique, comme le disait le général de Gaulle, est d'abord une question d'intérêt. Et que la partie francophone de la Belgique perdra énormément de choses à la disparition, à la fin de la Belgique. Une éventuelle séparation de la Belgique coûtera économiquement et socialement très cher. Quels sont les obstacles à cette volonté qui se manifeste il est vrai de plus en plus nettement du côté flamand ?

Le premier obstacle, c'est évidemment Bruxelles. Parce que la région bruxelloise est en même temps la capitale du pays et assume un rôle historique d'une importance fondamentale qui est le rôle de capitale politique de l'Europe. Ce rôle de capitale politique de l'Europe provoque évidemment un énorme appétit et un énorme intérêt, tant du côté de la Flandre que du côté wallon, même si du côté wallon cet intérêt-ci est plus nouveau. Un décalage dû peut-être à ce que les Bruxellois parlent à quatre-vingt-cinq pour cent au moins la même langue que les Wallons : ceux-ci ne se sentaient pas nécessairement concernés par le destin de Bruxelles ou ne ressentaient pas le besoin d'un destin commun. Ce rôle européen de Bruxelles est donc un fameux obstacle, parce qu'en cas de divorce, on ne se mettra jamais d'accord sur une formule bruxelloise. Jamais il n'y aura un accord sur les limites de Bruxelles. Jamais il n'y aura d'accord sur le rôle que cette ville devrait jouer. Jamais Bruxelles n'accepterait de devenir une part intégrante de la Flandre. Et les Flamands s'en rendent tous les jours un petit peu plus compte. Pour la Flandre, vouloir l'indépendance, implique donc de renoncer à Bruxelles. Est-ce qu'ils le feront ou est-ce qu'ils préféreront vivre dans une cohabitation qui leur sera peut-être simplement imposée par le fait de ne pas avoir Bruxelles dans leur escarcelle ? Mystère...

Le deuxième obstacle majeur à l'indépendantisme voulu par une partie du monde politique flamand, c'est la dette belge, une dette considérable. Dix mille milliards de francs. C'est vraiment beaucoup d'argent. Si la Flandre veut partir, elle doit partir au minimum avec six mille milliards de francs de dettes au départ. Et du côté wallon, il faudra alors assumer seul ou avec Bruxelles les quatre mille milliards restants. Ou Bruxelles devra assumer seule mille milliards de dettes si elle veut assumer son indépendance. Il faut être pratique en politique : il est indispensable de voir les problèmes comme ils sont, où ils sont et de ne pas faire de grandes phrases inutiles autour de ce sujet.

Et le fait que l'euro existera au moment où le risque de séparatisme sera plus grand ne changera pas grand-chose à cet obstacle. Les dix mille milliards de francs devront être remboursés. L'euro aura simplement pour conséquence qu'en cas de division de la Belgique, et de partage de la dette de la Belgique, cela n'aura pas de conséquence sur la valeur de la monnaie commune. Cela n'en aura plus. Il est évident que si une telle division de l'État intervenait aujourd'hui, à la seconde où on diviserait la Belgique, le franc s'effondrerait et perdrait trente ou quarante pour cent de sa valeur. Je me demande ce que les Belges diraient. Un élu responsable aujourd'hui ne peut pas véritablement préconiser cela. C'est la raison pour laquelle la réalisation de l'euro est une condition nécessaire aux ambitions de la Flandre. Ce qui explique aussi la volonté de monsieur Dehaene d'aller avec tellement d'assurance vers l'euro, parce que les ambitions flamandes passent nécessairement par une monnaie unique. Mais cela ne change rien au fait qu'il faudra quand même rembourser dix mille milliards de dettes.

Il existe deux autres obstacles au séparatisme. J'ai lu dans les documents préparatoires à ce colloque une allusion à la monarchie. Je crois que c'est un obstacle sérieux à la division de la Belgique. Parce que la monarchie belge, qu'on l'aime ou non, scientifiquement et objectivement, est éminemment populaire. Elle est à ce jour beaucoup plus populaire que tous les hommes politiques réunis. Si vous demandiez aux citoyens de ce pays de choisir entre l'une et les autres, s'ils pouvaient exprimer leur point de vue, je crois indiscutablement que le symbole monarchique aurait un poids considérable dans le sentimentalisme des Belges. Et on ne fait pas de politique sans sentiment. On ne détruit pas un pays sans rencontrer le problème des sentiments de la population.

Le dernier grand obstacle que je distingue personnellement à une division de la Belgique et à l'indépendance de la Flandre si la Flandre la revendique, c'est l'Europe elle-même. Pourquoi ? Au début de mon intervention, je vous disais que la question de savoir si la Belgique est un État-nation naturel ou pas était une question tout aussi relative en Espagne, en Allemagne où la Bavière se voit très bien indépendante, en Italie où la Lombardie se voit tout à fait indépendante. En fait, le précédent belge marquerait, au sein de l'Union européenne, une évolution qui entraînerait à mon avis les autres pays de l'Union européenne à s'intéresser à notre problème. Les cas de la Tchéquie, de la Slovaquie, de la Yougoslavie, où l'on voit combien le séparatisme est tragique, se produisent en dehors de l'Union européenne. Les autres pays de l'Union européenne pourraient venir à considérer que la division de l'État belge est un problème pour la politique étrangère et de sécurité commune (PESC). Et ce d'autant plus que la capitale de l'Europe est au cœur du dispositif en question. À constater l'attitude des pays voisins, l'intérêt des ambassades des pays amis, le contenu de la presse de ces pays, l'intérêt grandit considérablement pour l'évolution de la situation institutionnelle belge. Surtout après les évolutions dues à certaines campagnes de presse. Ainsi, la série d'articles du *Soir* de l'été 1996 sur le séparatisme a constitué en soi la création de toutes pièces d'un événement politique et a donné une démesure à certaines déclarations de manière totalement artificielle. À partir de la série d'articles du *Soir* où on sélectionne bien entendu les personnes que l'on interroge, la presse française, en cascade, a publié des articles en reprenant le contenu élaboré par le *Soir*. Et c'est ainsi que l'on crée un événement politique de toutes pièces. C'est un des grands problèmes du journalisme aujourd'hui : très souvent, on a l'impression que l'on y traite davantage des événements que la presse décide de traiter que des événements qui se produisent spontanément dans la vie quotidienne, économique, sociale et politique. Nous savons fort bien, nous les hommes politiques, qu'il est très difficile de faire passer un sujet dans un journal un jour où la rédaction de ce journal a décidé de traiter autre chose, que ce sujet soit ou ne soit pas d'actualité, parce que le journal a décidé que ce sujet serait d'actualité.

Je persiste donc à croire qu'en 2010 la Belgique existera toujours. Je crains que cela soit sous une forme de confédéralisme de fait, c'est-à-dire que la Flandre revendiquera encore plus d'autonomie et de compétences, qu'on donnera probablement encore plus de compétences aux communautés et aux régions que ce n'est le cas aujourd'hui. Dès lors, la Belgique qui survivra sera une coquille relativement vide. Tout dépendra aussi de la réaction des francophones face à cette coquille vide présentée par les Flamands, de l'intérêt que les francophones ressentiront encore à vivre dans cet État confédéral et des équilibres qui y subsisteront. Parce que l'on pourrait aussi voir à ce moment-là le monde politique francophone qui, fondamentalement, ne veut pas du séparatisme, ne plus vouloir vivre dans un confédéralisme qui aura été dicté de manière trop unilatérale par la Flandre. Je reste aussi optimiste, parce que je reste persuadé qu'il y a un tel mélange ethnique entre les flamands et les francophones de ce pays qu'ils ne peuvent se tourner le dos. De nombreuses familles sont « mixtes » à ce point de vue en Belgique. Tout cela joue. Les sentiments sont très importants lorsqu'on touche à un sujet si sensible.

Xavier MABILLE :

Monsieur Bayenet, peut-on vous poser la même question qu'à monsieur De Decker ? Comment voyez-vous l'avenir de la Belgique à l'horizon 2010 ? En termes de souhait, en terme de prévision peut-être plus froide ? Je vous poserai une question plus précise aussi : monsieur De Decker a dit que l'élection directe des parlements régionaux était un facteur centrifuge supplémentaire. Vous avez appartenu à diverses assemblées et vous êtes maintenant élu direct au Parlement wallon depuis le 21 mai 1995. Avez-vous le sentiment que l'élection directe des conseils régionaux est effectivement un facteur centrifuge supplémentaire ?

Maurice BAYENET :

Je ne partage pas l'optimisme de M. De Decker. Ma vision personnelle de l'État belge et du fédéralisme que nous essayons de construire depuis plusieurs années est un peu à l'image de celle de l'évolution d'un couple. Dans un couple, quand un conjoint veut partir, l'autre partenaire a beau pleurer à la porte de la maison avec ses valises, même si cela coûte cher, même s'il faut payer une pension alimentaire, quand le conjoint a décidé de partir, que le divorce est prononcé, cela se déroule devant le juge de paix et par l'intermédiaire des avocats et l'on règle cela au niveau des tribunaux. C'est un peu le même sentiment que j'éprouve en ce qui concerne l'évolution de l'État belge, même si je reste attaché à un certain sentiment de la Belgique, peut-être une conséquence de ma formation d'instituteur. Nous avons été en effet très marqués par les livres d'histoire, et l'histoire telle qu'elle nous a été enseignée, peut-être selon la transfusion directe des thèses de Monsieur Pirenne. En jetant un regard global sur l'histoire de notre pays depuis plusieurs années, je suis très sceptique sur l'avenir de l'État belge. Vous le savez, le parti socialiste s'est battu à plusieurs reprises pour le fédéralisme d'union ou le fédéralisme tel que nous le vivons aujourd'hui. Nous croyions qu'il était possible de trouver un terrain d'entente pour résister aux forces de dislocation de l'État.

J'ai eu récemment l'occasion d'essayer de le concrétiser, de trouver avec les partenaires potentiels du nord du pays ce terrain d'entente. Je suis personnellement profondément déçu par l'évolution que connaissent les mentalités du nord du pays. On peut sentir des tendances de plus en plus marquées au séparatisme, même au sein de la famille socialiste qui devrait par définition être internationaliste et solidaire.

L'évolution que je constate est celle d'un repli sur soi, celle d'une indépendance, d'un séparatisme de plus en plus marqué. Alors, on peut se bercer d'illusions, mais nous devons peut-être préparer, même avant 2010, des négociations qui seront particulièrement difficiles et délicates, si nous nous trouvons en face d'un conjoint qui veut s'en aller. À ce moment-là, s'il veut partir, il faut que la pension alimentaire soit la plus chère possible. Pour qu'elle soit la plus élevée possible, la nécessaire alliance entre Bruxelles et la Wallonie devient le nœud du problème. Si entre Bruxellois et Wallons nous ne trouvons pas des stratégies communes pour présenter l'addition vis-à-vis du partenaire du Nord, le jour où il va vouloir négocier son indépendance, nous courrons à la catastrophe. Je voudrais insister aussi sur le fait que monsieur De Decker a fait allusion à une réforme institutionnelle ratée. Personnellement, je dis que cette dernière réforme a surtout marqué l'existence d'une région bruxelloise, conçue sur un pied d'égalité – on pourrait discuter – avec les deux autres régions du pays. Mais, en tout cas, en créant la Région bruxelloise, nous en avons fait un partenaire incontournable dans une négociation future sur la réforme de l'État.

J'ai vécu le Sénat de l'ancienne mouture avec la « triple casquette ». Reconnaissons objectivement qu'il était particulièrement difficile d'effectuer un travail parlementaire sérieux en devant siéger presque simultanément dans trois assemblées et de suivre tous les dossiers qui sont soumis aujourd'hui à tout mandataire public qui veut s'occuper un peu de l'avenir de son pays ou de sa région.

Est-ce que le fait d'être élu directement au Parlement wallon nous fait oublier les enjeux de l'État central ? Personnellement, je n'en suis pas convaincu. D'abord, nous essayons de multiplier les contacts. Notamment avec la Région bruxelloise, au niveau des groupes politiques et même au niveau des gouvernements. D'autre part, je crois qu'en discutant en commission parlementaire ou en séance plénière de problèmes d'aménagement du territoire, d'emploi, de politique économique, on travaille aussi au maintien de la structure d'un État fédéral qui puisse encore fonctionner et rencontrer les priorités essentielles de nos concitoyens. Je ne crois pas que le fait de siéger dans un Parlement wallon élu directement ait entraîné nécessairement un réflexe de repli sur soi. Je crois que nous sommes suffisamment mûrs, autant au Parlement bruxellois qu'au Parlement wallon pour prendre nos propres problèmes en main, pour trouver des solutions qui doivent s'intégrer non seulement dans un cadre belge, mais, de plus en plus, dans un cadre européen. Contrairement à ce qu'on essaie souvent d'affirmer, je ne crois pas que cette évolution institutionnelle constitue la trace d'une frilosité et un repli sur soi. Au contraire, je crois que cette évolution rencontrait une aspiration très profonde de nos concitoyens, c'est-à-dire que le niveau de pouvoir et de décision soit le niveau le plus proche d'eux, qu'ils comprennent les décisions qui sont prises. La régionalisation a répondu en partie à ce problème-là tout en intégrant cette décision dans des contextes européens d'abord, supra-européens ensuite. Je ne suis pas convaincu du tout que le fait d'avoir régionalisé le pays devait conduire nécessairement au repli sur soi.

Xavier MABILLE :

Marc BERTRAND, à votre tour de répondre à la même question. Quel avenir souhaitez-vous, quel avenir prévoyez-vous pour la Belgique en 2010 ?

Marc BERTRAND :

Je voudrais repartir de ce qui s'est passé ces derniers mois, c'est-à-dire la banalisation des termes qui ont été utilisés en Belgique. Voilà à peine trois ou quatre ans, quand les mots « fédéralisme » ou « fédéralisation » étaient utilisés, cela paraissait être un crime contre l'État. Et une partie de la classe politique s'est ensuite permis d'utiliser ce mot à partir du moment où dans un discours du 21 juillet, le roi Baudouin a utilisé cette expression en disant que nous sommes maintenant dans une Belgique fédérale. Le mot a été banalisé. Ce qui s'est passé ces derniers mois, c'est l'apparition des mots de rattachisme, de séparatisme, de l'évocation des frontières de la France aux portes de Bruxelles. À force de les utiliser, ces mots sont devenus banals dans le discours en Belgique. Mais on effraie inutilement les gens en utilisant des expressions excessives. On peut par exemple reprocher à Louis Michel d'utiliser dans une déclaration les mots suivants : « Si on nous pousse jusqu'au bout et si vraiment les Flamands veulent prendre leur indépendance, il faudra qu'on pense à une nouvelle architecture institutionnelle, voire, pourquoi pas ?, demander une coopération étroite à la France ». Je pense que la banalisation d'une telle éventualité est malheureusement dangereuse. On a l'impression que, finalement, on y est déjà, à la séparation, au rattachisme. On essaie déjà de voir dans quel scénario on va jouer à l'aube de 1999. Je pense que c'est une évolution dommageable du discours politique des derniers mois.

Certes, nous avons soutenu le processus de fédéralisation et on a parfois reproché au PSC de le soutenir simplement par sa participation au pouvoir, mais de ne pas être réellement demandeur. Effectivement, c'est sans doute au sein du PSC que l'on peut trouver les derniers unitaristes. Mais je pense que l'évolution institutionnelle était inéluctable, monsieur Hasquin l'a bien démontré. On peut longuement discuter sur la question de savoir si avoir mis fin à ce qu'on a appelé la « double casquette » des parlementaires nationaux, en même temps conseillers régionaux, n'a pas accentué ou créé un cadre qui permettrait à la Flandre de prendre son envol plus rapidement. En 1993, le grand slogan des négociateurs des accords de la Saint-Michel était de dire que les fédéralistes avaient gagné sur les séparatistes. Ils disaient : « Nous venons de sauver la Belgique ». Deux mois plus tard, on disait que le processus de fédéralisation est un processus qui ne s'arrête jamais. Allez demander en Allemagne ou aux États-Unis si le processus de fédéralisation est un processus qui ne s'arrête pas. La Constitution de l'Allemagne fédérale est une constitution établie où les *Länder* et l'État ont évolué de manière parallèle. 2010 me paraît encore bien loin et bien malin aujourd'hui qui pourrait dire de quoi on parlera en 1999. Malheureusement, je dois prendre un exemple un peu tragique ou triste. S'il y avait des élections en décembre 1996, pensez-vous que les partis politiques mettraient comme premier point dans leur programme électoral un nouveau tour de fédéralisation et un transfert de compétences de l'assurance maladie-invalidité ? Je pense que les partis, y compris les partis politiques flamands, diraient qu'il faut que nous ayons un État qui fonctionne mieux. Un État qui fonctionne mieux ? Monsieur Van Peel, nouveau président du CVP, a fait une intervention que nous ne connaissons pas en Wallonie. Il a dit : « Je crois que la Belgique continuera à jouer un rôle important comme État fédéral. Je ne crois pas au séparatisme, à vider l'État d'un côté vers l'Europe, de l'autre vers les régions. L'Europe des régions ne se réalisera pas en deux générations. Les États nationaux continueront à assurer un rôle important. Voyez la position de la France, du Royaume-Uni, de l'Espagne, de l'Allemagne : non, la Belgique ne va pas disparaître dans l'immédiat ». Ce n'était pas dans un journal francophone, c'était une interview dans la *Gazet van Antwerpen*. Lisez l'intervention du président de la CSC aux Journées flamandes de la CSC. Il dit : « Pour nous, il n'y a pas d'alternative à maintenir une solidarité fédérale pour l'ensemble des secteurs de la sécurité sociale ». Est-ce que nous savons cela ? Est-ce que l'on dit cela en Wallonie ou à Bruxelles ?

Vraiment, je voudrais m'insurger contre ce discours qui dirait que c'est noir au Nord et blanc au Sud. Selon cette thèse, au nord, on est partisan de la séparation, la marche est en route et 1999 sera la date fatidique où les Flamands ne viendront pas autour de la table, ne négocieront pas un gouvernement fédéral, proclameront leur indépendance au Parlement flamand. Pensez-vous qu'en 1999, le premier objectif des partenaires politiques sera de négocier une majorité des deux tiers ? Avec qui ? Avec l'ensemble des familles politiques ? Et peut-être n'atteindront-elles même pas les deux tiers des sièges... Il faudra peut-être réunir quatre familles politiques pour faire un nouveau tour de réforme institutionnelle Alors, vraiment, je voudrais insister sur ce point, les préoccupations des gens seront au cœur de 1999. Et pour nous, ce qui est important, c'est de faire fonctionner notre système fédéral. Nous avons mis un système fédéral en route qui est basé sur la coopération. Pourquoi les entités fédérées n'ont à ce jour toujours pas coopéré de manière beaucoup plus intensive ? C'était la clé du mécanisme que l'on a mis en place ces dernières années. Et on découvre maintenant qu'il serait intéressant de coopérer plus entre la Wallonie et Bruxelles, et entre la Flandre et Bruxelles. Et pourquoi pas entre la Communauté française et la Communauté flamande ? Voilà des années que l'on attend cet accord culturel général entre les deux grandes communautés, un accord qui est presque négocié, dont tous les articles font l'objet d'un accord entre le gouvernement flamand et celui de la Communauté française. Mais il reste encore ce symbole que la Cour d'arbitrage vient de clarifier assez récemment, de savoir quelle est l'aire territoriale d'application de la Communauté française. Est-ce que la Communauté française peut aussi prendre intérêt des francophones qui se trouvent dans l'autre partie du pays ?

Deuxièmement, en 1999, ce qui sera important, ce sera de donner un projet à la Belgique. Les jours que nous vivons actuellement en sont les plus clairs témoins. Est-ce que le projet que nous devons donner à la Belgique n'est pas un projet dans lequel nous redécouvririons les fonctions premières de l'État belge ? Et les Flamands ne réclament pas de régionaliser ces fonctions premières. C'est-à-dire d'avoir une justice qui fonctionne, d'avoir une sécurité qui fonctionne, une sécurité sociale qui fonctionne, un système de police qui fonctionne. Citons le professeur Goriely : « Les jeux ne sont pas faits, tous les sondages d'opinion indiquent que la volonté de maintenir un État belge a le soutien d'une majorité écrasante à Bruxelles, forte en Wallonie, nette en Flandre. L'État connaît une grave crise due à l'inefficacité du gouvernement, à la mainmise des partis sur les secteurs les plus divers, aux dysfonctionnements de la justice et des divers services de police manifestés à l'occasion de crimes particulièrement affreux ». Ne pensez-vous pas que ce sera cela, l'enjeu de 1999 et de 2010 ? Le PSC est intimement convaincu que ces thèmes seront au cœur de la discussion. Je trouve dommage que certains hommes et femmes politiques francophones et wallons ouvrent déjà une discussion sur un catalogue possible de discussions. Et quel catalogue ? C'est de dire qu'on peut discuter du commerce extérieur, de la politique scientifique, de l'agriculture. Mais pas de la sécurité sociale, il n'en est pas question. Vous savez bien comment se passent des négociations... Les Flamands vont reprendre la sécurité sociale dans leur propre catalogue. Il faut que les deux catalogues coïncident. Donc, accepter déjà de présenter un catalogue, c'est déjà avoir renoncé à défendre un État et à donner un avenir à la Belgique.

L'avenir de la Belgique passe par l'avenir de la Wallonie. Et l'avenir de la Wallonie passe par ses liens avec Bruxelles que l'on semble aujourd'hui redécouvrir. Si aujourd'hui nous ne donnons pas, nous les Wallons, nous les francophones, un réel avenir à nos régions, nous contribuons à ne pas donner un destin à la Belgique.

Xavier MABILLE :

Merci de cette vigoureuse intervention, parfois interpellante pour les deux orateurs qui vous ont précédé. Je leur repasse donc brièvement la parole.

Armand DE DECKER :

Je ne suis en désaccord fondamental avec rien de ce que monsieur Bertrand vient de dire. Il est certain que les sujets politiques les plus brûlants ne sont certainement pas institutionnels. Cependant, je ne peux que constater que ces sujets institutionnels sont malgré tout entretenus régulièrement et par la presse et par certains hommes politiques des deux côtés de la frontière linguistique. Mais il est certain que les trois cent cinquante mille personnes qui ont participé à la Marche blanche, et c'est aussi un événement d'une importance extraordinaire, ne sont pas des personnes qui revendiquent des réformes de l'État. Elles revendiquent « seulement » un État qui fonctionne convenablement. Elles revendiquent comme vous l'avez dit à juste titre une justice efficace, une police efficace. D'autre part, il faut donner un nouveau projet à la Wallonie. Il y a un grand enjeu. La Wallonie a été à l'origine de la plus grande prospérité de la planète. Parce que si la Belgique était la troisième puissance économique en chiffres absolus vers 1870, c'était évidemment grâce à la sidérurgie wallonne et grâce à l'industrie lourde. Le mauvais état de l'économie wallonne aujourd'hui n'est donc pas une fatalité, c'est un cycle économique. Il suffit d'observer des régions françaises du même type pour prendre conscience de situations fort analogues. C'est vrai qu'il y a alors un grand nouveau discours politique à tenir. Néanmoins, ce qui m'étonne toujours dans la bouche du PSC, c'est de découvrir des choses à faire, alors que vous êtes au pouvoir sans interruption depuis la Seconde Guerre mondiale. Nous ne sommes pas dans un meeting politique, mais dans un colloque scientifique, cependant je ne peux pas m'empêcher de souligner ce fait.

Maurice BAYENET :

J'ai l'impression que depuis trente ou quarante ans, j'entends le même discours. Les gens du Nord sont gentils, vous n'avez encore rien compris, etc. Et puis, chaque fois, évidemment, ils reviennent après chaque élection ou chaque crise importante au niveau politique avec de nouvelles revendications. Peut-on décemment avoir la naïveté aujourd'hui de croire, parce que certains sondages ont eu lieu, que les leaders d'opinion, en Flandre, à la prochaine négociation, qu'elle soit en 1999 ou en 2010, ne seront pas demandeurs de nouvelles concessions ? Ils le sont déjà aujourd'hui. Vous citez certaines déclarations d'hommes politiques du nord du pays, je vous en citerai d'autres qui demandent encore la régionalisation ou la fédéralisation des allocations familiales, qui demandent encore aujourd'hui que l'on revoie un accord qui avait été pris au sein de l'INAMI sur la répartition, au niveau des études, des candidats en médecine. Et c'est un combat permanent que nous vivons. Croire, comme vous venez d'essayer de nous l'affirmer en tout cas, que nous allons vivre comme cela, dans une atmosphère angélique dans les années qui viennent parce qu'aujourd'hui la société est particulièrement bouleversée par des phénomènes de société qui étaient peut-être étrangers au discours politique des dernières années, c'est de la naïveté. Moi aussi j'ai été frappé par les premières déclarations de certains éditorialistes du nord du pays quand on a affirmé que Dutroux était la production « naturelle » de la société wallonne avec toutes ses perversions. N'est-ce pas affirmer des choses particulièrement graves, même s'il y avait trois cent mille personnes qui défilaient avec un ballon blanc un certain dimanche d'octobre 1996 à Bruxelles ?

La Belgique et ses nations dans la nouvelle Europe

Georges GORIELY
Professeur honoraire à l'ULB

« Les Belges sont des français de cuivre ; c'est la langue qui fait les peuples ; mais s'ils parlent la nôtre, ils peignent dans la leur, non sans style »[1]. La citation est de Joseph Péladan et date de 1895, elle montre deux choses : d'abord qu'on était peu conscient à Paris de l'importance que prenait déjà le mouvement flamand, puisqu'en 1898 le néerlandais allait être reconnu, à côté du français, comme langue nationale ; mais que la Belgique était aussi, malgré la communauté apparente de la langue, une réalité nationale bien distincte. Certes, l'annexion à la France entre 1795 et 1814 avait fortement marqué l'ordre du pays, notamment par sa forte centralisation administrative et par l'introduction du Code civil. Mais d'autre part, l'évolution historique après 1830 avait été différente de celle du grand voisin. La Belgique n'avait pas connu les sanglantes convulsions françaises de 1848 à 1871. Le césarisme plébiscitaire du Second Empire lui répugnait.

Elle ne faisait pas que peindre dans sa langue, elle avait sa façon à elle de se développer industriellement, de s'organiser en partis, de se démocratiser à son rythme, plutôt lent (qu'il s'agisse de suffrage universel, d'enseignement obligatoire ou de sécurité sociale). Elle avait son style propre de catholicisme, de socialisme, d'action laïque ; elle avait sa place spécifique dans le monde, que ce fût dans le sens d'un enfermement dans la neutralité, ou dans celui d'une participation active à la vie internationale ou européenne. Bref, sans nous interroger sur le pouvoir de fusion qu'avait pu constituer, depuis le début du XVe siècle, un commun pouvoir dynastique, qu'il fût bourguignon, espagnol ou autrichien, sur des provinces restées autonomes et auxquelles, de toute façon, Liège demeurait étrangère, il reste que, depuis 1830, la Belgique constitue un État-nation au visage bien marqué et dont deux guerres et de cruelles occupations semblaient avoir plutôt renforcé le besoin commun d'appartenance.

Les succès initiaux de la cause flamande ne semblaient pas mettre en question cette cohésion nationale, puisqu'elle paraissait plutôt marquer la spécificité d'une Belgique dont la composante germanique était revendiquée à côté de la composante romane. Mais peu à peu, le mouvement flamand allait prendre une forme proprement nationaliste, vouloir non seulement défendre les droits d'une langue, mais exclure tout usage officiel de l'autre, de la même manière qu'à la même époque, le mouvement tchèque rejetait toute présence de l'allemand, qu'aujourd'hui le mouvement québécois rejette toute présence anglophone, ou encore que certains Catalans veulent se libérer de toute présence linguistique et culturelle castillane. De tels mouvements tendent à la limite à la sécession politique. Ils ont en commun d'être « populistes », d'invoquer la langue et la culture des grandes masses, ce qui fait qu'une fois les premiers succès acquis, ils deviennent difficiles à freiner : il se crée une surenchère au sein de la classe politique, et même les modérés se sentent sous l'emprise d'une volonté populaire irrépressible.

L'Église, du moins au niveau de la prélature, avait longtemps combattu le mouvement flamand : le néerlandais n'était-il pas la langue des hérétiques ? Elle s'y rallia lorsque le défi essentiel apparut sous les traits de l'anticléricalisme français. C'est, au départ, par réaction anticatholique que naît un faible mouvement wallon : entre 1884 et 1914, la majorité catholique, basée sur la Flandre, est ressentie comme oppressive par les libres penseurs, libéraux d'abord, puis majoritairement socialistes en Wallonie. C'est de là que provient le slogan de « séparation administrative », encore sans contenu précis à l'époque.

La première comme la deuxième guerre auront un effet ambigu : d'abord un retour de flamme du patriotisme belge, ensuite un resurgissement d'un nationalisme flamand, pour un temps en retrait et, par réaction, une nouvelle poussée du particularisme wallon, et l'indécision au sein d'un Bruxelles partagé entre le désir de défendre la cause d'une langue française devenue majoritaire dans une ville à racines flamandes, et désireuse de rester capitale du royaume et de ménager son arrière-pays flamand.

1932 marque un tournant capital. En effet, la Belgique passe d'un régime de bilinguisme général à celui d'un strict unilinguisme territorial, Bruxelles seule restant officiellement bilingue. Sur ce point, il y a accord entre la Wallonie, qui a toujours reconnu le français comme seule langue de culture (même si les dialectes wallon et picard y subsistent), et la Flandre où, dans les grandes villes, le français avait une implantation ancienne, mais socialement limitée et exprimait, aux yeux des couches sociales en ascension, l'aliénation de la population. Aussi, le principe *In Vlaanderen vlaams* sera-t-il appliqué à partir de 1932 avec une rigueur de plus en plus pédante.

Ce fut, il faut le reconnaître, une remarquable réussite, car une langue jugée par d'aucuns, même en Flandre, sans vocation culturelle, s'est imposée à tous dans tous les domaines et n'a nullement empêché cette région de passer du conservatisme au modernisme, du misérabilisme au triomphalisme. Les francophones avaient longtemps cru, à une époque où il paraissait indispensable à toute ascension culturelle ou sociale, que le français resterait la langue forte, la « Koinè » même pour les plus ardents partisans de la cause flamande. Or, le français a considérablement perdu de son statut international au profit de l'anglo-américain, au point que, dans le contexte belge d'aujourd'hui, il n'apparaît pas moins « régional » (ou plutôt « communautaire ») que le néerlandais. C'est ainsi que presque toutes les organisations sociales, professionnelles, associatives, éducatives et de recherche se sont scindées. Dans chacune des communautés, on sait de moins en moins bien ce qui se pense et s'accomplit dans l'autre. Le plus grave, c'est l'éclatement, entre 1968 et 1978, des trois partis dits « nationaux », les sociaux-chrétiens, ensuite les libéraux et enfin les socialistes.

Il apparaissait de plus en plus qu'il n'y avait pas seulement deux langues, mais deux communautés nationales. Les soucis économiques et sociaux devenaient de plus en plus autocentrés. De nouvelles organisations ou directions industrielles et financières proprement flamandes se substituaient à d'anciennes « belges » et francophones. Du côté wallon, où les socialistes prédominaient, certains pensaient que, maîtresse de ses instruments économiques et sociaux, leur région pourrait, en se libérant du poids d'une Flandre qu'ils croyaient retardée et de Bruxelles, centre du pouvoir capitaliste, se lancer dans des réformes de structure qui changeraient la vie. Rêve des années soixante aujourd'hui évanoui.

Tout cela a abouti au bouleversement complet de la constitution qui avait pourtant bien résisté aux assauts du temps. En effet, la nouvelle constitution a mis largement vingt-cinq ans à naître et n'a trouvé sa forme définitive que le 17 février 1994. L'article 1er signifie clairement que la Belgique n'est pas constituée de citoyens belges, mais qu'elle est *un État fédéral qui se compose des communautés et des régions*. Cette dernière distinction ne concerne que Bruxelles et accessoirement les trois cantons de langue allemande, qui se sont constitués en « communauté » et non en « région ». Bruxelles, en revanche, est une « région » qui possède de larges pouvoirs administratifs, mais dont chaque habitant, pour tout ce qui est personnalisable, c'est-à-dire surtout en matière éducative et culturelle, dépend soit de la communauté française, soit de la communauté flamande.

Nul juriste ne peut s'enthousiasmer à la lecture du nouvel ordre constitutionnel et, moins qu'eux encore, un spécialiste du fédéralisme. Aucune hiérarchie des normes n'est prévue : les décrets émanant des communautés ou des régions ont exactement, dans leurs zones de compétence, la même force que les lois fédérales. Il n'existe pas de Cour constitutionnelle, organe essentiel dans les États fédéraux, tout au plus existe-t-il une Cour d'arbitrage pour régler les conflits de compétence. L'article 35 est particulièrement inquiétant : « L'autorité fédérale n'a de compétence que dans les matières que lui attribuent formellement la Constitution et les lois portées en vertu de la Constitution même ». Autrement dit, le résidu de souveraineté appartient aux communautés et aux régions, non à la fédération belge. Il est vrai que cet article n'est pas d'application immédiate ; il faut préalablement qu'une loi à majorité spéciale en fixe les modalités et, de plus, un nouvel article constitutionnel devra déterminer les compétences exclusives de l'autorité fédérale. Mais c'est le diable s'il est un jour invoqué !

Par-delà ces critiques juridiques, il est opportun de s'interroger sur la nature même des entités composantes. Trois conditions sont requises pour rendre consistant un ordre fédéral :

1) qu'aucune de ces entités n'ait de possibilité hégémonique ;

2) qu'aucune n'ait de possibilité sécessionniste ;

3) qu'aucune n'ait le sentiment d'un destin culturel et historique exclusif.

Seule la région bruxelloise répond à ces trois critères, aussi est-ce elle qui entrave ce qui, au yeux de beaucoup, serait apparu comme une évolution naturelle.

Que conclure, dans la mesure où il est permis de se risquer à faire des pronostics ? Il faut bien avouer que si l'on voit les précédents anciens ou récents de tentatives de fédéralisme entre unités présentées comme nationalités, ethnies ou communautés diverses, on est tenté d'être pessimiste : union entre Suède et Norvège, compromis (*Ausgleich*) de 1867 entre Autriche et Hongrie, constitution de Chypre (pas de peuple chypriote, mais simplement des Grecs et des Turcs vivant sur l'île !). La république tchécoslovaque était vouée à l'éclatement dès lors qu'elle était devenue république des Tchèques et des Slovaques. La fédération canadienne est-elle fondée sur dix provinces autonomes ou sur deux peuples fondateurs ? Son existence future dépend de la réponse à cette question. Et l'on ne donnerait pas cher de l'avenir de la Suisse si sa constitution, plutôt que de reconnaître vingt-cinq cantons, apparaissait comme un amalgame d'Alémanie, de Romanie et d'un morceau de Padonie.

Et pourtant, les jeux ne sont pas faits. Tous les sondages d'opinion indiquent que la volonté de maintenir un État belge a le soutien d'une majorité écrasante à Bruxelles, forte en Wallonie, nette en Flandre. L'État connaît une grave crise due à l'inefficacité du gouvernement, à la mainmise des partis sur les secteurs les plus divers de la société, aux dysfonctionnements de la justice et des divers services de police manifestés à l'occasion de crimes particulièrement affreux. Cela aurait pu entraîner une désaffection vis-à-vis de la

Belgique, faire le lit des mouvements nationalistes, au Nord surtout. Or, il n'en a rien été, c'est un même mouvement de révolte qu'ont manifesté trois cent mille Belges, dans la Marche blanche, toutes communautés confondues. N'en serait-il pas de même face à un phénomène de sécession ? Peut-être la Belgique jouit-elle d'une grâce particulière qui pourrait lui permettre de vivre dans un ordre constitutionnel qui serait source d'éclatement ? Et les Belges ne pourraient-ils pas prouver que la légitimité d'un État ne devrait pas tenir à ce qu'il incarne une identité nationale, mais aux libertés qu'il garantit à ses citoyens, au bien-être qu'il peut apporter à l'intérieur et même hors de ses frontières, à sa contribution à la paix mondiale ? C'est pourtant sur cette base que devrait et pourrait se bâtir un véritable ordre européen.

Note

[1] Cité par Gisèle OLLINGER-ZINQUE, « La Belgique au tournant du siècle. Un nationalisme très international », in *Paradis perdus. L'Europe symboliste.* Musée des Beaux-Arts de Montréal, 1995, p. 264.

Le statut des autonomies espagnoles

Miguel JEREZ MIR
Departamento de Ciencia Política y de la Administración
Facultad de Ciencias Políticas y Sociología
Universidad de Granada

1. Introduction

L'Espagne, un des États les plus anciens, fut également un des premiers à se doter d'une Constitution moderne, celle de Cadix, en 1812. Cependant, son histoire contemporaine est caractérisée par une instabilité constitutionnelle qui, dans le contexte européen, ne peut probablement être comparée qu'à celle de la France. Une des raisons les plus évidentes de cette instabilité a été la faiblesse séculaire de l'État espagnol, dépourvu d'une administration solide, ce qui à son tour explique la persistance d'une puissante tradition régionaliste, voire localiste. Cette tradition trouve son origine à la fois dans la géographie particulière de la péninsule, mais surtout dans les facteurs historiques qui présidèrent au processus même de formation de l'État espagnol [1].

En réalité, la prétendue unité politique de l'Espagne reste un fait encore relativement artificiel en plein XIXe siècle. Et même lorsque, après un lent processus, un État-nation est parvenu à se former, il n'a fonctionné en tant que tel que de façon sporadique [2]. Le conflit pratiquement constant entre les privilèges locaux et l'émergence d'un sentiment national espagnol qui — en tenant compte d'antécédents au XVIIIe siècle — ne s'exprimera clairement qu'à l'occasion de la guerre d'indépendance contre la France napoléonienne, a dressé un sérieux obstacle au développement de ce sentiment parmi les différents peuples de l'État. Cela s'est traduit précisément par de graves difficultés au moment de doter le pays d'une administration responsable et de mettre sur pied une politique nationale unique, en dépit des efforts centralisateurs des libéraux.

Comme l'a souligné Juan Linz en partant de la distinction entre *state building* et *nation building*, l'Espagne représente un cas d'intégration précoce, sans complète intégration politique, sociale et culturelle de ses composantes territoriales [3]. C'est devenu particulièrement évident depuis le démarrage au cours du dernier tiers du XIXᵉ siècle, au moment où se produit la curieuse « contre-expérience espagnole » à laquelle se référera Pierre Vilar en l'opposant à l'évolution de l'Allemagne ou à celle des villes italiennes. Depuis lors, cette vieille unité étatique n'a plus cessé d'être remise en question par les uns ou les autres.

Quand Ortega y Gasset lança en 1930 ses propos provocateurs — « Espagnols, votre État n'existe pas » — il se faisait l'écho d'une attaque semblable, plus ou moins explicite, des nationalistes périphériques, en particulier catalans et basques : « Espagnols, votre nation n'existe pas » [4].

2. De la Constitution de 1978 à nos jours

Un des objectifs fondamentaux de l'actuelle constitution fut de trouver une solution à ce qu'on appelle le problème régional, sans aucun doute un des principaux *clivages* ou facteurs de division entre les Espagnols, tout au moins depuis la révolution de 1868. Les deux seules occasions où l'on ait tenté une formule constitutionnelle impliquant une décentralisation politique — le fédéralisme du projet républicain de 1873 et l'*État intégral* de la Seconde République (1931-1939), une forme d'État régional qui servit de modèle à l'Italie après la dernière guerre mondiale — s'étaient soldées par la chute de leurs régimes respectifs et avaient été suivies d'une période de centralisme rigide.

La formule adoptée en 1978 répond dans les grandes lignes à l'esprit de consensus qui a prévalu lors du passage à la démocratie et, spécialement, au cours de la mise sur pied de la *carta magna*. Toutefois, le grand problème au cours des négociations et des débats sur le projet de constitution fut précisément le sort de la question nationale — un problème évidemment hérité, mais aggravé en ses termes par le centralisme et la répression franquistes — ainsi que tout ce qui concernait l'organisation territoriale de l'État.

De fait, c'est là ce qui explique essentiellement l'abstention du Parti nationaliste basque (PNV) lors du vote final dans les deux Chambres (position qu'il a maintenue au cours du référendum national) et ce parce qu'il estimait que le texte était resté en-deçà de ses attentes ; et c'est aussi ce qui explique d'autre part la division sur ce point dans le groupe parlementaire *Alianza Popular*, dont les membres — y compris ceux qui, comme leur leader Manuel Fraga, votèrent en sa faveur — considéraient qu'on était allé trop loin. Ce qui est sûr, c'est que le gros des forces parlementaires, en optant pour un État « autonomique », une façon de répondre aux revendications catalanes et basques sans créer fondamentalement de différences graves par rapport aux autres revendications, avait dépassé le consensus de base initial qui, lui, « n'allait pas au-delà de l'image d'une démocratie couronnée par une certaine nécessité de satisfaire des aspirations dans des régions déterminées » [5].

En accord avec la nouvelle constitution, l'accès à l'autonomie était garanti de façon quasiment immédiate pour « les territoires qui dans le passé auraient plébiscité des projets d'un statut d'autonomie » (disposition transitoire 2), allusion à la Catalogne, le Pays basque et la Galice [6].

En tant que *nationalités historiques*, on y procéderait à l'approbation de leurs statuts respectifs par le biais de l'article 151.2 — qui ne posait pas de difficultés majeures [7] — et on y disposerait d'une organisation institutionnelle propre basée sur une Assemblée législative, un Conseil de gouvernement doté de fonctions exécutives et administratives, un président (élu par l'Assemblée au sein de ses membres, et nommé par le roi, avec des fonctions de représentation et de direction politique) et un Tribunal supérieur de Justice, conçu comme un organe chapeautant l'organisation judiciaire sur l'ensemble du territoire de la Communauté autonome. Un second système extraordinaire (le précédent avait été qualifié d'« historique » et également de privilégié) garantissait les mêmes niveaux d'organisation institutionnelle et de compétences aux territoires à même de satisfaire aux conditions pratiquement insurmontables fixées par le paragraphe 1 de l'article mentionné [8]. Les autres régions — sauf la Navarre pour laquelle on établissait un processus particulier — et même des provinces isolées, pourvu qu'elles puissent faire état d'une « entité régionale historique », pouvaient également accéder à l'autonomie à certaines conditions, en constituant des communautés autonomes (appelées désormais CCAA) par le biais d'un système relativement simple (le système « ordinaire » fixé par l'article 143). A la différence des deux modalités antérieures d'accès à l'autonomie et définies toutes deux comme « procédé rapide », celle-ci était non seulement plus lente, mais son application octroyait aux territoires concernés un degré sensiblement moindre d'autonomie gouvernementale, étant donné le nombre plus réduit de compétences que ceux-ci pouvaient assumer (tout au moins au cours de leurs cinq premières années d'existence). En outre, cette modalité ne garantissait pas le niveau d'organisation institutionnelle fixé dans les autres cas, de sorte que la décentralisation pouvait, en ce qui la concerne, n'être que purement administrative.

Même si le texte constitutionnel espagnol ne donne pas, au moment d'être approuvé, de plus grandes précisions sur ce qui sera plus tard la *carte des autonomies*, celle-ci avait cependant été esquissée par des décisions politiques sur l'identité territoriale dans ce qu'on appelle les processus de préautonomie (août 1977-octobre 1978) [9].

En effet, le processus d'autonomie qui — comme aux temps de la IIe République — trouve son origine dans la crise du régime précédent, se déroule parallèlement au processus de transition vers la démocratie. Basques et Catalans revendiquaient le rétablissement de leurs statuts respectifs du temps de la République, tandis que les citoyens des autres régions aspiraient également et de façon majoritaire à une certaine forme d'autonomie. Un peu partout dans le pays, le retour à la démocratie se voyait généralement associé à un modèle d'État non centraliste (*Liberté, amnistie et statut d'autonomie* ! c'était là le cri habituel dans les manifestations depuis le début de la transition). Ainsi, les Chambres constituantes envisagèrent toutes les possibilités de structure territoriale pour l'Espagne, depuis l'État fédéral jusqu'à la simple décentralisation administrative n'octroyant l'autonomie politique qu'à une partie du territoire. Face à la difficulté d'atteindre un consensus sur ce point, la solution constitutionnelle finalement adoptée apparut délibérément ambiguë. Comme l'a écrit Pérez Royo : « à la différence du projet initial, la constitution, en ce qui concerne la distribution territoriale du pouvoir, est finalement une simple norme de réorganisation de l'État qui ouvre un processus qui pourra mener et, de fait, mènera à quelque chose de différent du point de départ, mais sans plus. La réorganisation dépendait en principe de l'usage que feraient les *nationalités* et les *régions* du *dispositif de principe* mis indistinctement à leur disposition par l'article 2 de la constitution (...) ce que la constitution contient est davantage l'ouverture d'un processus historique qu'une organisation juridique de la structure de l'État, même s'il est vrai qu'elle renferme les éléments à partir desquels il faudra définir cette structure » [10].

De là, on a pu affirmer que la constitution a réalisé une « déconstitutionnalisation de la structure de l'État », puisque, en se basant sur le texte, on constatait qu'il s'y trouvait des alternatives non seulement différentes, mais même contradictoires. En réalité, jusqu'à l'été 1979 où sont approuvés par la Commission constitutionnelle du congrès, les projets de statuts pour la Catalogne et le Pays basque (projets soumis au référendum le 25 octobre), tout le processus autonomique était resté assez confus. Comme devait l'écrire des années plus tard le professeur García de Enterría, on pouvait dire que ses artisans avaient été inspirés par la devise napoléonienne : « on s'engage et puis on voit » [11].

Le processus par le biais duquel on avait peu à peu concrétisé les aspects que les constituants avaient délibérément laissés ouverts devant la difficulté à aboutir à un accord total, a été long, sinueux et varié. Mis à part l'approbation des statuts déjà mentionnés ainsi que celui de la Galice quelques années plus tard, il faut mettre en exergue les développements normatifs liés aux pactes d'autonomie de juillet 1981 et février 1992. Les premiers furent conclus par le gouvernement centriste de Calvo Sotelo, doublement affaibli par la division interne de l'UCD et le coup d'État avorté de février de la même année, et d'autre part, par le PSOE, qui avait déjà des chances sérieuses de réaliser son « alternance du pouvoir ».

En vertu de ce pacte basé sur le rapport élaboré par une commission d'experts, d'une part on fixait définitivement la carte des autonomies et d'autre part, on imposait une interprétation homogénéisante du droit à l'autonomie, de sorte que toutes les CCAA demeuraient définies comme étant de nature politique, avec une structure institutionnelle semblable à celle des communautés « de première classe ». En définitive, on inaugurait une politique d'autonomie que quelqu'un définirait de façon imagée comme de « café pour tout le monde » [12]. Quant aux pactes de 1992 établis entre le gouvernement socialiste, le PSOE et le Partido popular (PP), ils permettaient d'entamer un processus d'élargissement des compétences pour les CCAA nées du « processus lent », augmentant les limites de leurs compétences au point de leur accorder une mise à niveau substantielle par rapport aux compétences octroyées en leur temps aux communautés historiques. Les transferts des nouvelles compétences — par exemple en matière de gestion des universités, d'exécution de la législation du travail, etc. — se matérialise progressivement depuis 1994, avec l'approbation préalable d'une loi organique qui a permis leur incorporation aux statuts correspondants [13].

3. Nature de l'État « autonomique »

Comme on aura pu le voir, même si dans la constitution espagnole apparaît une évidente imprécision en ce qui concerne la structure territoriale de l'État, le processus entamé au moment de son approbation et grâce aux instructions qui l'accompagnaient a précisé tout au long de pratiquement deux décennies ce que l'on peut appeler l'État *des Autonomies ou État « autonomique »*, expressions qui, bien évidemment ne figurent dans aucun précepte constitutionnel [14]. A côté du terme qui désigne la réalité, il est évident que nous nous trouvons face à un État politiquement décentralisé. Mais au-delà, il n'y a pas de consensus doctrinal sur sa nature, même si après les derniers développements qu'a connus le processus autonomique, les auteurs sont de plus en plus nombreux à le cataloguer comme État fédéral *de facto,* centrant plutôt la discussion sur son caractère symétrique ou asymétrique (aussi bien à propos de sa conformation actuelle réelle que de l'objectif poursuivi et de sa viabilité politique).

A mon avis, nous nous trouvons devant une formule hybride entre l'État unitaire politiquement décentralisé et l'*État autonomique* [15]. Parmi les caractéristiques que l'État fédéral espagnol partage avec le modèle unitaire, il convient de souligner :

a) au plan politique, l'unité de l'État en ce qui concerne l'organisation commune — compatible avec la présence d'une variété de centres politiques de décision — et qui correspond à l'existence d'un seul peuple espagnol à qui la constitution attribue la souveraineté nationale ;

b) au plan juridique, le fait que les appareils juridiques central et territoriaux constituent une sorte de superappareil ou système juridique général doté d'une certaine homogénéité, due à la position prééminente qu'y occupe la constitution, sommet de l'ensemble juridique dont les principes structuraux, organisatifs et valoratifs agissent dans tout le système et au sein duquel on attribue une fonction structurante et intégratrice à l'appareil juridique de l'État central.

En outre, il existe une série de limites, les unes exprimées les autres implicites aux systèmes juridiques fédéraux [16].

On peut également observer dans le modèle espagnol une série de caractéristiques propres à un État fédéral, à savoir :

a) un État composé d'organismes à base territoriale et doté de compétences non seulement d'administration, mais également de législation et de direction politique ;

b) une distribution des possibilités et des moyens financiers qui correspond à la répartition de fonctions étatiques ;

c) un mécanisme essentiellement judiciaire de solutions aux conflits dérivant de ce domaine ;

d) enfin, la garantie que ces caractéristiques mentionnées ne peuvent être modifiées par une loi ordinaire.

En revanche, on peut affirmer qu'il y a au moins une caractéristique de l'État fédéral — l'autonomie constitutionnelle des organismes territoriaux qui la composent — qui ne figure pas dans l'État « autonomique » et une autre qui, actuellement, n'apparaît pas de façon évidente. Cependant, les deux objections méritent un examen plus attentif.

En ce qui concerne l'autonomie étatique, il est évident que les CCAA espagnoles n'ont pas de pouvoir constituant : l'efficacité des statuts régionaux est conditionnée par leur adoption, sous forme de loi, par le Parlement espagnol. Mais c'est l'interprétation de ce fait qui compte : en effet, on peut dire que la différence n'est pas substantielle étant donné que rien ne garantit qu'un État fédéré obtiendrait, par le simple fait d'adopter sa propre constitution, plus de pouvoirs ou une plus grande importance que la Communauté autonome par le biais de son statut ; cela dépend toujours de la constitution de l'État central. En outre, on peut constater l'existence d'ordonnances non fédérales dans lesquelles l'intervention du Parlement central se limite à une simple vérification de la conformité de chaque statut à la constitution. Dans le cas espagnol, ceci est évident pour les statuts qui ont suivi la voie rapide, celle qui exigea un référendum préalable dans la communauté concernée. Dans la pratique, il est politiquement très difficile d'imaginer que les *Cortes* prennent une décision contraire à la volonté populaire d'autant plus qu'elle devrait être adoptée par des partis qui sont présents également aux parlements régionaux.

Quant au second critère, nous savons que la présence d'une chambre législative structurée territorialement est considérée comme essentielle pour parler d'un État fédéral. Ce qui différencie un État membre d'une région est le fait qu'il participe de manière non exclusive à la création d'une volonté étatique qui détermine sa structure et ses attributions. Dans le cas espagnol, seul un cinquième des sénateurs est désigné par les CCAA et la provenance des autres ne diffère pas substantiellement de celle des autres membres du Congrès (la circonscription électorale, dans les deux cas, est la province). Ceci peut paraître insuffisant, mais si on y ajoute le fait que la constitution définit globalement le Sénat comme une « Chambre de représentation territoriale » (art. 69), nous avons une base sur laquelle construire un Sénat capable de permettre la participation des entités décentralisées à la constitution de cette volonté étatique. L'introduction de certaines réformes permettrait au Sénat espagnol de jouer le rôle propre à une chambre territoriale, c'est-à-dire d'être fédéral du point de vue fonctionnel.

Les premiers pas dans cette voie ont déjà été faits par le biais des réformes du règlement du Sénat :

a) la réforme adoptée en 1982 a permis de créer au sein du Sénat des *grupos territoriales* ;

b) plus récemment, en 1994, une autre réforme de plus longue haleine a été adoptée et elle s'est traduite par la création de la *Comisión General de las Comunidades Autónomas*, un Sénat dans le Sénat ayant des attributions importantes en ce qui concerne le processus de décentralisation. Il s'agit donc d'une réforme à tendance timidement fédéralisatrice, dont le but est de faire du Sénat un lieu de rencontre entre les représentants étatiques et ceux des CCAA. Elle prévoit en outre qu'une séance soit consacrée annuellement à une discussion générale sur les problèmes de l'État *des Autonomies* (les langues officielles des régions pouvant être utilisées.) Celle-ci exerce, à n'en pas douter, une fonction d'intégration, notamment si tous les présidents des CCAA y participent [17]. De l'attitude des partis (spécialement les partis nationalistes périphériques) dépend que ceci devienne un instrument valable pour faire du Sénat une chambre véritablement territoriale. Tout cela serait insuffisant, toutefois, sans une réforme constitutionnelle du Sénat. Cette réforme devrait être axée sur une modification de la composition de cette chambre et une spécialisation fonctionnelle qui, à l'heure actuelle, est presque absente [18].

4. En conclusion

Pratiquement vingt ans se sont écoulés depuis le rétablissement de la *Generalitat* catalane et l'approbation des premiers régimes provisoires d'autonomie, dix-neuf depuis l'approbation de la constitution, dix-huit depuis les premiers statuts d'autonomie, seize depuis l'accord sur la généralisation du système des autonomies et quatorze depuis l'approbation des derniers statuts, l'État des Autonomies est donc logiquement établi. Cependant, le processus d'autonomie ne s'est pas encore parachevé et, ce qui est plus préoccupant, il n'y a pas d'accord sur la manière d'y parvenir, ni même sur le fait de savoir si c'est possible.

Évidemment, l'État des Autonomies a largement réalisé un de ses deux objectifs essentiels : la décentralisation politique de l'État. Il n'en va pas de même pour le second : régler le problème des nationalismes basque et catalan. En dépit du fait que tant le Pays basque que la Catalogne ont atteint un degré d'autonomie qu'il n'avaient jamais eu depuis la création de l'État espagnol, le problème continue à peser d'une façon ou de l'autre sur la politique espagnole, spécialement lorsque, — comme ce fut le cas au cours de la transition et à nouveau depuis 1993 — le gouvernement national manque d'une majorité parlementaire suffisante.

Les mesures appliquées tout au long des trois dernières années en raison des Pactes de 1992 — parmi lesquelles il faut souligner, à côté de celles déjà mentionnées — l'établissement de la co-responsabilité fiscale, depuis 1993, et la récente disparition, après 185 ans d'histoire, de la figure du gouverneur civil, représentant le gouvernement central dans chaque province — ces mesures donc étaient supposées destinées à la « conclusion » du processus d'autonomie. Cependant, ces mesures n'ont pas servi à dissiper les incertitudes qui pesaient sur un modèle d'État soumis en permanence au débat.

La tendance consistant à mettre les compétences de toutes les CCAA au même niveau apparaît comme difficilement concevable aux nationalistes catalans et surtout aux Basques qui ont même posé ouvertement la question de la constitutionnalité de cette intention [19], même si tant eux-mêmes que les Navarrais échappent à cette adaptation par le biais de leur *accord économique* avec Madrid [20].

Précisément l'aspect le plus novateur dans ce problème, c'est qu'aux anciennes plaintes des communautés moins favorisées et qui reposaient sur l'argument du préjudice comparatif, se sont ajoutées celles du nationalisme catalan, à l'occasion de la récente cession à la Communauté basque de la perception des impôts spéciaux sur l'alcool et le tabac : CIU (*Convergencia i Uniò*), la coalition qui représente le nationalisme catalan modéré, s'est hâtée de réclamer cette possibilité pour la Catalogne, en exigeant un pacte fiscal bilatéral entre cette communauté et l'État.

D'autre part, depuis la coalition catalane, qui à la différence des partis nationalistes basques a toujours appuyé activement la constitution espagnole à l'élaboration de laquelle les partis qui la composent contribuèrent de manière décisive — on commence à parler ouvertement de la nécessite de procéder à des « ajustements constitutionnels » pour aboutir à la réforme de l'État. Si son leader, Jordi Pujol, président de la *Generalitat* depuis le début des années quatre-vingt, reconnaissait devant le Parlement catalan peu avant les dernières élections générales et à l'occasion de la célébration des quinze ans d'autonomie, qu'il s'était produit des progrès évidents dans la reconnaissance de l'État plurinational, plurilingue et pluriculturel [21], son partenaire de coalition lançait récemment sa proposition concernant les ajustements en question, parmi lesquels devraient figurer la dérogation à l'interdiction de fédération de CCAA et la reconnaissance pour la Generalitat de son pouvoir de veto envers des positions déterminées du gouvernement central [22]. Le propre parti de Pujol, *Convergència Democràtica de Catalunya*, vient de présenter un document dans la même perspective sous le titre *Por un nuevo horizonte para Catalunya* (Un nouvel horizon pour la Catalogne) dans lequel on insiste tout particulièrement sur des problèmes en rapport avec l'égalité des quatre langues nationales [23]. En réalité, cette contradiction apparente coïncide parfaitement avec une longue trajectoire du catalanisme mis — particulièrement lorsque, à Madrid il n'y a pas de gouvernement avec une majorité absolue au Congrès — dans une situation que l'on a qualifiée de « coopération conflictuelle », comme il arrive avec des mouvements nationalistes semblables en Belgique et au Canada [24].

Quelque chose qui a particulièrement irrité les nationalistes périphériques a été l'attribution du caractère de « nationalité » aux Canaries et à l'Aragon, après approbation par les Chambres générales en décembre 1996 des réformes des statuts respectifs. La constitution espagnole ne définit pas ce que sont les nationalités et les régions et elle n'établit pas de différences dans les niveaux de compétences en fonction d'une telle distinction ; mais il n'est pas moins vrai que celle-ci n'a de sens que si elle fait référence à la Catalogne, le Pays basque et la Galice, c'est-à-dire aux trois communautés dont les traits distinctifs sur les plans linguistique et culturel étaient les plus prononcés et, du coup, reposaient sur une plus grande tradition de partis et d'activités nationalistes. La distinction commença déjà à se relativiser à la suite des résultats de la précoce expérience andalouse d'autonomie au cours de laquelle le PSOE — dans son désir de chasser l'UCD du gouvernement, après avoir perdu les élections pour la deuxième fois en moins de deux ans, fit un usage partisan du problème en exaltant les sentiments de discrimination comparative dans cette région. Malgré cela, la différenciation a fonctionné dans la pratique jusqu'à ce que, au début des années quatre-vingt-dix, le PP agisse de la même façon en ce qui concerne le gouvernement du PSOE qui rencontrait lui aussi des difficultés dans sa tentative de contrôler le processus d'autonomie. Les membres du PP levèrent la bannière des discriminations comparatives, menace que brandissaient quelques groupes régionalistes, particulièrement en Aragon, et entraînèrent les socialistes dans les pactes de 1992 et, ensuite vers des mesures comme celles que nous commentons. Si le président basque a parlé à ce sujet de transgression des prévisions constitutionnelles, Pujol a répondu en insistant sur la nécessité de respecter le « fait différentiel » catalan, ce qui ne poserait pas de gros problèmes, pourvu que ceci ne se traduise pas par l'application à la Catalogne d'un système singulier de financement semblable au système basque.

Si c'est accepté par Madrid, il est certain que d'autres CCAA introduiront également une semblable demande, ce qui, si elles étaient prises en compte, n'entraînerait rien moins que l'invivabilité de l'État « autonomique ».

De là l'urgence qu'il y a à recréer en matière d'autonomie un consensus minimum entre les deux grands partis nationaux [25], en établissant des règles de jeu claires et en rendant compatibles le respect des faits différentiels et la stabilité du système dans son ensemble. Ceci supposerait d'accepter dans la pratique une certaine asymétrie, pas nécessairement juridique, dans le fédéralisme *de facto* vers lequel se dirige le pays, si tant est qu'il ne s'y soit pas déjà installé ; une asymétrie qui ne se traduit pas tant dans de plus importants niveaux de compétences pour ce qu'on appelle les communautés historiques que dans une intensification des pouvoirs correspondant à leurs domaines différentiels (langue, culture, administration, enseignement, police, etc.). On ne peut pas aller beaucoup plus loin, car ce serait inacceptable pour les citoyens des autres CCAA, mais on ne peut pas non plus demeurer en-deçà, en tout cas si les élites politiques espagnoles souhaitent faire montre d'un minimum de cohérence envers l'objectif original et primordial de la formule de l'État « autonomique » : éviter la fragmentation de l'État en réservant un traitement institutionnel généreux aux problèmes posés par le « sectionalisme » politique des nationalismes périphériques.

Texte traduit par Madame Anita BARRERA
Professeur à l'Institut Cooremans

Notes

[1] Voir P. VILAR, *Historia de España*. Paris, Librairie espagnole, 1971 ; et A. RAMOS, *La unidad nacional y los nacionalismos españoles*, México, Grijalbo, 1970.

[2] Juan LINZ, « Early state-building and late peripheral nationalisms against the state : the case of Spain », *in* S. EISENSTADT and Stein ROKKAN, ed., *Building States and nations*, Londres, Sage, 1973.

[3] *Ibidem*, p. 33.

[4] Josep María VALLÉS, « La política autonómica como política de reforma constitucional », *in* Ramón COTARELO, comp., *Transición política y consolidación democrática. España. (1975-1986)*, Madrid, CSI, 1992, pp. 366-367.

[5] Manuel RAMÍREZ, *Partidos políticos y Constitución (Un estudio de las actitudes parlamentarias durante el proceso de creación constitucional)*, Madrid, Centro de Estudios Constitucionales, 1989, p. 62.

⁶ Le seul statut approuvé dans des conditions normales fut le catalan, devenu loi en septembre 1932, et même ainsi sa brève existence demeura hasardeuse (son application fut suspendue par le gouvernement de droite, à l'occasion de la révolution des Asturies en octobre 1934 et ne fut rétablie qu'après la victoire du Front Populaire aux élections de février 1936). Le projet de statut galicien fut approuvé par un plébiscite le 28 juin 1936 et soumis aux *Cortes* espagnoles à la mi-juillet, mais il n'a jamais pu entrer en vigueur étant donné le soulèvement militaire qui triompha rapidement dans cette région, tandis que le statut basque fut approuvé en pleine guerre civile (le 1ᵉʳ octobre 1936) et resta en vigueur — en Biscaye — pendant les quelques mois avant la chute de Bilbao aux mains des franquistes.

⁷ L'article 2 de la constitution fait référence au « droit à l'autonomie des nationalités et régions » qui composent la « nation espagnole » incluant implicitement dans les premières les trois régions citées qui sont celles que l'on considère comme « historiques ».

⁸ En particulier, et en ce qui concerne l'initiative autonomique, l'exigence de l'accord des 3/4 des municipalités de chacune des provinces concernées qui représenteront au moins la majorité du corps électoral de chacune d'entre elles et — ce qui était relativement plus compliqué — la ratification de cette initiative par référendum par le vote affirmatif de la « majorité absolue des électeurs de chaque province » (article 151.1)

⁹ Concrètement, depuis le 29 août 1977, date à laquelle on rétablit en Catalogne un gouvernement appelé de la *Generalitat* (comme au Moyen âge), jusqu'au 31 octobre 1978, date à laquelle on approuve le régime de préautonomie pour la Castille-la Manche. Dans l'intervalle, les *Cortes* avaient approuvé les régimes préautonomiques d'Aragon, des Canaries, du Pays valencien, d'Andalousie, des Baléares, de la Castille-Léon, de l'Extrémadure, des Asturies et de Murcie, après approbation par décret-loi du Conseil général basque, le 4 janvier 1978.

¹⁰ Javier Pérez Royo, *Curso de Derecho Constitucional*, Madrid, Marcial Pons, 1994, pp. 640-641.

¹¹ Eduardo García de Enterría, « El futuro de las autonomías territoriales », *in* E. García de Enterría, dir., *España : un presente para el futuro*. Madrid, Instituto de Estudios Económicos, 1984, vol. II cxit. par Andrés de Blas, « Estado de las autonomías y transición política », *in* Ramón Cotarelo, ed., *op. cit.*, p. 105.

¹² Pour plus de détails sur les termes des accords et leur application pendant les six années suivantes, voir J.Tornos et autres, *Informe sobre las autonomías*, Madrid, Civitas, 1988.

¹³ Pour plus de détails sur ces accords et leur application, voir les éditions de l'*Informe sobre las Comunidades Autónomas* correspondant aux années 1992, 1993 et 1994 (Barcelone, Instituto de Derecho Público, 1993, 1994 et 1995, respectivement).

¹⁴ Les deux expressions s'utilisent indistinctement, même si certains interprètent politiquement les possibles différences sémantiques. A titre d'exemple, Kepa Aulestia, dirigeant de *Euskadiko Ezkerra* (parti nationaliste de gauche à présent intégré au Parti socialiste d'Euskadi) déclarait au début des années quatre-vingt-dix que l'État espagnol était un *État autonomique*, mais pas un *État des Autonomies* (*El Pais*, 20 février 1990).

¹⁵ D'autres qualificatifs employés par divers spécialistes pour désigner le modèle d'organisation territoriale choisi par la constitution de 1978 sont les suivants : État régional, autonomiste, composé, fédéro-régional, unitaro-fédéral, fédéral asymétrique, régionalisable, fédéralisable...

¹⁶ Juan José Solozabal, « Sobre el Estado autonómico español », *Revista de Estudios Políticos* (Nueva Epoca), n° 78, 1992, pp. 110-111.

¹⁷ Depuis la célébration du premier débat annuel, fin 1994, tous le font, sauf le *lendakari* basque, qui n'y a jamais assisté.

¹⁸ La réforme du Sénat fait l'objet d'un examen par la Chambre haute depuis 1994. Également par des académiciens et des spécialistes au cours de débats organisés à cet effet (voir Miguel Herrero de Miñón, *Tribuna sobre la reforma del Senado*, Madrid, Real Academia de Ciencias Morales y Políticas, 1996 ; et Francesc Pau i Vall, coord., *El Senado, Cámara de representación territorial*, Madrid, Tecnos, 1996).

¹⁹ Récemment, le *lendakari* basque, José Antonio Ardanza lors d'une comparution devant le Parlement basque à la demande de quelques groupes parlementaires qui le critiquaient pour ne pas avoir assisté au débat sur l'Etat des Autonomies qui avait eu lieu à Madrid, soulignait que les autonomies ne sont pas semblables. De son point de vue, le « développement actuel du modèle autonomique enfreint les prévisions de la constitution » en optant pour une « uniformité entre les autonomies, oubliant la différence constitutionnelle entre nationalismes et régions » (*El Pais* 26 avril 1997).

[20] L'accord laisse à ces CCAA de vastes compétences en matière de régulation et de perception des impôts. L'accord avec le Pays basque date de 1878, même si dans les provinces de Biscaye et de Guipuzcoa, il avait été suspendu après la guerre civile de 1936 en raison du ralliement de ces provinces à la cause républicaine. L'actuelle constitution l'a repris comme un droit historique. La dernière rénovation date de 1981 et reste valable jusqu'en 2001, bien qu'on ait déjà procédé à quelques modifications depuis cette date. Tous les cinq ans, on doit en outre établir la quote-part, qui correspond à la formule pour calculer ce que le Pays basque doit payer chaque année à l'État pour les services non transférés (l'Armée, les relations extérieures ou la liste civile) que l'administration centrale assure à cette communauté.

[21] *El Pais*, 21 mars 1996.

[22] Déclarations de Duran Lleida, leader de *Uniò*, recueillies dans le journal *El Pais* du 11 mai 1997.

[23] Voir *El Pais*, 5 juin 1997.

[24] Javier TUSSEL, « Hay un problema catalán » ¿Existe el problema de España ? *in* O. ALZAGA et autres, *Entre dos siglos. Reflexiones sobre la democracia española*, Madrid, Alianza, 1996, pp. 353-377.

[25] La rupture sur ce point entre le gouvernement et le PSOE s'est produite au début de cette année. (Voir *El Pais,* 21 janvier 1997).

Le « divorce de velours » entre Slovaques et Tchèques

Miroslav Kusy
Département de Sciences politiques
Université Comenius (Bratislava)

1. Vaclav Havel déclara : « Les Hongrois se préparèrent à la révolution pendant dix ans, les Polonais pendant dix mois, les Allemands de l'Est pendant dix semaines ; nous le fîmes en dix jours ». Mais cet aspect glorieux de notre « révolution de velours » a également un revers : avant elle, il y eut vingt années de stagnation absolue dans notre pays. Dans chaque pays de l'Europe de l'Est, on pouvait remarquer une espèce de « réforme » de la politique et de l'économie socialistes existantes : de la courageuse réforme hongroise, en passant par la réforme polonaise plus prudente et par l'apparente *perestroïka* de Gorbatchev jusqu'aux folles expériences sociales de Ceausescu en Roumanie.

Mais la dernière vague de la *nomenklatura* communiste arriva au pouvoir politique en Tchécoslovaquie comme un courant antiréformiste. Sa tâche était de « normaliser » le socialisme dans notre pays, de figer la version du *realsocialisme* après le printemps de Prague. La moindre réforme était un cauchemar pour elle. Pour les Tchèques et les Slovaques, la version la plus modérée de la *perestroïka* ne se traduisait que par le terme « *prestojenie* », ce qui signifie quelque chose comme un changement de costume. L'antiréformisme de cette période de normalisation signifiait que tous les problèmes graves de notre société étaient cachés, éliminés et que leur solution fut paralysée pendant plus de vingt ans. Y compris la question de l'existence de l'État tchécoslovaque et de sa solution fédérative ; y compris les problèmes de relations politiques entre les nations et entre les nationalités vivant sur le territoire de la République tchécoslovaque. La révolution de velours ouvrit la boîte de Pandore avec tous ces problèmes non résolus et, à de nombreuses reprises, nous fûmes choqués par leur apparition (ou réapparition) et par leur intensité.

2. Partout dans le monde, on a parlé de la scission de la Tchécoslovaquie comme d'une sorte de divorce de velours. Il s'agit d'un bon calembour, d'un paradoxe à l'expression « révolution de velours ». Mais la réalité est plus

prosaïque. En effet, ce divorce fut doux, « sur le velours ». Mais on peut se demander quels sont les types de divorces entre conjoints qui ne sont pas compliqués, ne sont pas problématiques, sont élégants, c'est-à-dire « doux et sur le velours ». Ce ne peut être le cas que lorsqu'il n'existe pas de haine entre les conjoints, ni de problèmes impossibles à résoudre, ni de souvenirs franchement mauvais du passé commun, ni de graves accusations réciproques. En d'autres termes, ce n'est possible que dans le cas où il n'existe pas de raison sérieuse pour divorcer ! Meilleur est le mariage, plus doux est le divorce !

C'est exactement le cas en ce qui concerne la scission des Tchèques et des Slovaques de leur République fédérale. Il y avait beaucoup de problèmes, résultant de notre vie commune, en partie nés et accumulés au cours de la période communiste de notre histoire commune. L'État dont nous avons hérité de nos dirigeants communistes était un État totalitaire, la fédération créée après l'invasion de troupes soviétiques dans notre pays en 1968 fonctionnait mal, était antidémocratique et paralysée par le rôle majeur du parti communiste. Il était absolument nécessaire de restructurer toute l'administration politique de l'État, de décentraliser le pouvoir politique, de créer les conditions légales d'une véritable égalité des citoyens, des nations et des nationalités de ce pays. Mais il était possible de réaliser tout cela dans le cadre du « mariage » existant entre Tchéquie et Slovaquie, de l'État commun tchèque et slovaque. Dans ce cadre, aucun de nos problèmes n'était impossible à résoudre, aucun de ces problèmes ne fut automatiquement résolu par le simple « divorce ». Un des arguments majeurs des nationalistes slovaques en faveur de la scission était l'indépendance slovaque. Les nationalistes avançaient qu'ils ne pouvaient être indépendants qu'à travers leur État souverain. Mais il ne s'agit pas d'une question de sentiment national, il s'agit d'une question d'évaluation rationnelle du poids géopolitique du pays. La République slovaque ne représente qu'un tiers (du territoire et du nombre d'habitants) de l'ancienne Tchécoslovaquie. En termes de géopolitique, cela signifie qu'elle est trois fois moins indépendante que l'ancien État. Nous dépendons beaucoup plus de nos voisins : nous pouvons le remarquer maintenant de façon très pragmatique dans nos relations avec la Hongrie.

3. Le monde entier a applaudi à notre « divorce » : comme il était doux et sur le velours ! C'est exact, mais il est nécessaire d'ajouter qu'il est totalement illégal ! Les vainqueurs des élections législatives de 1992 dans les deux républiques, les dirigeants des partis vainqueurs et les nouveaux Premiers ministres remportèrent une très large majorité çà et là, mais aucun d'entre eux n'avait un mandat pour scinder l'État. Aucun d'entre eux ne disposait d'un mandat pour signer le traité de scission. De tous les membres du Parlement fédéral pris dans son ensemble, aucun ne fut habilité par son mandat à voter un tel traité, ni à l'accepter. L'approbation de ce traité par le Parlement était illégale

et anticonstitutionnelle. Elle n'était pas uniquement contraire à l'esprit de la Constitution tchécoslovaque en tant que telle, mais totalement contraire au texte de celle-ci. La création et la dissolution d'un État relèvent de la nation elle-même, elles relèvent de l'application de son droit à l'autodétermination. Ce droit a été incorporé dans la Constitution fédérale tchécoslovaque. La Tchécoslovaquie a signé et approuvé deux conventions internationales des droits de l'homme en reprenant identiquement leurs textes au paragraphe 1er, article 1er, première partie de chacun d'eux : « Tous les peuples ont droit à l'autodétermination. En vertu de ce droit, ils déterminent librement leur statut politique et poursuivent librement leur développement économique, social et culturel ».

On refusa aux populations tchécoslovaques d'exercer leur souveraineté et leur droit inaliénable à l'autodétermination de la seule façon possible, à savoir par le biais du référendum. L'argumentation des partisans de la scission contre le référendum était légère et fausse : ils prétendirent que le temps était insuffisant pour préparer le référendum pour le 1er janvier 1993, qui constituait l'échéance pour la scission annoncée. Or, bien sûr, cette échéance n'avait pas été préétablie, elle n'était que le résultat de discussions entre les deux dirigeants. Ils ajoutèrent que le référendum ne pouvait rien changer au fait que la fédération tchécoslovaque était quasiment morte. Mais cette affirmation constituait un double mensonge. Les fédérations yougoslave ou soviétique étaient mortes avant la scission des pays concernés, la scission n'étant qu'une formalité prenant en compte un fait accompli. L'inverse eût été vrai à propos de la fédération tchécoslovaque. Ce fut tout le temps une instance existante et la scission constitua une sorte de vivisection, d'amputation d'un de ses membres imposée par l'autre. De nombreuses tâches de la fédération ont encore été longtemps exécutées après la scission et durent être artificiellement interrompues (à cause du régime frontalier spécifique) ; certaines d'entre elles continuent encore à ce jour.

La raison pour laquelle le référendum était inacceptable pour les deux dirigeants est assez claire : tous les résultats des sondages d'opinion publique depuis 1992 révélaient qu'une majorité des électeurs dans chacune des parties de l'État était opposée à la scission.

4. On peut remarquer que ce « divorce de velours » n'émanait d'aucun des conjoints concernés, d'aucune des deux nations concernées ; il fut le fait de leurs « avocats » respectifs. Il ne résultait pas de tensions ethniques quelconques, ni de conflits ethniques entre Tchèques et Slovaques, ni entre les deux ethnies. Il n'était pas la résultante du sentiment de l'un d'eux (ou des deux) que la vie en commun était infernale et insupportable. Rien de tel, aucune blessure, aucun meurtre, aucune expulsion, aucun viol... Le rationalisme des deux dirigeants et des Premiers ministres disposait d'une marge de manœuvre assez large.

Du côté tchèque, on trouvait Vaclav Havel Klaus, un adepte de la théorie monétaire de M. Friedman, qui était un politicien pragmatique conservateur. Son programme économique se résumait à des mutations radicales basées sur une thérapie de choc, un *big bang* ouvrant la voie à l'économie de marché par des privatisations rapides, des investissements de capitaux étrangers et l'adhésion la plus rapide possible à toutes les institutions européennes. Il refusait catégoriquement tout signe d'une certaine « troisième voie », qu'il affirmait être la voie menant au « tiers-monde ».

Le côté slovaque était représenté par Vladimir Meciar. Ce dernier était un ancien fonctionnaire communiste issu de l'école du Komsomol de Moscou, un politicien populiste et démagogue avec quelque orientation gauchiste et nationaliste. Avec lui, il n'était nullement question de thérapie de choc, ni de *big bang,* mais plutôt de privatisations lentes, de prudence à l'égard de l'influence des capitaux étrangers et des institutions européennes dans leur ensemble.

Aux yeux de Klaus, cette vue de l'esprit représente un « fardeau slovaque ». Pour Meciar, le projet de Klaus est une sorte de « revanche économique des Tchèques au détriment des Slovaques ». C'était le conflit entre les deux programmes politiques et économiques différents résultant des élections de 1992. C'était le conflit entre les deux dirigeants convaincus de leur vérité messianique, la seule pour le salut du pays. Avec un tel message, il était impossible d'accepter un compromis politique entre deux messies divergents et entre leurs programmes divergents. Au cours d'une brève rencontre qui eut lieu après les élections de 1992, ils entamèrent l'ancienne tragédie grecque et l'inévitable fin de celle-ci : la scission ; la *commedia* était *finita*. A une différence près par rapport à l'ancienne tragédie : il n'y avait pas de vainqueur ; des deux côtés, il n'y avait que des perdants. La justice n'avait pas triomphé. La justice ne faisait pas partie du jeu.

5. La réalité qui en découle est la présence de deux États « indépendants » à l'intérieur des frontières de l'ancienne république tchécoslovaque. Comme auparavant, les populations vivent chacune sur leur territoire et ne peuvent prendre des voies différentes, comme certaines personnes divorcées le font. Elles sont condamnées à vivre côte à côte, comme des voisines. La grande question est de savoir si elles vivront en bon ou en mauvais voisinage. Le retour en arrière à un « mariage ordinaire », à une certaine fédération, semble bloqué pour l'instant et inacceptable pour les représentants des deux pays. Mais des deux côtés, on insiste sur une coopération très large et très profonde, c'est notre meilleure chance.

Les partisans des réformes démocratiques de l'ancienne Tchécoslovaquie et des changements économiques radicaux étaient extrêmement attachés à l'idée du maintien de l'État fédéral commun. Mais, après la scission, seule l'infime minorité d'entre eux souligne l'exigence irréaliste d'une résurrection de la république tchécoslovaque. La majorité réaliste ne voit pas comme unique point positif la construction des nouveaux États sur une base de sociétés démocratiques et axées sur l'économie de marché dans le cadre des nouvelles entités politiques : la république tchèque souveraine et la république slovaque souveraine.

« Que mon pays ait tort ou raison ». Nous, les anciens « fédéralistes » des deux côtés de la rivière Morava, n'avons pour le moment à notre disposition d'autres (ni de meilleurs) outils pour créer une société démocratique et prospère sur les territoires habités par nos populations.

L'État, l'identité nationale et la résurgence des identités territoriales

Une identité aux contours incertains

Chantal KESTELOOT
Centre de Recherches et d'Études historiques de la Seconde Guerre mondiale

> « Lorsqu'un petit d'homme fait son apparition dans le monde il lui faut, pour passer de l'existence matérielle à l'existence sociale, recevoir les points de repères symboliques qui lui permettront de se situer dans l'univers ; il doit être reconnu dans une communauté qui le porte et l'identifie. Afin de vivre, de s'organiser, de s'épanouir, cette Wallonie, aux pas encore incertains, devra inévitablement se mettre en quête de son identité. On ne peut s'épanouir qu'en se connaissant soi-même avec ses virtualités et ses faiblesses et en se percevant dans les limites de la relation à l'autre. Comme toutes les collectivités humaines, la Wallonie devra se dire » [1].

Depuis une dizaine d'années, l'identité wallonne, sa définition, ses enjeux ou encore ses avatars alimentent un débat aux enjeux historiques, politiques, culturels et sociaux. En effet, le démembrement de l'État belge au profit de nouvelles entités, les régions et les communautés, est source d'interrogations : ces entités sont-elles porteuses d'une identité renouvelée ? De quoi celle-ci est-elle constituée ? Quels sont les groupes porteurs d'identité dans la nouvelle Belgique fédérale ?

Cet article ne constitue qu'une approche empirique du sujet. L'identité est un objet de recherche à part entière et, comme tel, des travaux de base restent à faire.

La première des questions à poser, en quelque sorte pour se libérer d'un fardeau trop lourd à porter, est bien sûr celle de la définition. Chaque auteur apporte sa pierre à l'édifice et la définition de l'identité s'est enrichie et s'est complexifiée [2]. Les interrogations sont d'ailleurs souvent induites par les disciplines de ceux qui s'investissent dans ce type de questionnement. Nous inspirant des théories de l'identité sociale, nous considérons que celle-ci repose sur des paramètres cognitifs (que sait-on ?), émotionnels (conscience d'appartenir à un groupe ou à une région) et stratégiques (comment cette conscience va-t-elle induire un comportement ?). Il est en outre évident que toute identité repose à la fois sur une dimension individuelle (une donnée première de l'existence) et sur son intégration dans un groupe dont elle est indissociable. Il s'agit donc de tenter d'approcher la démarche individuelle dans ce qu'elle interfère avec une dimension collective.

Il faut en outre tenir compte de ce que l'identité n'est pas une dimension statique, immuable ou encore naturelle. Elle évolue, consciemment et inconsciemment, tant dans le chef du groupe que dans celui des individus. L'identité sera plurielle et exprimera des nuances d'appartenance différentes en fonction du contexte donné.

La question pourrait se résumer en une simple phrase : que cherche-t-on ? S'agit-il de voir dans quelle mesure les Wallons se sentent, s'identifient comme wallons, auquel cas l'identité de la Wallonie serait une identité wallonne. Encore conviendrait-il de savoir sur quelles bases elle repose et quelles sont ses composantes essentielles ? Ou s'agit-il de voir quelles sont les diverses formes d'identité qui s'expriment en Wallonie ? Si la seconde approche nous semble plus intéressante, car tenant compte d'une réalité qui s'exprime au pluriel, force est de reconnaître que les recherches menées ont plutôt privilégié la notion de l'identité wallonne considérée comme fonction d'identification à la Wallonie et non comme l'expression des identités qui s'expriment en Wallonie. C'est donc en partant de cette définition que l'on arrive aux conclusions d'une conscience identitaire faible, un thème dont nous allons épingler quelques aspects.

Récemment, diverses enquêtes ont tenté de définir et de mesurer l'intensité de l'identité wallonne. Elles constituent un apport indéniable à la recherche, mais elles posent aussi de nombreux problèmes en termes de continuité. Ce ne sont ni les mêmes questions ni les mêmes équipes qui ont effectué les recherches menées respectivement par le Groupe de Sociologie wallonne de l'UCL, par l'Université de Liège et, plus récemment, par des chercheurs de la KUL et de l'UCL [3].

Ce faisant, quel que soit l'angle d'approche privilégié, le constat est le même : la conscience identitaire demeure faible en Wallonie ou, de manière plus nuancée, on peut dire qu'elle ne s'exprime ni de façon monolithique ni en termes d'évidence. Les recherches menées entre novembre 1988 et mars 1991 par le Centre liégeois d'Étude de l'Opinion [4] nous fournissent des éléments révélateurs à cet égard : « les gens qui se sentent fortement wallons sont aussi ceux qui se sentent fortement belges et fortement francophones » [5]. Ces identités combinées nous paraissent être un premier indice pouvant expliquer le constat premier : la faiblesse de la conscience identitaire. Les logiques d'appartenance ne s'excluent pas mais se superposent. Par contre, lorsque l'on utilise la démarche hiérarchie (vous sentez-vous plutôt belge, wallon...), c'est l'appartenance à la Belgique (55 % des personnes interrogées entre 1975 et 1992) qui l'emporte dans le cas de la Wallonie [6].

1. Une identité en devenir ?

La plupart des observateurs établissent une corrélation entre la faiblesse identitaire wallonne et la genèse de la Wallonie. Certes, le terme remonte au XIXe siècle mais la réalité institutionnelle est beaucoup plus récente. La Région wallonne existe depuis 1980. Depuis, ses compétences se sont accrues de même que sa visibilité et son identification. Le gouvernement wallon s'est soucié de promouvoir l'identité wallonne et a mis sur pied une cellule du même nom. Une première étape avait déjà été franchie avec la parution, en 1990, à l'occasion du dixième anniversaire de la Région wallonne, de l'ouvrage de l'historien Philippe Destatte intitulé précisément *L'Identité wallonne*. Il y a donc une volonté politique de voir émerger une conscience identitaire mieux ancrée. Depuis la présidence de Bernard Anselme, les ministres-présidents wallons successifs (Spitaels et Collignon) ont poursuivi cette politique. On peut bien sûr s'interroger sur les risques induits par une telle attitude : est-ce au pouvoir politique de façonner l'identité ? Doit-il s'agir d'une démarche coercitive? Ne risque-t-on pas de (re)tomber dans les travers dénoncés en parlant de la Belgique ? Il est clair que l'évolution historique présentée dans l'ouvrage de Philippe Destatte privilégie une certaine vision de la Wallonie, de sa romanité à son industrialisation précoce en privilégiant largement, pour le XXe siècle, les combats menés par le mouvement wallon. D'autres acteurs en sont, par contre, presque totalement absents. S'il est indéniable que le mouvement wallon a été un moteur essentiel de la régionalisation, force est de reconnaître qu'il ne représente pas l'ensemble des forces sociales.

Dans sa thèse de doctorat consacrée aux « représentations culturelles et politiques », Denise Van Dam [7] met en exergue l'absence de liaison entre les « constructeurs » de l'identité wallonne et la classe dirigeante wallonne. Ce rendez-vous manqué est bien sûr lié à la base sociologique du militantisme wallon et, plus particulièrement, au rapprochement opéré entre mouvement wallon et syndicalisme socialiste sous la houlette d'André Renard au début des années 1960. Certes, les élites interrogées par Denise Van Dam sont conscientes de la nécessité d'une conscience régionale, clé de voûte d'un redéploiement économique en Wallonie, mais cette démarche rationnelle demeure aléatoire si on la compare par exemple aux sentiments d'appartenance régionale des élites flamandes.

Les élites ne représentent évidemment pas l'ensemble des groupes sociaux mais elles en sont néanmoins dans une certaine mesure le reflet. Il serait par exemple absurde d'opposer une conscience identitaire faible des élites à une conscience identitaire forte au sein des autres groupes sociaux.

Ce que rappelle Denise Van Dam et qui nous semble essentiel pour comprendre la faiblesse identitaire wallonne et pas seulement au sein des élites, c'est l'importance de la dimension économique dans la prise de conscience wallonne, surtout depuis l'après Seconde Guerre mondiale. Là où la Flandre a construit une conscience identitaire autour d'enjeux culturels et linguistiques, la revendication wallonne s'est, quant à elle, nourrie à la fois de la crainte d'un processus de minorisation politique et du déclin économique. Ces éléments ont une incontestable connotation négative : « le pouvoir est confisqué par les Flamands », « la Wallonie ne cesse de s'appauvrir ». Dès lors, un grand espoir a été mis dans le fédéralisme. « Lorsque la Wallonie sera maîtresse de son destin, sa situation devrait s'améliorer » espérait-on. Or, la réalité a été bien différente. C'est en pleine crise économique que les régions se sont peu à peu vu confier des leviers de décision sur le plan économique. Plus que d'autres, la Wallonie a été (et est encore) particulièrement fragilisée de ce point de vue. Dès lors, le problème de l'identité nous renvoie à celui des mentalités. Au-delà du slogan officiel d'une « Wallonie qui gagne » quelle est la perception qu'ont de leur région la plupart des citoyens wallons ? Comment perçoivent-ils les enjeux liés à sa survie ?

Cette démarche identitaire affirmée par le gouvernement wallon, par Bernard Anselme d'abord mais surtout développée et amplifiée par ses successeurs, ne constitue-t-elle pas un substitut à l'échec d'un discours axé sur les enjeux économiques, un supplément d'âme en quelque sorte. La thématique identitaire serait, dès lors, la base d'un discours politique visant à faire prendre conscience aux Wallons des acquis de leur passé, passé qui, dans cette optique, devrait être le moteur d'un nouveau démarrage. Aux yeux de certains observateurs très critiques, ce discours n'aurait d'autre vocation que de pallier l'absence d'un véritable projet de gauche.

2. Identité et histoire

Dès ses débuts, le mouvement wallon a mis en exergue la place restreinte consacrée à la Wallonie dans les livres d'histoire en général [8]. Cette minorisation sera consacrée par l'historien Pirenne dans sa monumentale *Histoire de Belgique*. L'histoire n'est pas la seule discipline incriminée : de manière générale, le patrimoine wallon (peinture, musique...) a été occulté ou a perdu son identité en étant amalgamé sous le vocable d'« art flamand » d'abord voire d'art belge ensuite. Cette méconnaissance générale du passé wallon est, aux yeux de nombreux observateurs, l'une des sources de cette faiblesse identitaire. Le passé est ignoré et n'est donc pas coconstitutif d'un sentiment identitaire dont la démarche cognitive est essentielle. Mais, comme l'affirme Philippe Destatte dans sa toute nouvelle version de *L'Identité wallonne* [9], ce qui est déterminant c'est la connaissance du passé et de ses enjeux et non la « légitimation par le passé ».

Ce débat se prolonge bien sûr dans la revendication culturelle : faut-il permettre à la Wallonie de disposer des leviers décisionnels en matière d'enseignement afin de donner à la jeunesse une meilleure connaissance de son histoire et donc une meilleure conscience de sa spécificité wallonne dans l'espoir qu'elle y puise les atouts d'une identité constructive. Le même raisonnement est étendu aux médias audiovisuels. Ainsi pour Philippe Destatte, cette incapacité institutionnelle dans laquelle se trouve la Wallonie de disposer des médias publics explique son incapacité à développer une mobilisation citoyenne. Pourtant, ces médias sont eux aussi, croyons-nous, le reflet d'un certain univers mental des Wallons. La Belgique par le passé et, aujourd'hui, les structures de la Communauté française ne sont-elles pas aussi peuplées de Wallons qui sont donc producteurs d'une culture. Il nous semble dès lors trop aisé de céder à une mise en cause unilatérale de Bruxelles et de ce qu'elle représente symboliquement pour expliquer la faible conscience identitaire wallonne.

3. Une identité morcelée ?

On a longtemps mis en exergue les disparités d'une région wallonne dont les habitants se sentiraient d'abord liégeois, carolorégiens ou encore arlonnais et ne s'uniraient que dans une identité défensive pour faire face à la Flandre. Si l'on ne peut nier l'attachement à des sous-régions, force est de constater que cette appartenance n'est pas nécessairement supérieure à celle qui s'exprime en faveur de la Wallonie [10]. Qui plus est, on ne voit pas nécessairement en quoi cet attachement si souvent épinglé lorsqu'il s'agit de retourner aux sources de l'existence d'un État belge (ce provincialisme désuet dont il semble qu'il faille à tout le moins devoir nettement relativiser l'importance) serait *ipso facto* une entrave lorsqu'il s'agirait du sentiment wallon. Comme toute région, comme tout État, la Wallonie n'est pas un bloc monolithique. Mais, dans le cas wallon, ce sous-régionalisme apparaît comme un signe aggravant de la faiblesse identitaire. La conscience wallonne n'apparaît pas comme suffisamment forte pour pouvoir transcender les sous-régionalismes qui lui sont dès lors concurrents, surtout dans certaines régions. Qui plus est, comme la Région wallonne ne possède pas tous les pouvoirs dévolus à une nation – c'est une Région – le morcellement des compétences peut apparaître lui aussi comme un facteur de faiblesse en termes d'identifications. Le maintien de certaines structures – songeons aux provinces – et le partage malaisé à comprendre entre communauté et région auxquels s'ajoutent les matières aujourd'hui de la compétence de l'Union européenne achèvent de rendre le phénomène complexe.

4. Une identité, un partenaire particulier

Un des éléments souvent avancé pour étayer la faiblesse identitaire wallonne est la difficulté de ses rapports avec Bruxelles et l'impossibilité pour la Wallonie de s'affirmer en tant que telle dans le cadre des structures de la Communauté française. Ainsi, les signataires du *Manifeste pour la Culture wallonne* – dont nous reparlerons – dénoncent la concentration qu'ils jugent excessive des activités culturelles à Bruxelles et l'inexistence (ou presque) des lieux de production culturelle en Wallonie. D'abord limité à la mouvance du *Manifeste*, le débat sur la suppression de la Communauté française s'est étendu aux instances politiques. Le mouvement wallon – qui ne se confond pas totalement avec la perspective du *Manifeste* – dénonce lui aussi depuis des décennies le rôle excessif joué par Bruxelles dans le processus décisionnel belge. Bruxelles n'est pas une ville wallonne mais est la première ville d'immigration wallonne. Des liens privilégiés existent donc, mais comme toutes les capitales du monde, Bruxelles entretient des relations d'ordre hégémonique avec le reste du pays et plus spécifiquement avec la Wallonie avec laquelle il y a communauté de langue. En Wallonie, les avis ne sont pas unanimes et certains considèrent que se « couper de Bruxelles » (encore faudrait-il s'entendre sur la portée de cette formulation) reviendrait à s'engager dans un repli wallon sans issue. Pour d'autres, l'affirmation de la Wallonie s'inscrit dans l'optique d'un conflit « centre-périphérie » malgré lequel les deux entités doivent pouvoir s'assumer sans se détruire.

La question rebondit en permanence. L'existence de la Région de Bruxelles-capitale a incontestablement changé les données du problème. Désormais les deux régions peuvent, comme elles l'ont fait à Namur à l'automne 1996, entamer un véritable dialogue. S'agit-il seulement de faire front face à la Flandre [11] ou de définir de nouvelles solidarités dans l'optique d'un espace francophone aux contours encore mal définis [12] ?

Au-delà des accusations quant à la place envahissante qu'elle occupe, Bruxelles est également perçue par d'aucuns comme la cause de l'absence d'une élite wallonne. Il est vrai que dans les structures centralisées qui ont longtemps été celles de l'État belge, Bruxelles constituait le pôle d'attraction par excellence. N'a-t-on pas pendant longtemps considéré en Wallonie que la voie de l'ascension sociale passait immanquablement par Bruxelles et que parcourir la route en sens inverse représentait une forme de déclin ou de repli. Du coté wallon, certains ont d'ailleurs persisté longtemps dans cette attitude, comme en témoigne la présence jusqu'il y a peu de certains cabinets ministériels wallons à Bruxelles. Il est clair que la régionalisation n'a pas été perçue par tous comme une évidence et que tant à Bruxelles qu'en Wallonie, il faudra du temps pour que de nouveaux usages s'installent et surtout pour que les mentalités changent.

Mais, durant longtemps, l'inexistence d'un statut clair pour Bruxelles a entravé l'affirmation d'une identité bruxelloise. Dès lors, les forces politiques francophones de la capitale considéraient l'alliance avec la Wallonie comme la seule planche de salut possible pour éviter que Bruxelles ne soit dominée par la Flandre. Ce plaidoyer en faveur d'un axe francophone n'a d'ailleurs pas totalement disparu et continue d'être porté par certaines forces politiques, y compris wallonnes. La question qui s'impose dès lors est de savoir si cette identité francophone défendue par certains est compatible avec une identité wallonne affirmée. L'enjeu est essentiel : s'agit-il, à l'instar de la Flandre, de construire une identité basée sur la langue ou plutôt de considérer la langue comme une donnée évidente et donc de construire une identité avec un ancrage régional. Au-delà de la dimension linguistique, ce problème nous renvoie bien sûr aux enjeux culturels et à la conceptualisation difficile de la notion de culture wallonne.

5. Identité et relais politique

Lorsque l'on évoque les éléments affectifs, substrats d'une identité wallonne affirmée, émerge l'héritage d'une Wallonie antifasciste, attachée à la démocratie, terre de luttes ouvrières, de traditions insurrectionnelles et du renardisme. On peut s'interroger : pourrait-il en être autrement alors que c'est précisément le renardisme qui a transformé le mouvement wallon en un mouvement de masse ?

Incontestablement, ces éléments sont une partie intégrante du passé wallon et ont puissamment contribué à forger l'image de la Wallonie d'aujourd'hui. Mais ces images ne peuvent avoir la même pertinence pour tous les groupes sociaux. La question qui se pose dès lors est de savoir si ces éléments ne sont pas à l'origine d'un détournement de l'identité. En d'autres termes, est-ce que certains ne s'écarteraient pas de ce modèle et adopteraient d'autres étiquettes, plus abstraites telle celle de francophone dont la dimension politique apparaît plus neutre parce qu'ils ne se reconnaîtraient pas dans une image « progressiste » de la Wallonie ? Sans vouloir sombrer dans les clichés, on peut par exemple se demander en quoi un agriculteur hesbignon catholique et royaliste peut se reconnaître dans une Wallonie laïque qui a lutté contre le retour de Léopold III ?

On peut étendre le propos. Il est évidemment plus facile aux socialistes de se revendiquer de cet héritage renardiste que ce n'est le cas pour les libéraux ou encore les sociaux-chrétiens. Est-ce dès lors un hasard si c'est précisément parmi ceux-ci qu'on se montre le plus critique vis-à-vis d'une certaine forme d'identité wallonne et que l'on cherche des modèles substitutifs, qu'ils soient belges ou francophones ?

On peut également s'interroger sur les origines sociales de ce militantisme wallon né dans le sillage de la Grande Grève. Porté par une classe ouvrière, ce militantisme va subir de plein fouet la crise structurelle qui n'a cessé de décimer l'appareil industriel wallon. La classe ouvrière ne représente plus, aujourd'hui, en Wallonie, la même force qu'il y a quarante ans. L'industrie lourde et les secteurs traditionnels ont été les plus touchés et la reconversion n'est pas encore devenue réalité. Dès lors, ce sont d'autres industries (les PME, l'appareil de production lié au secteur tertiaire) et d'autres régions (l'axe Brabant wallon, Namur, Luxembourg) qui ont remplacé les secteurs traditionnels. Cette mort de la Wallonie sidérurgique – qui a elle-même suivi la disparition du secteur minier – pose incontestablement en d'autres termes les bases de l'identité wallonne.

6. Une identité négative ?

En 1992, le magazine bruxellois *Le Vif/L'Express* consacrait un numéro spécial aux « Wallons » [13]. Comme tout projet de ce type, il s'accompagnait d'un inévitable sondage : « Les Wallons sur le divan ». L'une des questions proposait une liste de dix-sept critères positifs et négatifs ; les personnes interrogées devaient y choisir ceux qui caractérisaient plutôt la Wallonie et les Wallons, la Flandre et les Flamands ou les deux. Parmi les critères arrivés en tête apparaissaient, pour la Wallonie, les grèves (77 %), les problèmes économiques (56 %) [14] et, peut-être paradoxalement au regard des deux premiers critères, l'image d'une région où il fait bon vivre (54 %). Une région dont on épingle plus volontiers le taux de chômage et les faillites d'entreprises n'incite guère à l'optimisme, voire peut conduire à une identité culpabilisante. Pourtant, 39 % des Wallons disaient être optimistes. Au-delà de « la Wallonie qui gagne », il reste une Wallonie qui attend depuis des décennies qu'un peu de ciel bleu vienne égayer la tristesse d'une désindustrialisation. Ce projet d'un redéploiement économique, la Région wallonne s'en veut l'artisan, et, sans doute qu'au-delà des difficultés, une nouvelle Wallonie est en train de naître et de construire des ponts vers l'avenir.

Dans son étude, Denise Van Dam épingle ce constat d'optimisme de la part des élites wallonnes alors que, paradoxalement, on sent poindre le pessimisme du côté flamand où les dirigeants craignent que la Flandre ne se repose désormais sur ses lauriers [15].

7. Les intellectuels et l'identité

En septembre 1983, quatre-vingts intellectuels signent le *Manifeste pour la Culture wallonne*. Celui-ci affirme avec force l'existence d'une culture wallonne et rejette explicitement la Communauté française comme champ de référence pour les Wallons. La question était certes latente depuis 1979, signe d'une évidente prise de conscience.

La démarche des signataires posait aussi implicitement le problème de la place des intellectuels (wallons) dans l'espace public. Le *Manifeste* s'enracinait dans le passé des luttes de la classe ouvrière wallonne et dans le sillage du renardisme. Il s'inscrivait en outre dans l'optique d'une interaction entre l'économique et le culturel [16] et épinglait le caractère d'ouverture de la Wallonie, région-carrefour.

Le *Manifeste* n'a pas constitué une fin en soi. Au contraire, il s'apparentait plutôt à ce que le journaliste flamand Guido Fonteyn a qualifié de « réveil wallon » qui se prolongera dans les travaux *La Wallonie au futur* [17] et tout au long des huit numéros de la revue *Toudi* dont l'optique était précisément de « déprovincialiser la Wallonie dans la perspective du renardisme et de l'identité post-nationale » [18].

Depuis, d'autres manifestes ont suivi, plaidant qui pour le maintien de la Communauté française [19], qui pour « le maintien en Wallonie de la capitale de la Wallonie », qui encore pour des stratégies concertées entre Wallons et francophones (« Préparons l'avenir ! »). En toile de fond, la question de l'identité est évidemment omniprésente et révèle si besoin en est que le débat a gardé toute sa pertinence.

Aujourd'hui, on pourrait caricaturer l'évolution en utilisant l'image d'un match nul : la Communauté française n'a pas disparu, mais elle a subi une incontestable cure d'amaigrissement du fait de l'instauration d'un mécanisme de transfert (article 138 de la Constitution) de ses compétences vers la Région wallonne et la Commission communautaire francophone. Son nouveau visage ne semble plus susciter les mêmes passions. Les priorités sont-elles devenues autres ?

8. Une identité postnationale ou l'idéal identitaire wallon

En 1994, les Facultés Notre-Dame de la Paix et l'Institut Jules Destrée organisaient conjointement un colloque sur le thème « Nationalisme et postnationalisme » [20]. La question de l'identité était au cœur des débats. S'insurgeant contre les attaques menées à l'encontre de la Wallonie et de son hypothétique dérive nationalitaire, Philippe Destatte réfutait point par point l'idée de l'existence d'un nationalisme wallon et s'inscrivait au contraire dans une conception moderne de l'identité, une identité citoyenne « destinée à permettre de nous situer et de nous définir dans la rencontre des autres » [21]. Dans cette optique, les défenseurs de l'*identité wallonne* aiment souligner le caractère universel des valeurs qu'ils défendent. A l'inverse du mouvement flamand qui s'enracinerait dans les théories ethniques, les Wallons apparaîtraient dégagés de cette menace grâce à l'ouverture sur des valeurs universelles. A l'inverse des Flamands dont la sauvegarde de la langue est l'un des éléments constitutifs du mouvement, les Wallons ne se sont pas investis dans la défense d'une langue spécifique. Serait-ce l'une des explications de la faiblesse de l'identité culturelle ?

S'il n'y a pas de nationalisme wallon, c'est notamment, estime Destatte, parce que le mouvement wallon a tiré « les forces de sa mobilisation et ses arguments décisifs non pas de sa situation culturelle ou linguistique mais de sa décadence économique liée à la minorisation politique ». Ce faisant, il s'inscrirait non pas dans une optique nationaliste mais régionaliste. Il nous semble pourtant que ce propos mériterait à tout le moins d'être nuancé. Si l'enjeu économique n'a certes pas été négligé dans l'histoire du mouvement wallon, ne tombe-t-on pas dans le travers inverse en considérant que les forces de sa mobilisation ne proviennent pas aussi de sa situation culturelle ou linguistique. Que dire dès lors du combat pour une autre histoire ou de l'enjeu fouronnais qui, certes s'enracine dans un combat pour la démocratie, mais qui s'inscrit néanmoins dans un combat pour le respect de l'identité linguistique des populations ?

Un autre élément à prendre en considération dans le débat sur le nationalisme wallon est la persistance d'un fort attachement à la Belgique. S'agirait-il là, comme l'affirment Lieven De Winter et André-Paul Frognier [22], d'un héritage du passé, lié à la période où l'État belge apparaissait effectivement dominé par les francophones ? S'il est incontestable qu'il y a une certaine nostalgie, le passé étant dans bien des cas idéalisé, la fin de la Belgique unitaire n'est-elle pas contemporaine du début de la crise économique, il faut cependant se garder de conclusions trop hâtives. La réalité d'une Belgique francophone est aussi celle d'une Belgique où les élites de toutes les régions du pays parlaient le français. Il ne s'agissait donc pas d'un État dirigé par les francophones au sens adopté par ce terme aujourd'hui. On peut s'interroger : à quelle Belgique les Wallons demeurent-ils attachés ? Quels sont les attributs auxquels ils demeurent les plus sensibles ? En quels termes cet attachement se traduit-il ?

Si, pour de nombreux Wallons, la Belgique demeure *la* référence nationale de fait, pourquoi opteraient-ils pour un modèle de substitution? Le problème de la disparition de la Belgique n'est véritablement posé en Wallonie qu'en écho aux aspirations qui se manifestent en Flandre. Si la Flandre se décide à voler de ses propres ailes, le problème du devenir wallon sera *de facto* posé. Dans un pays où des concepts encore tabous hier appartiennent aujourd'hui à la réalité institutionnelle, l'avenir apparaît peuplé d'incertitudes. Dès lors, en Wallonie, certains mènent la réflexion sur le devenir de la Région. Les projets demeurent flous mais ils existent, que ce soit sous la forme d'une nation francophone, d'un espace francophone, d'une région wallonne devenue nation ou encore d'un rattachement à la France.

Nous l'avons évoqué, depuis une vingtaine d'années bientôt, des intellectuels wallons se sont interrogés sur l'identité wallonne, son essence et ses composantes. Ces travaux menés dans le sillage du *Manifeste pour la Culture wallonne* se sont prolongés lors des différents congrès organisés par l'Institut Jules Destrée sur le thème *La Wallonie au futur*. Au terme du premier congrès – à l'automne 1987 – les bases d'une identité étaient posées : il s'agit de dépasser le régionalisme trop étroit et de s'inscrire dans une démarche d'universalité et d'enracinement, loin de tout nationalisme. De par la connotation négative acquise par ce terme, la plupart des défenseurs de l'identité wallonne refusent en effet – nous l'avons vu – ce qualificatif. Les débats menés par ces intellectuels trouvent aujourd'hui des relais sur le plan politique. Conscient de l'absence d'identité affichée, ces intellectuels entendent en effet construire une nouvelle citoyenneté, édifier un projet démocratique et pluraliste auxquels les Wallons pourraient adhérer. On se situe ici clairement dans un espace rationnel basé sur une réflexion et non sur une démarche sentimentale ou impulsive. C'est en partant lucidement d'un constat qu'il s'agit de bâtir, comme l'affirme Micheline Libon, un projet pour une société porteuse de son identité et consciente de son histoire [23]. La question qui demeure est de savoir dans quelle mesure ce projet dépasse effectivement les milieux intellectuels et trouve un ancrage réel et indispensable au sein de la population, ce qui nous renvoie à l'éternel problème du rapport entre les intellectuels et l'espace public.

9. Identité wallonne et identité belge. Derniers soubresauts ?

Chaque manifestation « nationale » (décès du roi Baudouin, manifestation contre le séparatisme, marche blanche...) semble l'occasion pour une presse en mal de sensationnalisme ou de nostalgie de reposer le problème d'un retour triomphant de l'identité belge. Les résultats du « Wallobaromètre » nous montrent précisément la superposition des identités. Qui plus est, on peut également s'interroger : l'identité belge a-t-elle jamais disparu ? Toutes les enquêtes révèlent que l'« adversaire » le plus coriace d'une identité wallonne clairement balisée, au-delà des remarques formulées sur la complémentarité des identités, demeure l'identité belge. Si plus d'un tiers des Belges – Flamands et Wallons confondus – continuent de s'identifier de manière exclusive à la Belgique, il apparaît également qu'il s'agit des groupes qui exercent le moins d'influence (tant en Flandre qu'en Wallonie, les plus instruits sont plus régionalistes) dans les processus de décision politique [24]. En effet, le problème de l'identité et de ses contours nous renvoie également à la notion d'engagement : qui s'investit en termes d'identité et quels sont les groupes qui influencent effectivement le processus décisionnel ? L'évolution de la Tchécoslovaquie montre que des ruptures profondes peuvent se faire jour entre les projets des élites politiques et les aspirations des citoyens.

Les réformes institutionnelles qu'a connues la Belgique ont coïncidé avec une crise économique sans précédent dans son ampleur et sa durée. N'y a-t-il pas de la part de ceux qui plaident pour un « stop » aux réformes, voire un retour à la « Belgique de Papa » la nostalgie de la Belgique des *Golden Sixties* ? *Golden Sixties* qui, par parenthèse, ont scellé le déclin économique wallon... A la question de l'existence d'une identité wallonne que favorise sans nul doute le processus de fédéralisation du pays, il n'est pas de réponse simple à l'image d'une société complexe, plurielle et ouverte qui se cherche encore. Tant mieux serions-nous tenté d'écrire.

Notes

[1] COURTOIS, L., et PIROTTE, J. « Introduction. A la recherche du dessin sous-jacent » dans *L'Imaginaire wallon. Jalons pour une identité qui se construit,* (ouvrage publié sous la dir. de L. Courtois et de J. Pirotte, Louvain-la-Neuve, Publications de la Fondation wallonne P.-M. et J.-F. HUMBLET, Série Recherches, Vol. 1, 1994, p. 13).

[2] Voir BROMBERGER, CENTLIVRES Ch. P., et COLLOMB, G., « Entre le local et le global : les figures de l'identité » dans *L'autre et le semblable. Regards sur l'ethnologie des sociétés contemporaines*, textes rassemblés et introduits par Martine SEGALEN, Paris, CNRS, 1989, pp. 137-145.

[3] Voir notamment les travaux du professeur Jacques LEFÈVRE, *Le Wallobaromètre. Les Wallons jugent leur région. Trois années d'enquête d'opinion*, Liège, CLEO/FAR, s.d. et MADDENS, B., *et alii*, *O Dierbaar België ? Het Natiebewustzijn van Vlamingen en Walen*, ISPO/SOI, 1994.

[4] *Wallobaromètre, op. cit.*

[5] *Idem*, p. 7.

[6] Voir DE WINTER, L. et FROGNIER, A.-P., « L'évolution des identités politiques territoriales en Belgique durant la période 1975-1995 » dans *La réforme de l'État...et après ? L'impact des débats institutionnels en Belgique et au Canada*, édité par S. JAUMAIN, Bruxelles, Editions de l'Université de Bruxelles, 1997, pp. 161-176.

[7] VAN DAM, D., *Les représentations culturelles et politiques. Le cas des dirigeants en Flandre et en Wallonie*, thèse de doctorat, Ulg, 1995 (A paraître aux éditions Quorum).

[8] Ce problème est largement développé dans HASQUIN, H., *Historiographie et politique en Belgique*, Editions de l'Université de Bruxelles-Institut Jules Destrée, Bruxelles-Charleroi, 1996.

[9] DESTATTE, Ph., *L'identité wallonne. Essai sur l'affirmation politique de la Wallonie aux XIXe et XXe siècles*, Charleroi, Institut Jules Destrée, 1997, p. 15.

[10] « Contrairement à ce que l'on affirme parfois, le sentiment sous-régional est bien plus faible que le sentiment wallon. Est-ce à dire que la Wallonie est majoritairement perçue comme davantage qu'un agglomérat de sous-régions sans unité réelle ? Deux questions concernant directement ce point ont été posées en novembre 1988. Les réponses obtenues sont sans équivoque : une majorité des Wallons récusent l'idée qu'*il n'y a pas de Wallonie, il n'y a que des sous-régions* et que *la seule base de l'unité wallonne est économique* », *Wallobaromètre, op. cit.*, p. 9.

[11] La délégation bruxelloise comprenait des ministres flamands, ce qui nuance cette hypothèse.

[12] Voir dans cette optique le récent manifeste « Choisir l'avenir », automne 1996.

[13] *Le Vif/L'Express*, 10-16 avril 1992.

[14] A l'inverse, le premier critère retenu pour la Flandre était celui de la prospérité (57 %).

[15] VAN DAM, D., *op. cit.*, t. 2, pp. 505 et suiv.

[16] Cette préoccupation est également omniprésente dans les travaux de Michel Quévit.

[17] Voir notamment *La Wallonie au futur. Vers un nouveau paradigme*, Actes du Congrès, Charleroi, Institut Jules Destrée, 1989.

[18] Deuxième page de couverture de *Toudi* n° 8 (numéro conjoint avec *Contradictions* n° 77, 1995).

[19] Le débat a été réactualisé dans « La Wallonie et ses intellectuels », coédition des *Cahiers marxistes* (n° 187) et *Toudi* (tome 7), nov. 1992.

[20] *Nationalisme et postnationalisme*. Actes du colloque qui s'est tenu à Namur le 30 avril 1994, textes rassemblés par Ph. DESTATTE, J.-Ch. JACQUEMIN, Fr. ORBAN-FERAUGE et D. VAN DAM, Namur, FNDP-IJD, 1995.

[21] *Idem*, p. 15.

[22] DE WINTER, L. et FROGNIER, A.-P, *op. cit.*, p. 164.

[23] Préface de Micheline LIBON dans DESTATTE, Ph., *L'Identité wallonne, op. cit.*, 1997, pp. 5-10.

[24] MADDENS, B., BEERTEN, R., BILLIET, J., « The national consciousness of the Flemings and the Walloons. An empirical investigation » dans *Nationalism in Belgium*, A paraître aux éd. Macmillan, 1997.

L'identité culturelle flamande

Jan REYNAERS
Chef de cabinet du gouverneur-adjoint du Brabant flamand

Le mouvement flamand a de tout temps – comme tout mouvement nationaliste – essayé de se profiler comme le défenseur de l'identité flamande.

Chaque année, aux alentours de la fête flamande du 11 juillet ainsi que lors du pèlerinage de l'Yser, moults articles sont publiés pour rappeler la nécessité et la spécificité de l'identité flamande.

La plupart des ministres flamands, des éditorialistes et des responsables des organisations culturelles déclarent que cette identité est « évidente » et « indéniable ».

En fait, le mouvement flamand et son « identité » ne se prêtent pas au commentaire. Le flou artistique qui flotte autour des concepts « flamands » et « Flandre » font que ces notions sont devenues des éléments d'une religion.

La caractéristique essentielle d'une religion, c'est qu'on n'en discute pas : on croit ou on ne croit pas, point à la ligne. Celui ou celle qui se positionne comme agnostique vis-à-vis de la religion, devient ainsi un hérétique. Une religion a besoin d'un rituel immuable et de quelques « grands-messes » pour se perpétuer.

L'avantage de raisonner en ces termes, c'est que les croyants se déchargent eux-mêmes du devoir d'argumentation ou de contre-argumentation.

Les nationalistes disent et répètent que l'hérétique collabore nécessairement avec les vieux ennemis du flamingantisme, c'est-à-dire les unitaristes, les belgicistes ou les belgicains. Cela prouve que le mouvement flamand préfère se définir de façon négative, c'est-à-dire par opposition à tous ceux qui ne se déclarent pas comme « flamands convaincus ». Tout ceci dénote une sorte d'inertie intellectuelle : on stigmatise, on n'argumente pas.

En replongeant dans l'histoire de notre pays, on comprend mieux les difficultés auxquelles sont confrontés les nationalistes flamands. Il y a eu et il y a toujours un État belge, mais pas de nation belge. Tout le monde connaît les circonstances dans lesquelles la Belgique a vu le jour en 1830. En fait, les racines du « divorce belge » étaient inscrites dans la Constitution, je me réfère à l'article qui prône la liberté de l'usage de la langue (française) partout en Belgique. La liberté et l'égalité n'ont jamais fait bon ménage en Flandre ! Le mouvement flamand faisait sien l'adage « c'est la liberté qui opprime et c'est la loi qui affranchit ». La langue dominante (dans tous les domaines de la vie sociale) a toujours tendance à se draper du drapeau de la liberté, tandis que la langue dominée se réclame constamment de la valeur fondamentale de l'égalité. La lutte menée par les écrivains, les instituteurs et les curés flamands à travers le XIXe siècle et jusqu'en 1963 (vote des dernières lois linguistiques avec la démarcation des frontières linguistiques et des frontières territoriales, c'est-à-dire la consécration légale, et en 1970 constitutionnelle, de la notion de territorialité), peut se résumer en un mot : le « *taalflamingantisme* » qui a finalement fait reconnaître égale la langue majoritaire sur le plan démographique, mais minoritaire sur le plan du prestige social et du rayonnement international. Aujourd'hui il ne reste qu'une zone de « combat » : la périphérie bruxelloise limitée aux six communes à statut linguistique spécial, c'est-à-dire les six communes à facilités.

Dans les milieux des libres penseurs par contre, ces principes de « liberté » et d'« égalité » ont toujours été et sont toujours associés de façon étroite, presque comme des « jumeaux siamois », pour ne pas dire des frères jumeaux.

Le mouvement flamand veut maintenant passer de la phase d'identité territoriale vers la phase d'identité nationale. Le problème, c'est qu'il n'y a pas d'identité « nationale », ni en Belgique, ni en Flandre, ni en Wallonie. Toutes les enquêtes le démontrent clairement : une grande majorité de Flamands se sentent d'abord belges, et puis seulement flamands. Pour que les Wallons et les francophones le comprennent, il faudrait qu'ils n'écoutent plus la revue de la presse matinale à la RTBF où ils n'entendent le point de vue que de quelques rédacteurs en chef ou éditorialistes flamands en majorité nationalistes qui écrivent leurs articles basés sur la pensée unique et nationalitaire. Ils sont le porte-parole d'une minorité agissante, bruyante, qui influence de façon démesurée la plupart des dirigeants politiques flamands, y compris quelques hommes-clés au sein du SP.

Je suis d'avis qu'il y a plusieurs identités culturelles en une personne, et que celle-ci peut évoluer dans le temps et dans l'espace. Dans une optique géographique, on peut distinguer « les cercles concentriques autour d'un citoyen », approche empruntée à l'écrivain flamand Brigitte Raskin : dans le monde, je me sens européenne ; en Europe, je me sens belge ; en Belgique, je me sens flamande ; en Flandre, je me sens brabançonne ; dans le Brabant flamand, je me sens de Rotselaar… et à Overijse, où elle habite, elle s'entend fort bien avec ses voisins d'origine wallonne ou bruxelloise.

Tout dépend où l'on se trouve et par rapport à qui (individu ou groupe) : on se sent obligé de se définir. Le mérite relatif des flamingants, c'est qu'ils ont obligé les modérés, les vrais fédéralistes, à s'interroger sur leur identité culturelle, territoriale et même ceux qui étaient belges et sont belges sans le savoir de façon consciente !

Dans le domaine économique et commercial par contre, il est clair qu'il n'y a qu'une identité multiculturelle et universelle : « *l'homo economicus* », c'est-à-dire le consommateur de biens et de services transfrontalier. L'argent n'a ni odeur, ni couleur et parle une langue universelle : celle du profit immédiat et maximal.

L'Europe en construction veut imposer cette identité-là : on consomme (bientôt en euros) et tais-toi ou parle les grandes langues de travail. C'est pour cela qu'il existe au sein du mouvement flamand un fort courant antieuropéen, représenté par le chef de file du Vlaamse Volksbeweging, Peter De Roover. C'est la version actuelle du mouvement antifrançais qui a toujours existé dans ces milieux. Objectivement, ils ont des arguments que les progressistes partagent : le prix des maisons, des terrains et des loyers aussi bien à Bruxelles qu'en périphérie. Ceci nous amènerait dans un autre débat, mais tout est dans tout dans cette problématique !

Début juillet 1996, il y a eu une vive polémique au *Vlaams Parlement*, suite à un projet de décret déposé par le député Volksunie Chris Vandenbroucke, également professeur d'histoire à l'Université de Gand. Il s'agissait de proposer au ministre de l'enseignement d'incorporer l'exigence, comme connaissance de base à la sortie des études secondaires, de répandre de « façon spontanée une conscience flamande », et ceci pas uniquement dans le cadre du cours d'histoire. Finalement, suite au tollé soulevé par cette initiative maladroite, le décret a été amendé dans un sens moins militant.

Autre chose est de constater la naissance très superficielle ou même l'ignorance complète de l'histoire et des objectifs du mouvement flamand par la grande majorité des élèves. Bel exemple d'un essai d'imposition, par voie décrétale, d'une conscience flamande et d'une identification forcée avec la Flandre. Cela me fait penser à l'écrivain flamand Louis-Paul Boon, qui avait l'ambition de, je cite « *Vlaanderen een geweten schoppen* », dans un sens social alors. On peut constater ce qu'il en est advenu… Toujours la même idée fixe : penser à la place des autres, le « peuple » n'a pas encore compris le message, où se trouve son salut, les « dirigeants sont les éclaireurs pour les simples gens qui pataugent dans le brouillard institutionnel et culturel ».

Pour finir, je voudrais indiquer que l'identité des Flamands est triple.

1. Il y a l'aspect provincialiste, par exemple les Anversois vis-à-vis des Gantois, les regroupements sur base provinciale des étudiants universitaires ou le cercle culturel le plus nombreux à Dilbeek : le « Bond der West-Vlamingen ».

2. Cette identité est relativement faible parce que la Flandre n'a pas de capitale qui soit le centre culturel indiscutable de cette identité (on pourrait en dire autant pour la Wallonie, mais Namur peut devenir vraiment cette capitale avec le temps).

   La Flandre est coincée entre son choix historique (et uniquement politique) pour Bruxelles, qui est en fait un choix pour la Belgique et pour une culture internationale, et son désir d'affirmation de son autonomie qui devrait aller jusqu'à l'indépendance selon certains...

   La Flandre est, en fait, encore toujours la Belgique flamande.

3. Le troisième volet de cette identité culturelle, c'est la langue, le néerlandais (et non le flamand comme disent trop souvent les francophones), langue que nous partageons avec les habitants du royaume des Pays-Bas, mais que nous parlons beaucoup mieux qu'eux (c'est mon point de vue fort subjectif évidemment). Être flamand ou néerlandophone est donc plus compliqué que les francophones pourraient le croire à première vue ou plutôt à première audition.

Finalement, j'ai l'impression que l'identité culturelle est un phénomène qui évolue sur un plan individuel avec l'âge et sur un plan collectif par le développement des moyens de communication, de la science, de la technique et du système capitaliste mondial.

Existe-t-il une identité bruxelloise ?

Simon PETERMANN
Professeur à l'Université libre de Bruxelles

Depuis 1989, Bruxelles est constitutionnellement une région à part entière dans la Belgique fédéralisée : elle possède des institutions représentatives et un gouvernement qui peut émettre des ordonnances ayant force de loi. Une première constatation s'impose : cette Région de près d'un million d'habitants reste confinée au territoire des dix-neuf communes (soit 161,78 km²) alors que son *hinterland* économique déborde largement ce cadre, considéré par les francophones comme un insoutenable carcan imposé au niveau du pays par la majorité flamande, soucieuse d'éviter la francisation déjà fort avancée des communes flamandes de la périphérie (le phénomène de la *tache d'huile*, considéré comme un « vol de territoire » par les nationalistes flamands). Deuxième constatation : Bruxelles, capitale fédérale, n'est pas celle de la Région wallonne, transférée à Namur, mais bien celle, du moins officiellement, de la Flandre. Troisième constatation : Bruxelles est une ville-frontière, une sorte d'îlot situé géographiquement au Nord de la frontière linguistique [1], où les francophones sont aujourd'hui largement majoritaires (près de 85 % si l'on se base non sur un recensement linguistique, qui n'est toujours pas autorisé, mais sur les résultats des élections pour le Conseil régional de 1989 qui ont donné des indications intéressantes).

Cela dit, personne ne conteste que Bruxelles fut à l'origine une ville flamande (comme en font foi et son histoire et sa toponymie) où l'usage du français est presque inexistant jusqu'au XVᵉ siècle, et qui se francisera rapidement au cours des deux derniers siècles [2].

En effet, beaucoup de francophones sont des Flamands francisés au cours des trois ou quatre dernières générations ; d'autres sont originaires de Wallonie et y conservent des liens, d'autres encore, au gré des aléas de l'histoire, sont venus de la France voisine. Le résultat, c'est qu'un grand nombre de francophones bruxellois ne se sentent proches ni de la Wallonie ni de la France, même si culturellement ils ont conscience d'appartenir à une communauté francophone. De leur origine flamande, en dehors des noms patronymiques, il ne reste pratiquement rien [3].

Seul l'accent singularise les francophones bruxellois de leurs compatriotes du Sud. Les Bruxellois de vieille souche, de moins en moins nombreux, se sentent bruxellois sans être pour autant de Bruxelles lorsqu'ils sont saint-gillois, anderlechtois, molenbeekois etc. [4], tout comme les Wallons de Bruxelles, dont beaucoup sont restés unilingues et continuent de s'identifier à leur terroir d'origine. Quant aux francophones des communes de la périphérie, quelquefois devenus majoritaires, pour résister aux pressions flamandes, ils s'identifient davantage aux francophones bruxellois, dont ils réclament avec conviction le soutien, qu'aux Wallons. Cela dit, on se sent manifestement moins bruxellois lorsqu'on habite Waterloo ou Vilvorde.

Les couches populaires, largement francisées, parlent encore aujourd'hui un étrange sabir, jargon mêlé de flamand brabançon, de français corrompu, et même d'espagnol, d'allemand et d'anglais, qui est sans équivalent. C'est le parler pittoresque des habitants du quartier des Marolles qui s'est transmis, lors de la croissance de la ville, à d'autres quartiers populaires. Cet idiome, *singulièrement malsonnant et baveux,* comme disait avec mépris Maurice Maeterlinck, est aujourd'hui en régression, principalement à cause du vieillissement de la population et de la forte densité d'immigrés dans des quartiers autrefois socialement homogènes. Il se maintient cependant sous une forme folklorique.

Ce parler populaire [5] dont l'expression est purement verbale a engendré une transcription littérale inventée de toutes pièces par des auteurs comme Roger Kervyn de Marcke ten Driessche *(Les fables de Pitje Schramouille),* George Garnir *(Baedeker de physiologie bruxelloise à l'usage des étrangers),* Léopold Courouble *(Kaekebroeck),* ou encore Frantz Fonson et Fernand Wicheler *(Le mariage de Mademoiselle Beulemans),* qui ont créé des types bruxellois plus ou moins conformes aux modèles réels. Hergé a d'ailleurs utilisé ce parler avec malice dans les aventures de Tintin. En dehors des seuls initiés, à qui est accessible le langage des Indiens Arumbayas dans *L'oreille cassée* ?

Cela dit, quelle que soit la proportion réelle des Flamands bruxellois, un fait demeure incontestable : il existe bien un monde flamand à Bruxelles dans lequel la vie sociétaire est sans doute plus développée en intensité que dans le monde francophone. Et sur le plan culturel, cette communauté flamande a conquis ses titres de noblesse [6]. Cette présence flamande se trouve confortée non seulement par la parité linguistique imposée par la loi, mais renforcée par l'installation du Parlement flamand et d'autres institutions officielles sur le territoire bruxellois. La rénovation de la place des Martyrs par la Communauté flamande en est l'expression symbolique. Aujourd'hui, le gouvernement flamand incite vivement les Flamands à s'installer à Bruxelles dans le secret espoir de reflamandiser la capitale virtuelle de la Flandre. A cela s'ajoute le fait que de nombreux navetteurs venus du Nord du pays flamandisent davantage Bruxelles pendant les heures de travail, bien que ce phénomène passager soit largement contrebalancé par les navetteurs en provenance de Wallonie.

Mais venons-en à la question centrale. Cette ville-région possède-t-elle une identité propre, distincte de celle des autres régions du pays ? La réalité bruxelloise existe incontestablement sur les plans politique et institutionnel. En revanche, sur le plan sociologique – nous venons de le relever – la situation est complexe. De plus, toute identité est modifiable dans le temps, surtout si elle est collective. On vient de voir que l'on pouvait identifier quelques traits culturels propres à cette collectivité. La difficulté en ce qui concerne Bruxelles, c'est que les identités s'y sont superposées et qu'aujourd'hui s'y ajoutent de nouvelles identités, celles que portent les communautés étrangères.

C'est que Bruxelles a profondément changé dans la composition de sa population depuis la fin des années cinquante. En 1961, la population étrangère ne représente que 6,7 %. Trente ans plus tard, elle en représente près de 30 %, sans compter les clandestins. Cette population étrangère s'élève en 1992 à 276 000 personnes avec une structure d'âge beaucoup plus jeune que celle des autochtones. Pendant ce temps, la population belge des dix-neuf communes a diminué par migration vers les communes périphériques et surtout vers le Brabant wallon, notamment par suite de l'embourgeoisement d'une partie de la population et grâce au succès de l'automobile.

Cette population étrangère à Bruxelles est loin d'être homogène. D'abord par la nationalité : les Marocains arrivent en tête ; suivent les Italiens, les Français, les Espagnols, les Turcs, les Portugais et les Grecs. Les autres nationalités arrivent loin derrière. Ensuite sur le plan social : le fonctionnaire de l'Union européenne, le parlementaire européen, le cadre d'entreprise japonais, le lobbyiste britannique, le diplomate américain possèdent un statut social sans équivalence avec l'immigré marocain ou turc à faible ou sans qualification. Les uns et les autres ne vivent pas dans les mêmes quartiers, ne fréquentent pas les mêmes lieux, ne mettent pas leurs enfants dans les mêmes écoles. Leur vie sociale se déroule à des niveaux différents. Il est vrai que jusque dans les années cinquante, les mêmes phénomènes étaient observables entre les catégories sociales à Bruxelles. Et pour les plus démunis, la situation n'a guère changé.

A cela s'ajoute aujourd'hui le fait que la majorité des immigrés installés à Bruxelles sont de confession musulmane [7] et que les pratiques liées à l'exercice de cette religion suscitent encore – même si depuis la « marche blanche » d'octobre 1996 et la cérémonie à la grande mosquée des progrès ont été réalisés dans le sens de l'insertion socioculturelle – des réactions négatives de la part d'une frange de la population autochtone socialement proche des immigrés, mais qui se crispe, de crainte de voir sa propre identité se dissoudre, sur ses références culturelles propres. Est-ce un hasard si le Front national a fait ses meilleurs scores dans les communes bruxelloises les moins riches et à forte densité d'immigrés ?

Quoi qu'il en soit, qu'on s'en réjouisse ou qu'on le déplore, Bruxelles est devenue une ville multiculturelle à l'instar d'autres villes européennes [8] où les communautés se côtoient sans pour autant se mêler. Cette dimension culturo-communautaire, si elle doit être prise en compte dans la définition de l'identité bruxelloise, vient singulièrement brouiller les pistes. Elle offre de Bruxelles une image plus contrastée que jadis, mais également plus atypique.

Si l'on écarte les stéréotypes les plus communs, il reste qu'aux villes sont associées les caractéristiques de leurs habitants qui les distinguent : plus ou moins individualistes, plus ou moins conviviaux, etc. Cela dit, il n'est pas facile de brosser le portrait psychologique du Bruxellois moyen. Existe-t-il encore aujourd'hui un type bruxellois caractéristique qui soit représentatif ? Rien n'est moins sûr. Il y a longtemps que les indigènes du cru sont minoritaires. Bruxelles doit d'ailleurs son accroissement à l'afflux constant aux XIXe et XXe siècles d'immigrants flamands, wallons et étrangers. La plupart des patronymes propres à tous les terroirs de Belgique y comptent le plus de représentants. On devine les répercussions psychologiques de tels brassages sur la mentalité d'une collectivité urbaine.

Et pourtant, quiconque connaît bien Bruxelles sait que le caractère bruxellois représente plus qu'une simple création de l'esprit [9]. Roger Mols brosse dans son remarquable livre sur Bruxelles une carte d'identité psychologique du Bruxellois moyen dans lequel plus d'un Bruxellois devrait se reconnaître [10]. Et René Fayt résume fort bien le caractère bruxellois en ces termes : « De tout temps, le Bruxellois s'est signalé par son esprit frondeur. Braver l'autorité, qu'elle soit indigène ou d'occupation, – railler la politique ou les vedettes du moment ; tourner les règlements ; se moquer des autres et de soi-même a toujours été un des passe-temps favoris des habitants de la capitale » [11].

Si les Bruxellois sont considérés par de nombreux visiteurs étrangers comme des gens accueillants et plutôt sympathiques, amateurs de bières et de bonne chère, d'autres mettent en exergue leur individualisme forcené ou leur placidité. Ces témoignages doivent évidemment être pris avec précaution. John Bartier a montré dans une étude combien les étrangers pouvaient avoir des perceptions contradictoires du Bruxelles d'antan [12].

Les mêmes sentiments s'expriment aujourd'hui, mais avec moins de vigueur ou de férocité. Les fonctionnaires des institutions européennes, ceux de l'OTAN, les diplomates et les étrangers issus des pays riches apprécient, en général, la qualité de la vie à Bruxelles, ses bons restaurants et ses manifestations culturelles. Mais il faut bien constater qu'ils ne connaissent souvent de la ville que ses aspects les plus reluisants. Peu d'entre eux s'installent au cœur de la capitale, encore moins dans les quartiers populaires. A Molenbeek-Saint-Jean et Anderlecht, ils préfèrent Woluwé-Saint-Lambert et Uccle, ou mieux encore Waterloo ou Kraainem, mais nous sommes déjà ici en dehors des limites de la Région de Bruxelles-capitale...

En revanche, les immigrés, nombreux dans certaines communes bruxelloises (de 30 à 60 %), sont loin de partager l'appréciation que portent ces étrangers privilégiés sur leur cité d'accueil. Leur insertion dans les communes où ils se sont installés parfois depuis deux générations a souvent été difficile, en l'absence de structures locales d'accueil et du fait de mentalités mal préparées à l'acceptation des différences culturelles. Beaucoup d'immigrés (surtout Marocains et Turcs dans les années 1960 et 1970) se sont regroupés dans des communes à l'habitat vétuste et bon marché, reconstituant peu ou prou leur milieu socioculturel d'origine [13].

Certains quartiers de Bruxelles-ville, Schaerbeek, Saint-Josse-ten-Noode, Ixelles, Molenbeek-Saint-Jean, etc. ont ainsi subi de profondes mutations sociologiques. Il y a aujourd'hui à Bruxelles des quartiers marocain, turc, zaïrois (ou congolais) où le nombre d'autochtones est en diminution constante. Ce phénomène de regroupement n'est certes ni original, ni nouveau. Au tournant du siècle, Saint-Josse-ten-Noode avait déjà son quartier italien autour de la rue Saint-François [14] et pendant l'entre-deux-guerres, nombreux sont les immigrés (Juifs, Polonais, Italiens, etc.) qui se regroupent autour des gares [15].

Il en est de même des caractéristiques démographiques, sociales, économiques, urbanistiques et historiques qui confèrent à chaque ville une spécificité propre, voire une âme. Il est évident que Bruxelles n'est pas comparable à Paris, Londres, Vienne ou Rome, mais qu'elle est plus semblable, par contre, à des villes comme Lille ou Strasbourg.

Le Bruxelles d'antan chanté par Jacques Brel est bien mort. La ville a subi des destructions incommensurables tout au long de ce siècle. La *City Bildung* [16] a fait plus de dégâts que les deux guerres mondiales. Le tracé de la jonction Nord-Midi, projeté dès le début du siècle pour s'achever dans les années cinquante, a profondément défiguré Bruxelles en créant une sorte de *no man's land* à l'emplacement de ses plus anciens quartiers [17]. Au cours des années soixante, la ville a été livrée à la spéculation foncière et à l'urbanisation sauvage. Des chefs d'œuvre de l'Art nouveau ont disparu sous la pelleteuse. Des immeubles chargés d'histoire, dont la fameuse Maison du Peuple construite par l'architecte Victor Horta, furent détruits dans l'indifférence générale, justifiant ainsi a *posteriori* la sentence sévère du comte Hermann de Keyserling écrivant en 1931 que la culture belge est

« essentiellement une culture de la laideur » [18]. Ce n'est que depuis une quinzaine d'années que ce courant s'est inversé et que le patrimoine bruxellois est mieux préservé.

Toutefois, Bruxelles se singularise encore aujourd'hui des autres capitales européennes par le délabrement de son centre historique situé à l'intérieur du périmètre de sa première enceinte. Malgré de louables efforts de rénovation, le cœur de la ville, à quelques dizaines de mètres de la grand-place, continue d'offrir l'affligeant spectacle de centaines de maisons abandonnées, dont les portes et fenêtres murées sont couvertes d'épaisses couches d'affiches défraîchies et de graffiti. Alors qu'ailleurs ces lieux remplis d'âme sont prisés, le cœur de Bruxelles est au contraire déserté par ses habitants qui préfèrent des cieux plus cléments à l'odeur âcre des dépôts d'immondices clandestins et de la mérule qui poursuit son lent travail de sape.

Mais la caractéristique peut-être la plus importante de Bruxelles, baptisée capitale de l'Europe parce qu'accueillant les institutions européennes sur son sol [19], est qu'elle conserve un caractère paroissial lié à sa division administrative en dix-neuf communes jalouses de leur autonomie. En effet, on trouve dans cette région de moins d'un million d'habitants, dix-neuf conseils communaux, autant de collèges échevinaux et de bourgmestres, et, de surcroît, dix-neuf corps de police. Ces communes auxquelles une majorité de Bruxellois semble sentimentalement attachée [20], sont coiffées depuis la mise en œuvre de la régionalisation, par des institutions démocratiques nouvelles (Conseil régional, gouvernement, Commissions communautaires..) dont les compétences empiètent sur leurs attributions traditionnelles. Toutefois, ces institutions nouvelles restent peu connues des Bruxellois et n'intéressent guère les étrangers auxquels on refuse jusqu'à présent le droit de vote. Il reste que cette ingénierie compliquée permet de maintenir la paix communautaire à Bruxelles et, par delà, dans le pays, à tel point que certains universitaires en viennent à parler de *modèle bruxellois* [21] transposable dans d'autres contextes.

Ces quelques réflexions, souvent subjectives, sur l'identité bruxelloise n'ont guère fait avancer le débat. C'est que Bruxelles cumule aujourd'hui différentes identités : elle est à la fois francophone, flamande, marocaine, turque, congolaise, italienne, espagnole, etc., sans oublier ses identités européenne et internationale. Et après tout, c'est le lot commun des grandes villes européennes.

Son rôle européen et international n'a d'ailleurs cessé de grandir. La ville-région vit aujourd'hui essentiellement de ses relations avec l'extérieur. Près de 80 % de son produit intérieur brut proviennent de ses activités internationales. Elle est également une des principales villes de congrès au monde, une place financière et le siège de nombreuses sociétés multinationales.

Cette dimension internationale lui donne une ouverture sur l'Europe et sur le monde qui assure incontestablement sa survie. Car imaginons un seul instant Bruxelles sans l'Union européenne, ses représentations diplomatiques et ses *lobbies*, sans le Parlement européen, sans l'OTAN, et sans les sociétés multinationales. Non seulement nos querelles communautaires s'envenimeraient à nouveau, mais Bruxelles redeviendrait bien vite cette caricature de ville qu'Octave Mirbeau se plaisait à décrire férocement en 1907 dans son livre *La 628-E8* :

> « Après tout, on peut aimer Bruxelles. Il n'y a là rien d'absolument déshonorant. Je sais des gens, de pauvres gens, des gens comme tout le monde, qui y vivent heureux, du moins qui croient y vivre heureux, et c'est tout un.
>
> J'ai conté jadis, je crois, l'histoire de cet ami, interne dans une maison de fous en province, qui, de sa chambre, n'ayant pour spectacle, que les casernes à droite ; à gauche, la prison et une usine de produits chimiques ; en face, l'hôpital et le lycée ; rien que de la pierre grise, des chemins de ronde, des préaux nus, des cours sans verdure, des fenêtres grillées, me montrait, avec attendrissement, au-dessus d'un mur, un petit cerisier tortu, malade, la seule chose qui fût à peine vivante, au milieu de ce paysage de damnation, et me disait : Regarde, mon vieux... on est bien, ici, hein ?... C'est tout à fait la campagne.
>
> Il y a des gens qui croient que Bruxelles, c'est tout à fait la ville » [22].

Notes

[1] Voir Charles VERLINDEN, *Les origines de la frontière linguistique en Belgique et la colonisation franque*, Bruxelles, La Renaissance du Livre, 1955.

[2] Voir Hervé HASQUIN, « L'évolution démographique et sociale. Les débuts de la francisation : une ville flamande qui se francise lentement », in *Bruxelles. Croissance d'une capitale* (sous la direction de Jean Stengers), Anvers/Fonds Mercator, 1979, p. 130 et suiv.

[3] Dans son ouvrage, *Bruxelles et les Bruxellois*, Louvain, Éd. de la Société d'Études morales, sociales et juridiques, 1961, Roger MOLS explique le phénomène de francisation de Bruxelles en ces termes : « Le processus de francisation de la population autochtone s'est déroulé en trois ou quatre générations : le grand-père s'exprimait en patois brabançon et baragouinait quelques mots de français, le père sachant s'en tirer dans la langue des « grands » mais bien plus à l'aise dans son parler maternel; le fils parlant flamand avec les vieux, mais français avec ceux de son âge; le petit-fils, pour qui la langue du grand-père est devenue une langue d'appoint, voire une langue étrangère. Des circonstances familiales ou autres peuvent avoir enrayé, ralenti ou accéléré ce processus. Il n'en reste pas moins incontestable que, vers 1930, dans la majeure partie de l'agglomération, la majorité des Bruxellois-moyens-autochtones, était devenue des citoyens d'expression française » – quoi qu'il en soit du contenu réel de cette expression – ajoute l'auteur non sans malice dans une note de bas de page, p. 141.

[4] Les communes les plus importantes sont elles-mêmes composées de quartiers différents (Cureghem, Calevoet, La Roue, La Chasse, Helmet, etc.) auxquels leurs habitants s'identifient.

[5] Les principales particularités de ce parler populaire sont les suivantes: 1) un accent de phrase plus fortement marqué et souvent déplacé sur le premier mot important et sur l'avant-dernier ; 2) une prononciation spéciale de certains sons, qui le distingue aussi bien des divers accents wallons que des flamands parlant le français. Impossible de s'y tromper. A signaler : le grasseyement de l'r ; la prononciation flamande du g guttural ; la transformation des désinences -er, -ée, ez, aie, en « -eye » ou « eille » (de même l'affirmation « oui » = *ouèye*) ; l'altération de nombreuses nasales ou diphtongues, par exemple *aine*, *ange*,

oire ; l'inversion de la désinence -le en -el ; l'ouverture des voyelles finales fermées -*é* et -*ot* ; 3) l'emploi de quelques mots flamands (mots familiers, objets d'usage courant, interjections ou jurons) ou de désinences diminutives flamandes accolées à des mots français (*madammeke, fiske*) ; 4) l'emploi de tous les mots français propres aux parlers de Belgique ; 5) des tournures spéciales dans la manière de construire les phrases ; 6) l'omission ou le déplacement de la particule « ne » dans les phrases négatives « *comme ça un snul j'ai encore jamais vu* » ; 7) l'emploi fréquent de certaines incises adverbiales héritées du flamand (« *une fois* », « *comme ça* ») ; 8) des confusions dans l'usage des prépositions, provenant de traductions littérales faites sur le flamand (« *c'est pas pour croire* », « *sur un beau matin* ») ; 9) une confusion des genres dans l'emploi des pronoms, provenant de la même origine.

[6] La place Sainte-Catherine, la rue Antoine Dansaert, le Nouveau-Marché-aux-Grains comportent aujourd'hui un grand nombre de boutiques de mode branchées tenues par des Flamandes ou des Flamands qui éprouvent curieusement une certaine réticence à s'installer dans le haut de la ville. A cela s'ajoute les librairies, les centres culturels, les écoles, les crèches subsidiés par la Communauté flamande ainsi que les brasseries flamandes dans la ville, dont la clientèle n'est pas exclusivement flamande.

[7] La religion musulmane est aujourd'hui la deuxième confession religieuse à Bruxelles, qui compte des dizaines de petites mosquées.

[8] Voir l'ouvrage, *Bruxelles multiculturelle*, publié sous la direction de Marc SPINOY, Bruxelles, Éd. Labor, Éd. Espace de Libertés et Bruxelles laïque, 1996.

[9] Voir C. VERHAVERT, un des meilleurs connaisseurs du caractère bruxellois, dans ses essais : *In onze goedige stede, Uit Brussels verleden en heden, Brusselsche typen, Van Ketjes en Kiekenfretters*, ainsi que sa notice, *De Brusselaars*, dans l'ouvrage collectif *De Nederlandsche Volkskarakters*, publié par P. MEERTENS et A. DE VRIES, 1938, pp. 455-469.

[10] Roger MOLS, *op. cit.*, p. 91 et suiv.

[11] « *Un roi de la zwanze* », postface au livre de Ch. M. FLOR O'SQUARR, *Histoire anecdotique du casino Saint-Hubert. Souvenirs du vieux Bruxelles*, Bruxelles, Éd. Labor, collection « Bruxelles-Capitale » dirigée par Émile VAN BALBERGHE, 1994, p. 87.

[12] *Bruxelles vue par les étrangers*, Anvers, Fonds Mercator, 1979.

[13] Ce sont les lieux où domine ce qu'on peut appeler le logement locatif résiduel. Voir l'article de Christian KESTELOOT, « Espace et immigration », *in Bruxelles multiculturelle, op. cit.* p. 225.

[14] Voir M. de METSENAERE, *Migraties in de gemeente Sint-Joost-ten-Noode in het midden van de negentiende eeuw : methodologische inleiding tot de studie van de groei en de verfransing van de Brusselse agglomeratie, Taal en sociale integratie*, VUB, 1, 1978, pp. 81-152. La rue Saint-François est appelée la rue du hamam par les nombreux Turcs de la commune pour la plupart originaires de la même région, *Emirdag*.

[15] Voir Daniel DRATWA, « Autour des gares de Bruxelles », dans *Points critiques*, 30/31, octobre 1987, pp. 45 et suiv.

[16] Cette expression résulte de l'association d'un terme allemand à un terme anglais. Elle a été lancée avant 1914 par l'École géographique allemande. Les spécialistes désignent ainsi un phénomène bien précis de géographie urbaine : celui de la transformation, à la fois fonctionnelle et structurelle, du noyau des grandes villes, par élimination graduelle des immeubles servant au logement et leur remplacement par des établissements servant aux activités tertiaires.

[17] L'inauguration officielle de la halte centrale, qui n'est pas une gare internationale et sert surtout aux non-Bruxellois, eut lieu en octobre 1952. Voir l'introduction écrite par G. ABEELS au catalogue de l'exposition sur la Jonction Nord-Midi, organisée à Bruxelles du 4 au 18 octobre 1986.

[18] *Analyse spectrale de l'Europe*, Paris, Librairie Stock, 1931, p. 254.

[19] La CEE et EURATOM en 1958, l'OTAN en 1967.

[20] Cette attitude résulte de la persistance chez les Bruxellois, et chez les Belges en général, d'une mentalité particulariste. Elle s'explique également par l'attachement des Belges à l'autonomie communale, censée constituer un rempart contre les ingérences de l'État central. Dans le cas de Bruxelles, toutes les tentatives de fusionner les communes se sont heurtées aux « baronnies » locales et à la méfiance des Bruxellois qui ont connu l'occupation allemande et le *Gross Brüssel*.

[21] Voir notamment *Brussels and Jerusalem : From Conflict to Solution*. éd. by J. KOTEK, S. SUSSKIND & S. KAPLAN, CERIS-ULB & The Harry S. Truman Research Institute for the Advancement of Peace, The Hebrew University of Jerusalem, 1996.

[22] Paris, Bibliothèque Charpentier, Fasquelle Editions, 1907, pp. 52-53.

La communauté germanophone

André LETON
Université de Lille 2
Institut d'Études politiques

La petite communauté germanophone de Belgique, qui compte environ soixante-cinq mille personnes, occupe une place originale dans l'État belge.

Le territoire de la région linguistique allemande couvre une zone rurale, surtout forestière, de 854 km² dans l'est de la province de Liège, à la frontière avec l'Allemagne. La population s'exprime encore beaucoup en parler local. La langue officielle est l'allemand mais la langue française y bénéficie d'une protection légale. En bordure de cette région, des communes de la province de Liège ont un statut visant – avec des modalités différentes selon les cas – à protéger les minorités germanophones.

1. Le poids de l'histoire

L'histoire de cette communauté apporte un éclairage sur la problématique spécifique de la vie politique dans ces cantons.

Sous l'Ancien Régime, le territoire de l'actuelle région de langue allemande, et de la zone de Malmédy qui la coupe en deux, ne constituait pas une entité politique, mais était au contraire partagé entre deux duchés (Limbourg et Luxembourg) relevant des Pays-Bas et deux principautés (Prüm et Stavelot) relevant du Saint Empire. Le territoire a été rattaché à la République française en 1794. Le Congrès de Vienne de 1815 l'attribue à la Prusse, la localité de Moresnet étant toutefois divisée en une zone prussienne, une zone pour les Pays-Bas et une zone neutre.

C'est par le traité de Versailles de 1919 que la Belgique obtient cet accroissement territorial au détriment de l'empire vaincu. Ce traité exigeait l'organisation par les autorités belges d'une consultation populaire dont le résultat devait être soumis à la Société des Nations. Des registres ont été ouverts à l'intention des habitants qui voulaient se prononcer en faveur du maintien avec l'Allemagne… Seules deux cent soixante et onze personnes sur plus de trente-trois mille accomplirent la démarche, pour la plupart des fonctionnaires de l'administration allemande. Le Conseil de la SDN entérina le 20 septembre 1920 le transfert de ce territoire à la Belgique, qui y maintint encore un régime d'administration provisoire jusqu'en 1925, année de l'intégration complète de ces cantons dans les structures administratives belges. Dans l'entre-deux-guerres, les autorités belges ne considérèrent pas comme prioritaires les problèmes de leurs nouveaux concitoyens qui étaient encore allemands pendant la guerre de 1914-1918.

L'Allemagne nazie, en revanche, ne manqua pas d'exploiter cette situation, et son action plus au moins souveraine trouva un terrain favorable parmi cette population rurale, fortement encadrée par un clergé catholique souvent peu enthousiaste à l'égard de la nouvelle patrie. Une formation politique de tendance nazie, le *Heimattreue Front* séduira près d'un électeur sur deux en 1939.

Quelques jours après le début de l'invasion allemande en mai 1940, avant même la capitulation de l'armée belge, les cantons germanophones sont complètement intégrés au Reich, et les hommes en âge de servir sont appelés dans les armées hitlériennes.

Après la Seconde Guerre mondiale, le territoire redevient belge, ce qui signifie pour beaucoup d'habitants leur troisième changement de nationalité en vingt-cinq ans. La répression de l'incivisme par les autorités belges contribuera au maintien d'un certain malaise dans une partie de la population de ces cantons.

Toutefois, au fil des ans, la communauté germanophone aspirera à être mieux comprise et mieux traitée dans l'État belge plutôt qu'à connaître un nouveau retour à l'Allemagne. En 1970, à l'occasion de la révision de la Constitution, sera créée la Communauté culturelle allemande, dotée d'un Conseil n'ayant cependant pas le pouvoir de voter des décrets ayant force de loi, à la différence des Conseils respectifs des Communautés culturelles néerlandaise et française. L'organisation de cette nouvelle institution sera définie par le législateur en 1973. Un mouvement se dessinera pour modifier à nouveau la Constitution de manière à donner à la Communauté allemande une plus grande autonomie. Peu à peu, l'idée d'un véritable fédéralisme a fait son chemin, tandis que s'estompait du côté francophone l'image parfois négative née de ce qui s'était passé durant la dernière guerre et que, du côté flamand, disparaissait la méfiance à l'égard de la communauté située en région wallonne qui aurait pu s'allier systématiquement avec les francophones contre la Flandre. Ce mouvement aboutira à un approfondissement de l'autonomie de cette communauté.

2. Une tradition de vie politique spécifique

Ce passé s'est reflété dans le système des partis. Les « familles politiques » belges traditionnelles ont été présentes dans ces cantons par une section germanophone. Lors des premières élections législatives sous régime belge en 1925, les catholiques obtenaient plus de 68 % des voix, les socialistes 25 % et les libéraux seulement un peu plus de 3 %. En 1929 et en 1932, une dissidence catholique, le Parti populaire chrétien d'Eupen, obtient plus de la moitié des suffrages, ce qui n'empêche pas les listes catholiques « orthodoxes » de recueillir quand même plus de 27 % en 1932. En 1936, la dissidence chez les catholiques paraît résorbée, mais Rex obtient près de 24 % des voix, les catholiques se retrouvent aux environs de 55 % et les libéraux, avec moins de 3 %, sont même légèrement dépassés par les communistes. En 1939, Rex tombe à 6 %, mais *Heimattreue Front* devient la première force politique avec 47 % des voix contre moins de 40 % aux catholiques, tandis que les socialistes s'effondrent à 3,60 %, que les libéraux ne recueillent qu'un peu plus de 2 % et les communistes 1 %.

Après la Seconde Guerre mondiale, les sociaux-chrétiens se retrouvent dans une position dominante avec près de 88 % des voix contre 6 % aux socialistes, 3,70 % aux communistes et 1,50 % aux libéraux, soit un écart de plus de 82 % des voix entre le premier parti et le deuxième ! Les sociaux-chrétiens diminueront progressivement comme dans le reste du pays mais ne descendront en-dessous des 50 % qu'à partir des élections de 1971. Ils poursuivront ensuite leur lent déclin sans pour autant perdre la première place. A partir des élections de 1965, les libéraux prendront la deuxième place parmi les « familles politiques » traditionnelles. Les socialistes ne parviendront pas à atteindre la barre des 15 %, hormis en 1954.

Le paysage politique va voir, avec la révision de la Constitution en 1970, l'apparition de formations différentes de sections germanophones, partis se présentant ailleurs dans le pays. Dès les élections législatives de 1971, des candidats chrétiens indépendants vont obtenir près d'un quart des suffrages. Quelques mois plus tard, ils fondent le *Partei der Deutschprachigen Belgier* (PDB) qui dépassera 30 % des voix en 1974 puis se stabilisera à nouveau aux environs de 25 % jusqu'au début des années quatre-vingt. Il cherche à apparaître comme la « conscience » des Belges germanophones et affirme s'adresser à toutes les couches sociales. Dans les années quatre-vingt, ce parti arrivera à une moyenne d'environ 15 % des voix. Absent aux élections européennes de 1989 et aux législatives de 1991, il obtiendra 15,5 % aux européennes de 1994 et 11,4 % pour la Chambre des représentants en 1995. Pour les élections du Conseil de la Communauté germanophone en mai 1995, le PDB s'alliera avec une liste de jeunes et des indépendants. Ensemble, ils formeront la liste *Partei, Jugend, Unabhangichkert* (PJU) qui récoltera 13,6 % des voix.

Depuis 1974, des élections existent pour le Conseil de la Communauté. Le PDB y a amélioré ses résultats par rapport aux élections législatives. Les libéraux, par contre, y ont d'abord obtenu des résultats inférieurs à ceux des élections nationales, tandis que les socialistes et sociaux-chrétiens obtenaient des résultats tantôt un peu inférieurs, tantôt un peu supérieurs à ceux des élections nationales.

La personnalité des candidats influence probablement davantage les électeurs dans de telles petites communautés que dans les grandes.

Pour les élections nationales, la région linguistique allemande a continué à relever de la circonscription électorale de Verviers à majorité francophone. Il y avait un parlementaire national germanophone en 1971, deux en 1977, puis à nouveau trois en 1978, ce qui était davantage que le nombre d'élus auquel aurait abouti une représentation proportionnelle de la communauté dans cet arrondissement. C'est que les partis traditionnels se sont efforcés chacun d'envoyer un germanophone siéger à Bruxelles au Parlement national. Un germanophone a été pendant quelques mois secrétaire d'État chargé des cantons de l'Est en 1973, Quand les partis traditionnels se sont scindés sous l'effet des tensions communautaires entre flamands et francophones, leur section germanophone est restée au sein de la formation francophone. Ainsi, le CSP, le PFF et le SPB font partie respectivement du PSC, du PRL et du PS francophones et germanophones du même parti se présentent sur des listes communes aux élections nationales dans l'arrondissement de Verviers. Les sociaux-chrétiens se maintiennent en tête dans la communauté : 37 % des voix au Conseil de la Communauté en 1986 et 33,6 % en 1990, 39,2 % des voix pour la Chambre des Représentants en 1987, 41,9 % aux élections européennes de 1989, 37,3 % aux législatives de 1991, 31,3 % aux européennes de 1994, 38,2 % pour la Chambre des représentants en 1995 et 35,9 % pour le Conseil de la Communauté en 1995. Les libéraux viennent en deuxième position, sauf aux élections de 1989 où ils ont été dépassés par Écolo. Ainsi le PFF a obtenu 18,8 % des voix au Conseil de la Communauté en 1986, 21 % aux législatives de 1987, 20,8 % aux élections européennes de 1989, 18,8 % pour le Conseil de la Communauté en 1991, 20,1 % aux européennes de 1994, 18,7 % pour la Chambre en 1995 et 19,8 % pour le Conseil de la Communauté en 1995, Les socialistes ont obtenu 12,7 % des voix pour le Conseil de la Communauté en 1986, 14 % aux élections législatives de 1987, 13 % aux européennes de 1989, 15,8 % pour le Conseil de la Communauté en 1990, 15,4 % pour la Chambre des représentants en 1991, 12,6 % aux européennes de 1994, 13,6 % pour la Chambre des représentants en 1995 et 16,1 % pour le Conseil de la Communauté en 1995. Écolo a obtenu 6,5 % en 1986, 8,3 % pour la Chambre des représentants en 1987, 21,8 % aux élections européennes de 1989, 15,1 % pour le Conseil de la Communauté en 1990, 22,8 % pour la Chambre des Représentants en 1991, 14,9 % aux européennes de 1994, 15,2 % pour la Chambre des Représentants en 1995 et 13,8 % pour le Conseil de la Communauté en 1995.

3. Un cadre institutionnel original

L'actuelle Communauté germanophone, consacrée à l'article 2 (nouvelle numérotation) de la constitution, a vu ses institutions modelées par plusieurs réformes. En 1983, une révision de la Constitution a modifié les textes de base pour cette Communauté et par une loi du 31 décembre 1983, le *Rat der Deutschen Kulturgemeinschaft* (Conseil de la Communauté culturelle allemande) est devenu le *Rat der Deutschsprachigen Gemeinschaft* (Conseil de la Communauté germanophone) et un gouvernement de la Communauté germanophone est mis en place. En 1988, une nouvelle révision de la Constitution donne à la Communauté germanophone de nouvelles compétences en matière de conclusion de traités internationaux et lui donne de nouvelles perspectives pour l'organisation de son financement.

Une loi du 18 juillet 1990 modifie certaines dispositions du texte du 31 décembre 1983 et augmente les compétences de cette communauté. La réforme de l'État de 1993 concernera encore la Communauté germanophone en alignant ses compétences sur celles des deux autres communautés, sauf pour certaines matières comme l'emploi des langues ou la délicate question de l'autonomie constitutive.

Le gouvernement germanophone, composé de trois membres, est politiquement responsable devant le Conseil de la Communauté germanophone. Ce conseil est composé de vingt-cinq membres élus directement par les électeurs de la région de langue allemande. Les parlementaires de la Chambre des représentants, du Sénat et du Conseil régional wallon élus et domiciliés dans la région de langue allemande et les conseillers provinciaux y siègent avec voix consultative.

On peut noter que la première élection a eu lieu en 1986, soit en dehors de tout scrutin législatif dans le pays.

La Communauté germanophone peut prendre des décrets qui ont force de loi dans la région de langue allemande.

Depuis 1994, les électeurs de la circonscription germanophone désignent un député pour le Parlement européen. La garantie d'un siège à Strasbourg pour une si petite communauté est un fait exceptionnel en Europe.

Depuis 1995, un sénateur national est désigné par et parmi le Conseil de la Communauté germanophone, ce qui constitue donc une garantie de représentation à ce niveau.

4. Des revendications modérées

Les Belges germanophones ont-ils encore des revendications à faire valoir dans une nouvelle réforme des institutions ? Les formations politiques germanophones font circuler certaines idées, mais un souhait qui semble largement partagé est d'échapper à la tutelle provinciale de Liège. L'exemple de la Région de Bruxelles-Capitale dont le territoire échappe désormais à la division en province est de nature à accentuer cette revendication.

Un consensus semble aussi se dégager, du côté germanophone, pour demander plus d'autonomie dans la gestion de certaines matières régionales, conformément à l'article 139 de la Constitution. Cet article prévoit que sur proposition de leurs gouvernements respectifs, le Conseil de la Communauté germanophone et le Conseil de la Région wallonne peuvent, chacun par décret, décider d'un commun accord que le Conseil et le gouvernement de la Communauté germanophone exercent, dans la région de langue allemande, en tout ou en partie, des compétences de la Région wallonne. Des accords ont été conclus en ce sens entre la Communauté germanophone et la Région wallonne, dont elle fait partie. Les germanophones sont demandeurs, par priorité, de plus d'autonomie dans l'aménagement du territoire, matière qu'ils présentent comme pouvant être mieux réglée à un niveau de pouvoir plus proche du citoyen.

Pendant longtemps avait régné un certain malaise dans la Communauté quant à l'attitude de l'État belge face à certaines situations dues à la guerre. Le cas des enrôlés de force avait notamment été source de problèmes. Ces questions paraissent aujourd'hui avoir trouvé des solutions qui n'en font plus une source de conflits.

La Communauté germanophone a été elle aussi confrontée ces dernières années à des difficultés budgétaires qui l'ont amenée à prendre des mesures d'austérité, notamment dans le domaine de l'enseignement. Ces problèmes de financement n'amènent pas, dans la Communauté germanophone, de remise en cause fondamentale du statut qu'elle a obtenu dans l'État belge. Certaines mesures avaient fait craindre, du côté francophone, que la Communauté germanophone ne porte atteinte peu à peu à l'apprentissage par ses habitants de la langue française. Il semble toutefois qu'il y ait eu un malentendu à ce propos : les autorités germanophones ayant essayé par certaines dispositions de limiter le nombre d'élèves francophones habitant à proximité de la Communauté germanophone et qui viennent y suivre l'enseignement qu'elle organise et qui est de nature à préparer au bilinguisme. Ces élèves sont évidemment à charge du budget de la Communauté germanophone alors qu'ils n'en font pas partie.

Pour une bonne intégration dans les structures de l'État belge, il est nécessaire aux germanophones d'avoir une bonne connaissance d'au moins une des principales langues du royaume, en particulier du français, langue de leurs voisins et langue de la région wallonne dont la communauté germanophone fait partie. Le système d'enseignement favorise d'ailleurs l'apprentissage du français : selon la législation linguistique, la langue de l'enseignement est l'allemand mais il est permis d'organiser des cours en français. Ainsi les institutions scolaires utilisent-elles les deux langues pour l'enseignement, avec des modalités variables suivant les établissements, les sections d'études, etc. Ce système, qui habitue les élèves germanophones à suivre certains cours en allemand et d'autres en français, doit préparer ceux qui le veulent à entreprendre des études supérieures en restant en Belgique, dans les universités et les hautes écoles francophones. Sans mettre en cause l'enrichissement intellectuel que peuvent apporter des études à l'étranger, ce système a permis d'éviter de nombreux problèmes liés à la reconnaissance des niveaux d'études ou de diplômes étrangers que peuvent connaître ceux qui se sont expatriés puis qui rentrent au pays. Ces problèmes ne sont pas négligeables, si un diplôme spécifique est requis en Belgique pour l'exercice d'une profession ou pour l'accès à des emplois publics. L'unification européenne a diminué le nombre de ces problèmes, mais ne les a pas fait disparaître.

Les relations de la Communauté germanophone avec ses voisins se déroulent habituellement sans heurts. Les collaborations sont nombreuses, notamment en matière économique. Dans le domaine du tourisme, par exemple, les germanophones travaillent avec des entités francophones proches pour promouvoir en commun les « Cantons de l'Est ».

Un élément qui peut surprendre l'observateur non averti est l'impression d'attachement à la Belgique que donne aujourd'hui la Communauté germanophone. Cette différence avec d'autres parties de l'État belge peut s'expliquer par plusieurs éléments. D'abord parce que la méfiance et les malentendus qui ont longtemps marqué les relations des germanophones avec le reste de la Belgique se sont progressivement dissipés. Mais aussi par le fait que les représentants de la Belgique germanophone ont obtenu sans difficulté majeure une autonomie importante au sein de l'État. Pourraient-ils être traités aussi avantageusement dans un autre cadre que celui de la Belgique ? Le territoire de la Communauté germanophone est voisin du *Land* de Rhénanie-Palatinat et du *Land* de Rhénanie du nord-Westphalie. Le premier est environ cinquante-cinq fois plus peuplé et le second environ deux cent cinquante-cinq fois ! Il ne serait pas évident, dans ces conditions d'obtenir durablement en Allemagne l'attention dont peut bénéficier actuellement en Belgique la Communauté germanophone. Même en comparaison avec leurs voisins du grand-duché de Luxembourg, les Belges germanophones apparaissent peu nombreux : la proportion est d'environ un à six.

Mais si l'histoire, la langue et la proximité géographique ont contribué au développement de nombreux liens entre les Belges francophones et leurs voisins allemands et luxembourgeois, divers éléments ont conduit à une spécificité de cette communauté. Au-delà des préoccupations communes à toutes les populations d'Europe (économie, emploi, etc.), les Belges germanophones ont eu des préoccupations propres (problèmes posés par certaines conséquences de la guerre, relatif isolement du territoire, nécessité de se déplacer pour faire des études supérieures, problèmes de développement de certains services publics, etc.). Le sentiment de constituer un groupe humain aux caractères bien spécifiques pourrait être renforcé par l'existence d'institutions politiques propres à cette communauté, car ces institutions sont présentes dans de nombreux aspects de la vie quotidienne des gens et rappellent par leur présence et leurs activités que les Belges germanophones vivent dans un autre cadre que leurs voisins. Le développement d'un tel particularisme ne conduit pas nécessairement à des relations plus difficiles avec les autres composantes de la Belgique. Au contraire même, il n'est pas impossible qu'un sentiment d'identité communautaire développe parmi les Belges germanophones la conviction que le maintien de la Belgique dans sa forme actuelle est une des meilleures hypothèses pour leur avenir.

Il est remarquable que dans un pays aussi secoué par des tempêtes communautaires que la Belgique, jamais les germanophones n'ont été mêlés à un conflit avec les autres composantes du royaume. Certains voient en eux les « *derniers Belges* » entrés au pays par la petite porte de l'histoire et n'ayant pas toujours bénéficié d'un maximum d'attention de leurs compatriotes et des autorités belges. Sans doute une leçon à méditer.

Fédéralisme et régionalisme en Europe
Le devenir de Bruxelles

Alain BINET
Chercheur au Centre d'études Jacques Georgin
Joël KOTEK
Chercheur au CERIS, ULB

1. Du divorce belge au mariage de raison

1. Les incertitudes et les divisions d'aujourd'hui

Depuis plus de vingt ans, progressivement, étape par étape, la Belgique procède à des opérations complexes et laborieuses de révision de sa constitution.

Aux termes conjugués d'une sixième révision constitutionnelle et de la ratification du traité de Maastricht, des questions de plus en plus fondamentales ont secoué les citoyens. Le problème n'est en effet plus de savoir à quoi ressemble l'État belge, il est souvent de savoir à quoi sert encore l'État belge.

Certes, comme en convient le professeur Delpérée [1], tant ils sont, par métier, attentifs aux formes et aux procédures de l'action étatique et parfois moins sensibles aux évolutions des préoccupations de la société, les juristes de droit public sont peut-être les moins bien placés pour répondre à ce type d'interrogations. Mais comment ne constateraient-il pas aussi que cette question essentielle, voire existentielle, ne reçoit pas toujours de réponse précise, nuancée et dépourvue de passion ?

Les structures de la Belgique fédérale parviendront-elles à procurer un nouvel équilibre aux institutions fédérales, communautaires, régionales et locales ?

Clôture d'un processus de fédéralisme pour les uns, étape vers une souveraineté accrue pour les autres, l'interprétation du sens même de la Belgique fédérale prête à discussion.

Une certitude se dégage de l'incapacité pour les deux fronts d'offrir à l'État belge un modèle uniforme : la Belgique est inscrite dans un processus de fabrication permanente du droit constitutionnel. Qui sera en mesure, mieux encore : qui sera en droit, d'empêcher la course de vitesse que se livrent fédéralistes et séparatistes ?

Il n'y a pas de réponse assurée à cette question éminemment politique. Il n'y a pas non plus de réponse définitive, car si de nouvelles étapes se profilent déjà à l'horizon, les transformations institutionnelles qu'elles engendreront vraisemblablement, et particulièrement à Bruxelles, dépendent des événements mineurs et majeurs qui font la vie politique d'un pays et lui confèrent, parfois, une tournure insoupçonnée.

2. *Une nouvelle Belgique flamande*

Les accords institutionnels de la Saint-Michel, loin d'établir un équilibre fédéral en Belgique, ont ouvert largement la voie du confédéralisme. Au moment où les partis de la majorité constitutionnelle inscrivaient dans la Constitution, les termes « État fédéral » ou « loyauté fédérale », ils permettaient en parfaite connaissance de cause que ces mots ne reçoivent aucune signification. En effet, les accords institutionnels de la Saint-Michel ont autorisé la Flandre à s'ériger en État de plus en plus autonome, voire indépendant.

Il n'est pas de fédéralisme belge, encore moins un modèle fédéral belge.

Un véritable fédéralisme, respectueux de la pensée de ceux qui en ont été les promoteurs, suppose que trois conditions soient rencontrées :

1. les communautés et les régions doivent avoir un statut, une organisation et des pouvoirs égaux ;
2. les populations minoritaires, où qu'elles soient établies, doivent se voir reconnaître les mêmes droits culturels, linguistiques et politiques ;
3. l'État fédéral doit être construit sur des institutions gouvernementales, parlementaires et administratives de type paritaire.

Aucune de ces conditions n'a été satisfaite lors des dernières réformes institutionnelles échelonnées de 1989 à 1993.

La parité au gouvernement belge n'est, en effet, qu'un façadisme institutionnel.

L'institution sénatoriale n'est pas davantage paritaire et les leviers de la haute administration, comme de la diplomatie, sont depuis bien longtemps tenus par les représentants des partis flamands [2].

Les communautés et les régions ont des statuts différents. La Flandre est unifiée, communauté et région flamandes se sont fondues dans un État flamand. Les pouvoirs francophones, eux, sont éclatés : Communauté française, Région wallonne, Région bruxelloise, Commission communautaire française de Bruxelles sont des pouvoirs affaiblis faute de moyens budgétaires pour mener les politiques indispensables au redressement économique et social de la Wallonie et de Bruxelles. Dans le rapport de force avec l'État flamand qui accélère la marche vers le confédéralisme, pour ne pas parler de séparatisme, la dispersion des pouvoirs francophones et leurs vaines concurrences s'inscrivent à contresens de la recherche d'une unité francophone, seule capable de faire jeu égal avec la nation flamande.

Bruxelles n'est pas une région à part entière. Comme l'avait dit pertinemment François Perin lors de la création de la Région de Bruxelles : « elle n'existe que parce que les exigences flamandes ont été satisfaites ».

Le projet flamand est affirmé avec force et assurance – le premier ministre de la Flandre, Luc Van den Brande ne dissimule plus ses objectifs : une Flandre débarrassée de toute présence francophone dans la périphérie de Bruxelles, à Fourons et le long de la frontière linguistique, l'appropriation de Bruxelles en la présentant comme capitale de l'État flamand et la primauté de l'État flamand sur l'État belge, voir l'indépendance de la Flandre.

Très longtemps, François Perin avait fait cette prévision que dans un même État, il n'y avait pas place pour deux nations, la nation belge et la nation flamande, disait-il, et s'il y avait place pour deux États au service d'une seule et même nation, celle-ci serait la nation flamande.

Ainsi selon les circonstances, les enjeux et les interlocuteurs en présence, les dirigeants flamands prennent appui tantôt sur l'État belge, tantôt sur l'État flamand, toujours au mieux des intérêts de la Flandre.

C'est d'ailleurs Jean-Luc Dehaene, Premier ministre en exercice du gouvernement fédéral belge au moment de la dernière réforme de l'État, présenté comme le garant de la loyauté fédérale dans le nouvel espace institutionnel belge, qui a été sans doute celui qui a relancé vers des horizons qui sont encore difficilement cernables, mais dont on peut déjà deviner les contours, les nouvelles surenchères flamandes. C'est lui qui a annoncé, le premier, avec toute l'autorité d'un Premier ministre flamand du gouvernement belge, auprès des dirigeants flamands, que l'on procéderait, dans un temps à venir, mais relativement rapproché, à la scission de l'arrondissement électoral de Bruxelles-Halle-Vilvorde car il est encore un seul domaine où les francophones de Bruxelles, très nettement majoritaires et les francophones de la périphérie de Bruxelles placés arbitrairement en région de langue flamande se retrouvent, c'est dans un arrondissement électoral commun, pour les élections législatives fédérales.

Cela fait partie des prétendus équilibres institutionnels de la Belgique et voilà que le Premier ministre de l'État belge lui-même annonce que cet équilibre-là, il se propose de le rompre dans les meilleurs délais.

Dans cette configuration constitutionnelle où deux États sont en compétition pour mieux assouvir les sentiments de revanche du peuple flamand et ses exigences de pouvoir et d'influence, les francophones ont de moins en moins leur place.

La Flandre est d'autant plus convaincue qu'elle gagne du terrain qu'il n'y a plus dans cet État la moindre impudence pour manifester tous les signes de triomphe de la Flandre.

Les accords institutionnels de la Saint-Michel ont profondément changé la nature du débat institutionnel en Belgique. Ce n'est plus le gouvernement et les chambres dits fédéraux qui détiennent le pouvoir de conduire le débat institutionnel. C'est du Vlaamse Raad que partiront les prochaines secousses institutionnelles. D'ores et déjà, les partis flamands ont fixé leurs nouveaux objectifs de conquête et le Vlaams Blok, parti extrémiste et nationaliste flamingant, parti d'extrême droite, fasciste et raciste, influent au sein du Parlement flamand, n'est pas pour peu de chose.

L'État belge évolue ainsi au-delà du fédéralisme, sur un mode de plus en plus confédéral, voulu par la Flandre.

Le credo confédéraliste du ministre-président flamand, Luc Van den Brande, a trouvé écho en février 1996, dans une « note pour une prochaine réforme de l'État », adoptée par le gouvernement flamand. Approuvée par le Parlement flamand, elle servira à dégager un socle de revendications flamandes à opposer aux francophones lors d'une nouvelle restructuration de l'État belge.

Certes, les francophones ne semblent pas disposés à mener une nouvelle négociation institutionnelle avec la Communauté flamande. Faut-il toutefois rappeler qu'avant la Saint-Michel, un programme en dix points avait aussi été adopté par le Vlaamse Raad... et en grande partie réalisé [3].

3. *Bruxelles : lieu de confrontation*

Bruxelles sera au cœur de la tourmente et des revendications flamandes. C'est un enjeu qui ne concerne pas les seuls Bruxellois.

Face à la volonté de l'État flamand de renforcer son emprise sur Bruxelles, la solidarité Wallonie-Bruxelles doit être assez forte pour résister à toutes les menaces. Ceci est d'autant plus vrai que le statut institutionnel donné par la loi de 1989 à la Région de Bruxelles demeure défavorable pour les francophones, parce qu'il ne garantit pas le respect du suffrage universel et, corrélativement, les choix institutionnels et linguistiques exprimés par 90 % des Bruxellois.

En effet, il suffit que la majorité des membres du groupe linguistique flamand au sein du Conseil régional (six sur soixante-quinze), décide de s'opposer à l'adoption d'un texte législatif, pour que la volonté unanime de tous les francophones se trouve paralysée. C'est une surprotection d'une minorité qui ne semble avoir d'équivalent dans aucun autre État démocratique.

De surcroît, aujourd'hui, certaines voix flamandes se proposent de renforcer ce système. Car à la suite des résultats électoraux, les flamands, se rendant compte qu'ils perdent du terrain dans l'électorat bruxellois – et ce sera davantage vrai demain si les Européens ont le droit de vote aux élections communales et peut-être aux élections législatives régionales ou fédérales –, se proposent, tout à la fois, d'instaurer la désignation impérative d'un bourgmestre adjoint flamand lorsque le bourgmestre est d'appartenance linguistique française, de répartir les fonctions scabinales à la proportionnelle des composantes linguistiques des conseils communaux et de réserver un quota d'élus flamands au sein du Conseil régional.

Les francophones pressentent l'effondrement institutionnel de la Belgique, mais ils le redoutent d'autant plus qu'ils ne voient pas où se trouve leur refuge. La peur de l'inconnu les amène à croire que leur planche de salut est l'immobilisme. Certains, se croyant plus audacieux, se proposent d'arrêter le tic-tac de la machine infernale. Espoir vain, car mettre une sourdine aux bruits les plus inquiétants n'en supprime pas la cause et n'arrête pas l'évolution des choses. C'est dire que les francophones de Wallonie et de Bruxelles feraient un mauvais pari en croyant qu'il suffit de s'asseoir sur le bord de la route institutionnelle pour s'opposer efficacement au chantage d'une Flandre convaincue qu'elle gagne du terrain.

Le programme du principal parti francophone d'opposition suggère, au contraire, que, pour se préparer à l'échéance électorale de 1999 et aux négociations qui en découleront, les francophones, non seulement les partis, mais aussi toutes les forces vives de la Communauté française, aient pour objectif la création d'un État francophone [4], respectant certes les autonomies régionales wallonne et bruxelloise, mais garantissant l'unité des deux régions et la place de Bruxelles dans un espace culturel français. Seul cet État francophone est capable de tenir en échec la montée en puissance de l'État flamand. Cet État francophone n'aura aucune visée sécessionniste, mais il entend rééquilibrer le jeu avec l'État flamand pour que la Belgique soit vraiment représentative des deux peuples qui la constituent.

Une fois installé, un tel rapport de forces entre francophones et néerlandophones place au rang d'« absurdité incroyable » – pour reprendre les termes de Kris Deschouwer, politologue à la VUB [5] – le scénario d'une Flandre indépendante avec Bruxelles pour capitale. Or, pour des raisons autant politiques (Bruxelles, siège de l'Union européenne et de l'OTAN, est une formidable vitrine sur le monde) que métapolitiques (« Bruxelles est notre Jérusalem », déclarait il y a quelques années le député social-chrétien Jan Verroken), la Flandre ne veut pas renoncer à Bruxelles. Cette exigence flamande sur Bruxelles nous amène tout droit à notre principale interrogation : quel sort réservera à Bruxelles la Belgique (ou la non-Belgique) de demain ?

Notre opinion est que l'absence de solution consensuelle sur Bruxelles constitue paradoxalement la dernière chance de survie pour la Belgique.

4. *Bruxelles : trait d'union*

A nos yeux, bien plus que la dette ou la monarchie, c'est Bruxelles qui constitue paradoxalement, l'élément qui assurera la possible survie de la

Belgique. C'est que l'indépendance de la Flandre ne pourra se faire qu'au prix de l'abandon de Bruxelles, ce qui ne semble pas envisageable pour les élites flamandes [6].

1. Bruxelles impossible capitale de la Flandre

A l'heure actuelle, dans le cas où la Flandre proclamerait son indépendance avec Bruxelles comme capitale, il ne semble guère faire de doute que la souveraineté du gouvernement flamand installé à Bruxelles se limiterait aux bâtiments occupés par ses fonctionnaires. Sans trop s'avancer, il semble certain que les autorités tant régionales que communales (sans parler des citoyens eux-mêmes) refuseront de concert de se soumettre au *diktat* flamand qu'elles jugeraient à juste titre illégitime. Mieux encore, dans un contexte où les règles constitutionnelles, fondatrices de l'État, sont remises en cause, qu'est-ce qui pourrait empêcher le Parlement de la Région de Bruxelles-capitale (CRB), élu au suffrage universel direct depuis 1989, de se proclamer souverain, soit pour revendiquer un statut international autonome, soit pour rejoindre la Wallonie ? Faute de pouvoir belge, on voit mal, en effet, qui pourrait empêcher l'écrasante majorité des députés bruxellois de franchir le Rubicon. En tout cas pas les dix élus du rôle linguistique flamand. Quel principe juridique pourra-t-on opposer aux soixante-cinq élus francophones ? Tout aussi possible serait la volonté d'une grande partie du Brabant wallon de se lier au district bruxellois. Enfin, dans la foulée de cette souveraineté bruxelloise, ne risque-t-on pas de voir certaines communes à facilités de la périphérie décider, après des élections ou des référendums locaux, de se détacher de la Flandre [7] ?

Tels sont les risques et, par là, les raisons qui poussent les flamands à ne pas oser reproduire le scénario slovaque [8].

2. La vaine tentative de reconquête flamande de Bruxelles

Comme nous l'avons évoqué plus haut, la Flandre ne semble pas pouvoir renoncer à Bruxelles, d'où précisément les actuelles velléités de reconquête (« flamandisation »), maladroites, car porteuses de contre-hystérie francophone [9] et, surtout, inutiles. En effet, quand bien même la Flandre politique investit politiquement, économiquement, culturellement dans « sa » capitale », quatre obstacles majeurs ne rendent pas moins, tout espoir de reconquête vain :

– *démographique* : Bruxelles est désormais une des grandes villes francophones du monde ;
– *psychologique* : les Flamands n'aiment pas Bruxelles ;
– *démocratique* : ses habitants ne veulent pas de la Flandre ;

– *politique* : depuis 1996, on assiste à une mobilisation conjuguée des Wallons et des francophones bruxellois.

a. Les francophones sont bien majoritaires à Bruxelles

Combien y a-t-il donc de francophones à Bruxelles ? Cette question fort simple trouve difficilement une réponse exacte et suscite maintes passions et querelles. Jusqu'en 1947, un recensement linguistique avait lieu tous les dix ans. Le tracé des délimitations administratives des régions linguistiques variait selon les résultats de ce recensement. Le volet linguistique des recensements décennaux fut supprimé en 1962, après le boycott de trois cents bourgmestres flamands. Depuis que le recensement linguistique a été jeté aux orties, les politiciens flamands évitent soigneusement de s'engager sur ce terrain.

Interrogé en 1992 sur le pourcentage de cartes d'identité rédigées en français dans la région bruxelloise, le socialiste flamand Louis Tobback, alors ministre de l'Intérieur, avait jugé bon de ne pas donner suite à la question (parlementaire), arguant du fait « qu'aucune disposition légale ou réglementaire n'habilitait le ministre de l'Intérieur à établir des statistiques susceptibles de constituer directement ou indirectement un recensement linguistique »

Il n'en existe pas moins d'autres méthodes pour approcher la réalité démographique bruxelloise, à savoir à travers les résultats électoraux, les actes d'état civil, les taxes (IPP, redevances-télévision, etc.). Les résultats démontrent à suffisance qu'en région bruxelloise, la toute grande majorité des habitants est francophone. Ainsi, aux élections européennes du 12 juin 1994, les listes francophones ont obtenu 83 % des suffrages, aux législatives et aux régionales du 21 juin 1995, respectivement 84 %, et 86 % [10]. S'il fallait y ajouter les « non-Belges » – et au nom de quel principe devrait-on les exclure des statistiques linguistiques bruxelloises ? –, le pourcentage de Bruxellois d'expression francophone dépasse largement les 90 %. Bruxelles est donc par sa population une ville majoritairement francophone et le restera. Démographiquement, l'avenir joue bien en faveur de la francophonie [11].

b. C'est un fait avéré : les Flamands n'aiment guère Bruxelles

L'immense majorité des Flamands qui travaillent à Bruxelles n'ont aucune envie d'y élire domicile, trop heureux qu'ils sont de rentrer chaque soir dans leur chère province. Un chiffre révélateur : si les Bruxellois francophones représentent près d'un quart (23 %) des ressortissants de la Communauté française, les Bruxellois néerlandophones ne pèsent, quant à eux, que 4 % de l'ensemble de la Communauté flamande.

Nombreux sont les Flamands qui reprochent à Bruxelles sa saleté, son insécurité ainsi que la difficulté de s'y faire comprendre dans sa langue. Les sondages indiquent clairement que, dans le nord du pays, le grand public ne se sent que fort peu concerné par Bruxelles. Les Belges néerlandophones, hier comme aujourd'hui, n'aiment pas la Bruxelles terrestre qu'ils ressentent comme étant tout à la fois trop francophone, trop chère et trop dégradée. Face à Gand, Bruges et Anvers, la capitale belge ne fait (hélas) plus le poids.

Effet pervers du carcan flamand, les francophones évitent désormais les communes de la périphérie flamande qui leur posent trop d'obstacles pour s'y sentir proches de Bruxelles. Les Flamands, au contraire, peuvent choisir de s'installer dans l'*hinterland* bruxellois où les attendent de bien meilleures conditions de vie. Il n'est donc pas étonnant qu'à Bruxelles, et ce, en dépit des tentatives désespérées de la Communauté flamande, le phénomène de francisation n'a pu être endigué. Ce n'est pas par hasard si, aux élections régionales de mai 1995, les Flamands ont perdu un élu au Conseil régional bruxellois (CRB). De même, le nombre des conseillers communaux néerlandophones tend à diminuer : ils ne représentent plus, depuis les élections d'octobre 1994, que 6,3 % des conseillers communaux des dix-neuf communes [12].

c. *Tous les sondages le confirment : les Bruxellois ne veulent pas de la Flandre*

En septembre dernier, un sondage de l'institut Field Research [13] donnait la mesure du refus des Bruxellois de s'agréger dans une Flandre pourtant prospère. A la troisième question « Si le séparatisme l'emporte dans notre pays, quel devrait être le sort de Bruxelles ? », on demandait de répondre au moyen des propositions suivantes : « une région indépendante », « être rattachée à la Wallonie », « être rattachée à la Flandre », « être rattachée à la Wallonie française », « être rattachée à la Flandre hollandaise ». 35,5 % des Bruxellois interrogés souhaitent former une région indépendante. Le deuxième choix se porte vers un rattachement à la Wallonie (29,1 %). Le rattachement à la Flandre n'est choisi qu'à 15,5 %, soit le nombre de Bruxellois néerlandophones ou presque. Seuls 33,8 % des Flamands souhaitent un rattachement de Bruxelles à la Flandre, pour 40,3 % de Wallons favorables au rattachement de Bruxelles à la Wallonie.

Que pense chacune des deux régions d'un possible rattachement de Bruxelles à la « région d'en face » ? En Wallonie, on n'est d'accord qu'à 3,3 % de voir Bruxelles rattachée à la Flandre : la Flandre en revanche accepterait à 20,7 % de voir sa capitale rattachée à la Wallonie, mais elle préférerait une région indépendante.

Ces chiffres nous renseignent sur deux points fondamentaux :

1. en Flandre, Bruxelles apparaît sacralisée (par la société politique), mais non sacrée (dans l'imaginaire de la société civile), en revanche ;
2. Bruxelles revêt en Wallonie un caractère de plus en plus déterminant. Sans pour autant l'aimer, les Wallons se rendent compte de l'importance croissante de Bruxelles. Ils réalisent combien leur sort est lié à celui de la région bruxelloise et vice versa [14].

d. La nouvelle solidarité Bruxelles-Wallonie

L'heure semble bien à l'unité des francophones. L'attention portée par les médias au récent *Manifeste des intellectuels* témoigne de l'émergence d'un nouveau *consensus* autour de Bruxelles. Les quatre auteurs [15] du manifeste, non issus des milieux politiques, y démontrent dans chacune de leurs hypothèses que l'avenir des Wallons dépend essentiellement de leur solidarité avec Bruxelles, et que l'avenir de la Région de Bruxelles dépend d'une alliance étroite avec la Wallonie. La pression flamande et celle non moins importante de la fédération PRL-FDF [16] semblent avoir convaincu le parti socialiste de revoir sa stratégie.

Ainsi, à Ans, le 9 février 1996, lors du congrès des socialistes wallons, puis à Bruxelles, le 16 mars, Philippe Busquin formulait la proposition d'une « nouvelle alliance Wallonie-Bruxelles ». Proposition à double usage : d'une part, marquer la solidarité institutionnelle des Régions wallonne et bruxelloise en vue du grand round communautaire promis pour 1999 et, d'autre part, mobiliser très immédiatement les Régions pour mettre en chantier de nouvelles initiatives communes sur le terrain économique et social [17].

Traduisant dans les faits ces prises de positions politiques, Robert Collignon, le ministre-président de la Région wallonne, ne s'est-il pas engagé à protéger l'intégrité de la Région bruxelloise ? La prise en compte institutionnelle du fait bruxellois constitue une véritable révolution culturelle à l'échelle wallonne. C'est dans le cadre de la nouvelle solidarité Wallonie-Bruxelles que doit se comprendre la première rencontre officielle qui a réuni à Namur, le 21 novembre 1996, les membres des gouvernements wallon et bruxellois. Cette invitation wallonne avait valeur de symbole : elle constitua pour Hervé Hasquin, ministre-président de la Commission communautaire française, une victoire éclatante des thèses appelant à la construction d'un espace francophone dynamique.

Aux grandes manœuvres flamandes répond désormais une volonté de résistance francophone. Il se dégage ainsi, à côté du tableau un peu apocalyptique que nous avions donné de l'évolution institutionnelle de la Belgique, des signes encourageants pour des francophones jusqu'alors plutôt déboussolés.

3. Vers un nouveau réalisme flamand ?

Bruxelles ne sera jamais la capitale d'une Flandre indépendante. A l'exception de quelques extrémistes aux visées expansionnistes, la plupart des hommes politiques flamands en sont désormais convaincus d'Ostende à Louvain. « Bruxelles n'optera pas pour la Flandre au moment où celle-ci quitte la Belgique », déclarait encore récemment Kris Deschouwer [18]. L'évidence est donc que, subjectivement, la Flandre ne peut se séparer de Bruxelles et qu'objectivement, elle ne peut pas s'en emparer. Même un Bert

Anciaux de la Volksunie, comme d'autres séparatistes flamands [19], est obligé d'en convenir. Ne confiait-il pas récemment que « la nuance entre le fédéralisme et le confédéralisme, c'est Bruxelles. Si la Flandre devient indépendante, elle perd Bruxelles. Actuellement l'image de Bruxelles en Flandre n'est pas bonne » [20].

4. La Belgique grâce à Bruxelles ?

A notre avis, la Belgique continuera d'exister tant que les élites flamandes conserveront leurs ambitions sur Bruxelles, et que, concurremment, les francophones y opposeront un front uni. La question n'est pas close pour autant.

2. Sept scénarios pour Bruxelles

Compte tenu des dérives des uns et des nouvelles résistances des autres, force est de constater que la question bruxelloise reste même plus béante que jamais. Nous avons retenu sept scénarios, allant du très possible au peu probable.

Nous avons choisi de les scinder selon une alternative : ou la Belgique disparaît ou elle se maintient.

Dans le cas d'une sécession flamande, quatre scénarios s'annoncent possibles pour Bruxelles. Les deux premiers postulent l'acceptation par les élites flamandes de la perte de Bruxelles et ce, conformément aux vœux de ses habitants. Les deux autres envisagent une dérive plus balkanique.

1. Bruxelles, ville francophone homogène (Lille ou Monaco)

Dans l'hypothèse d'une déclaration unilatérale d'indépendance de la Flandre sans Bruxelles, le détachement de ce qui sera alors l'ancienne capitale flamande de l'espace néerlandophone paraît inéluctable.

Sous la pression des événements, on voit mal, en effet, les élus bruxellois, délivrés de toute tutelle législative fédérale, ne pas songer à revoir tout ou partie des droits collectifs concédés à la minorité néerlandophone depuis 1989. Le système des droits collectifs accordés aux 15 % de néerlandophones ne pourrait qu'être ramené à des proportions plus conformes à la jurisprudence des États démocratiques vis-à-vis de leurs minorités. A moyen terme, cela signifiera la disparition « naturelle », par simple assimilation, de la minorité néerlandophone que compte aujourd'hui Bruxelles. La cité bruxelloise rejoindra alors le sort de Lille, une ville autrefois flamande et aujourd'hui non seulement française, mais encore fière de l'être. Dans cette hypothèse, le préjudice sera double pour la Flandre : outre d'abandonner les Flamands de Bruxelles, elle perdrait aussi sa vitrine sur le monde.

Dans l'hypothèse subséquente d'un (possible) rattachement à la France, cela mettrait la France aux portes de Vilvorde.

D'aucuns préfèrent l'idée d'une entité bruxelloise totalement indépendante. Toutefois, sauf à lui conférer un (impossible) statut de « paradis fiscal », il convient de s'interroger sur la viabilité d'un tel « État » totalement encerclé par une Flandre indifférente, sinon hostile ? Comment oublier que l'*hinterland* bruxellois (son périphérique, son aéroport, ses industries) sera en terre étrangère ?

2. *Bruxelles sous tutelle européenne (Washington)*

L'autre hypothèse – qui recueille les faveurs de près d'un tiers des francophones bruxellois [21] – est celle d'une tutelle européenne sur Bruxelles dans le cadre de la création d'un district européen limité aux dix-neuf communes. Toute séduisante que cette possibilité semble être à plus d'un titre, force est d'admettre que Bruxelles risquera bien de perdre en autonomie ce qu'elle conservera en termes de prospérité. La cité ne serait plus qu'une ville administrée de l'extérieur, à l'instar de Washington qui, contrairement à ce que d'aucuns avancent, apparaît comme l'une des villes américaines les moins bien gérées. Enfin, cette hypothèse livrera davantage encore Bruxelles à la... bruxellisation.

3. *Bruxelles, ville assiégée ou occupée (Sarajevo/Vukovar)*

Dans le cas où la Flandre refuserait de perdre sa capitale, un autre scénario plus balkanique paraît possible, sinon très peu probable : l'annexion par la force. Le sort de Bruxelles rejoindrait ici celui de Sarajevo ou de Vukovar, suivant le résultat de l'opération. Reste que dans cette hypothèse, rappelons-le la plus abrupte de toutes, toute victoire ne saurait être qu'à la Pyrrhus. Dès le déclenchement des hostilités, Bruxelles perdrait immédiatement ses institutions européennes, ôtant par là-même tout intérêt à l'*Anschluss*. A cela, s'ajouterait un risque général de déstabilisation terroriste qui caractérise une ville occupée.

4. *Bruxelles, ville frustrée (Belfast)*

Un quatrième scénario s'offre encore : celui de l'acceptation par une majorité de Bruxellois du rattachement à la Flandre, plutôt qu'à une autre entité territoriale, au nom d'un certain mieux-être économique, sinon par esprit munichois. C'est le rêve secret de l'extrême droite flamande qui ne désespère pas, sur ce thème, de récupérer dans le giron national ces faux francophones que sont les Bruxellois, puisque largement de souche flamande. C'est aussi, à notre avis, une hypothèse peu probable, compte tenu du réveil francophone et, plus encore, de ce sacro-saint principe des nationalités qui secoue l'Europe depuis le XIXe siècle. Rares sont, en effet, les peuples qui ont accepté de perdre leur identité sans combattre. Les Flamands en sont un bon exemple.

N'était-ce pas également au nom de la liberté que les Belges de 1830 choisirent les incertitudes économiques de l'indépendance aux certitudes de la prospérité hollandaise ?

Qui plus est, dans cette hypothèse, une résistance terroriste bruxelloise à l'irlandaise ne serait pas à exclure.

Dans l'alternative du maintien de la Belgique, trois hypothèses sont à retenir.

5. Bruxelles, ville sous influence (Bruxelles d'avant la régionalisation de 1989)

La première étude de cas est celle du condominium wallono-flamand sur Bruxelles. Ce scénario de fédéralisme à deux – assurément celui que privilégie la majeure partie de l'élite politique flamande, de la VU au CVP en passant par une partie du SP (voir De Batselier) – nous apparaît tout à la fois néfaste pour Bruxelles et, pour tout dire, peu réaliste. Néfaste, d'abord : en théorie paritaire, la gestion bruxelloise sera pratiquement assurée depuis la Flandre au sein de laquelle Bruxelles est géographiquement enclavée. Quelle sera, en effet, la marge de manœuvre d'une Wallonie affaiblie et non contiguë ? Peu réaliste, ensuite, vu la nouvelle solidarité entre Bruxelles et la Wallonie et compte tenu de la reconnaissance, quasi unanime aujourd'hui, de l'autonomie régionale arrachée en 1989 ?

Délivrés pour une bonne partie de la tutelle nationale et débarrassés de la tutelle provinciale, désormais responsables, à défaut d'être réellement maîtres de leur destinée. On voit mal les Bruxellois, sociétés civile et politique confondues, renoncer aux droits acquis depuis 1989. N'oublions pas, par exemple, que les pires moments de la bruxellisation se déroulèrent précisément durant les années de mise au *frigo* communautaire du statut de la capitale.

6. Bruxelles, ville-frontière *figée* (Ottawa et Montréal)

En l'état actuel d'une capitale limitée à ses seules dix-neuf communes et comptant par là moins de 10 % de néerlandophones, on voit mal ce qui pourrait amener les responsables politiques francophones à accorder davantage de privilèges à la minorité néerlandophone. Comment croire qu'ils accepteront de se plier aux nouvelles revendications flamandes comme celle, par exemple, d'avoir une représentation garantie, tout à la fois, dans chacun des exécutifs communaux, y compris dans les communes où les listes flamandes n'arrivent plus à décrocher un seul conseiller, et au Parlement bruxellois ?

Nous qualifions cette hypothèse de canadienne dans la mesure où, comme à Ottawa (pour les francophones) et à Montréal (en ce qui concerne les anglophones), ce « petit-Bruxelles » signera aussi la lente, mais inéluctable disparition de la minorité linguistique et ce, par la combinaison de trois facteurs : la faiblesse démographique des flamands, le poids de l'immigration et le développement de l'institution européenne. Les statistiques le confirment : il y a, à titre d'exemple, de moins en moins d'élèves unilingues dans les écoles néerlandophones bruxelloises [22].

Le destin de Bruxelles s'apparentera bien aux cas d'Ottawa et de Montréal. Au moins, Bruxelles conservera-t-elle, à moyen terme, son caractère *frontière* [23].

Cette hypothèse, version minimaliste du fédéralisme à trois, a cependant les faveurs des régionalistes wallons.

7. *Bruxelles ville frontière dynamique (le Grand Bruxelles ou Miami)*

Une dernière hypothèse, sans aucun doute la plus audacieuse puisque touchant au sacro-saint principe du droit du sol flamand, s'offre encore aux Bruxellois : le « Grand Bruxelles », c'est-à-dire l'extension de la région bruxelloise à sa périphérie.

Cette extension peut être envisagée à deux niveaux d'intensité.

Le premier en limite la portée aux six communes à statut spécial (facilités). Politiquement, cela permettrait, d'une part, de justifier pleinement les garanties accordées aux Flamands de Bruxelles (ceux-ci passeraient de moins de 15 % à près de 40 %) et, d'autre part, de relier géographiquement Bruxelles à la Wallonie en incorporant dans le giron bruxellois des francophones qui en ont déjà émis le souhait [24].

Le second niveau d'extension de la Région bruxelloise est plus vaste – et de ce fait, encore plus utopique : il fait droit à la demande des 120 000 francophones des communes avec ou sans facilité de la périphérie d'appartenir à une institution bruxelloise bilingue. Sa mise en œuvre passe par la mise en place d'une consultation des populations concernées.

Ces hypothèses d'un fédéralisme à trois équilibré où la région centrale du pays, élargie à sa zone d'influence économique réelle, regrouperait en proportion plus juste francophones et néerlandophones, constituent, selon Philippe De Bruycker [25], un facteur centripète de première importance pour la cohésion de l'État fédéral. A cet égard, le fait que les Wallons et les Flamands aient toujours refusé de céder du terrain à la Région bruxelloise illustre l'absence d'une conception globale des réformes successives de l'État. Évoquer cette occasion manquée relève toutefois de l'anachronisme dans la mesure où la Flandre s'est constamment montrée intransigeante sur la limitation de Bruxelles aux dix-neuf communes dans les négociations sur le statut de Bruxelles. Convenons toutefois que, dans cette construction fédérale à trois, la survie de la Belgique, comme celle de Bruxelles et tant que *ville-frontière* [26], paraît la plus assurée.

Dans les deux dernières hypothèses, liées au maintien de la Belgique, nombreux sont ceux qui, tant au nord qu'au sud du pays, pensent que Bruxelles pourrait redevenir le lieu de dialogue entre communautés qu'elle fut, selon eux, jusqu'aux années 1960 et retrouver sa vocation initiale de capitale en dépit des changements essentiels de structure de l'État.

A ces sept scénarios, ne faudrait-il pas en ajouter un huitième : l'hypothèse d'une « victoire » du Vlaams Blok lors des prochaines élections régionales bruxelloises ?

Compte tenu d'un modèle institutionnel bruxellois qui accorde à la minorité néerlandophone de Bruxelles des privilèges sans rapport avec sa taille réelle, ce parti néofasciste risque bien de rendre totalement ingouvernable, et par là de détruire de l'intérieur, la Région de Bruxelles-capitale. Dans l'hypothèse où il réussirait à y devenir le premier parti flamand et ce, avec moins de 5 % de l'électorat bruxellois total, le VB s'affirmera, en effet, comme le partenaire obligé pour la constitution d'une majorité flamande au Parlement de la Région de Bruxelles-capitale. Reste que pour gagner son pari, il lui faudra absolument séduire une partie de l'électorat francophone, et lui soutirer au moins dix mille voix. Profitant d'une extrême droite francophone absente de l'action politique, les indépendantistes flamands ont lancé une opération de séduction envers les Bruxellois francophones sur le thème de l'immigration. C'est le sens de leur toute récente brochure bilingue, tirée à près de quatre cent mille exemplaires, invitant les francophones à voter pour leur programme raciste. Le but, pourtant avoué, du Vlaams Blok étant la dislocation de l'État belge, justifie le recours à tous les stratagèmes : séduire des francophones qu'on n'hésitera pas à chasser en cas de victoire n'en constitue qu'un exemple.

Quelle attitude devront adopter les partis francophones en cas de victoire du Blok ? Une seule réponse s'annonce concevable (mais est-elle pour autant réaliste, compte tenu d'une certaine *blokkerisation* du monde politique flamand) : la non-application des règles établies par la Constitution ou en vertu de celle-ci lors des réformes institutionnelles de 1988-1989 et 1993.

Ce choix placerait cependant Bruxelles dans une position de demande vis-à-vis du pouvoir fédéral. Celui-ci serait, en effet, sollicité afin d'adopter une solution institutionnelle à ce problème – certains diront : des artifices juridiques. Le prix de cette intervention risque d'être élevé pour les francophones ! Toute autre démarche qui verrait, par contre, les Bruxellois passer outre cette requête, offrirait aux séparatistes flamands l'occasion d'y voir un précédent pour s'estimer dégagés des devoirs liés au respect de la loyauté fédérale.

Ne soyons toutefois pas trop pessimistes. Rapporté à l'arithmétique électorale, ce schéma ne semble pas devoir correspondre aux réalités politiques de Bruxelles.

Bruxelles apparaît bien désormais comme le plus grand obstacle au séparatisme flamand. À la Flandre démocratique de comprendre qu'à moins de commettre l'irréparable (guerre civile suivie d'un processus de nettoyage ethnique), l'indépendance flamande signera immanquablement la perte de « leur » capitale [27]. Aucun principe ne pourra casser le droit à l'autodétermination des Bruxellois, francophones à plus de 85 %.

Comme nous l'avons déjà écrit à maintes reprises, le maintien d'un État fédéral belge passe par l'acceptation par les francophones comme par les néerlandophones de ce que la Belgique est destinée à rester un pays frontière, c'est-à-dire à la charnière des mondes latin et germanique.

Notes

[1] Francis DELPÉRÉE, *La Belgique fédérale*, Bruxelles, Bruylant, 1994, pp. 7, 8 et 501.

[2] Ce fait n'est pas nouveau, il était déjà sévèrement dénoncé par Lucien OUTERS dans *Le divorce belge*, paru en 1968 aux Éditions de Minuit, p. 126.

[3] Voir *Le Soir* des 17/18 août 1996.

[4] Cette notion d'« Etat francophone » est parfois appelée « nation francophone » ou « espace francophone » (voir *Le Soir* du 26 août 1996).

[5] Voir *Le Soir* du 20 août 1996.

[6] Marc VAN PEEL, président du CVP, déclarait à ce sujet, dans *Le Soir* du 29 août 1996 : « Je ne suis absolument pas décidé à abandonner Bruxelles. La Flandre sans Bruxelles est incomplète ».

[7] Plusieurs communes de la périphérie, à majorités francophones, ont adopté une motion demandant leur rattachement à la Région bruxelloise. Cet acte légal de l'autorité communale est toutefois, dans l'état actuel du droit public belge, dépourvu d'effet concret.

[8] Groupe Coudenberg, *Quelle Belgique pour demain ?*, Duculot, 1987, p. 93.

[9] Lors du Congrès national du Davidsfond à Anvers, mouvement de réflexion culturel catholique, en mars 1993, son président, Lieven VAN GERVEN, n'a pas caché le fond de sa pensée : « La naissance de deux États indépendants constitue non seulement un objectif, mais aussi un processus historique irréversible qui est déjà en cours. Que deviendra Bruxelles ? La capitale de la Flandre, tolérant le français, en tant que deuxième langue officielle ». La réaction du principal quotidien francophone ne se fit pas attendre, il titrait : « Le Davidsfond décrète l'*Anschluss* de Bruxelles »

[10] Pour l'année 1991, en ce qui concerne les actes d'état civil dans les dix-neuf communes, Berchem-Sainte-Agathe exceptée, les chiffres sont éloquents : 84 % des actes de décès sont rédigés en français, contre 94 % des actes de mariage et 88 % des actes de naissance. En 1993, 90 % des déclarations à l'impôt sur les personnes physiques, 98 % des enrôlements de la taxe radio-télévision et 92 % de ceux relatifs à la

taxe régionale sont rédigés en français (voir QR Chambre n° 110 du 20 juin 94 et QR Chambre n° 96 du 28 février 1994, QR CRB n° 4 du 20 décembre 1995). Dans la région bruxelloise, parmi les demandeurs d'emploi inscrits dans l'une des deux langues nationales, selon leur choix, on dénombrait au 15 mars 1991, 34 625 chômeurs complets indemnisés, répartis linguistiquement comme suit : 94 % de francophones, 6 % de néerlandophones.

[11] L'erreur serait toutefois de croire qu'il suffit d'avoir – et les Québécois de Montréal le savent bien – une force numérique pour l'emporter. Il y a aussi les lieux de décisions économiques et politiques. Montréal, pendant tout un temps, fut émasculée pour avoir perdu son pouvoir économique et politique en français. C'est le danger réel qui menace Bruxelles. Dans une étude récente faite par la Communauté française, à l'initiative de deux sociologues de l'Université de Louvain, il a été établi que 21 % des cadres dirigeants des entreprises internationales établies à Bruxelles ont spontanément, sans même qu'on les interroge, exprimé leur désappointement devant la flamandisation des entreprises internationales à Bruxelles. Un quart de ces dirigeants disaient : le pouvoir échappe aux francophones. Là est le véritable enjeu de Bruxelles. Les francophones seront toujours majoritaires, mais si demain le pouvoir économique et politique échappe aux Bruxellois de langue française, c'en est fini de la dimension européenne et francophone de Bruxelles.

[12] Depuis le milieu des années quatre-vingt, le nombre de centres culturels et d'associations de jeunesse flamands fléchit, l'enseignement secondaire néerlandophone accuse une baisse de fréquentation (au contraire de l'enseignement maternel et primaire assidûment fréquenté par les bambins francophones).

[13] Voir *La Lanterne* du 18 septembre 1996.

[14] Voir à ce sujet l'enquête réalisée par l'ICSOP auprès de francophones bruxellois et wallons (*Le Vif/L'Express* du 13 novembre 1992).

[15] Le « manifeste » *Choisir l'avenir* des professeurs Ch. FRANCK, A.-P. FROGNIER, B. REMICHE et V. VAGMAN, historien, est reproduit et commenté dans le mensuel *La Revue Générale*, Louvain-la-Neuve, Duculot, n° 1, janvier 1997.

[16] Les mandataires du PRL-FDF ont donné le ton par un manifeste intitulé *Francophones, l'union fait la force* et un discours de leur président allant dans ce sens : « C'est à tort que certains croient que Bruxelles pourrait s'en sortir seule, sans la Wallonie. Outre que c'est une position moralement inélégante, ce serait politiquement du suicide. Les Flamands n'attendent que cela pour conquérir Bruxelles. Certains au Nord rêvent même de prendre notre capitale sans combattre ». (*La Wallonie* du 29 septembre 1996).

[17] *Wallonie-Bruxelles : quelle Nouvelle Alliance ?* est le titre du numéro d'avril 1996 du mensuel *Socialisme*, édité par l'Institut Émile Vandervelde.

[18] Voir *Le Soir* du 20 août 1996.

[19] *Le Soir* du 29 août 1996 titrait « Les indépendantistes flamands ont déjà renoncé à Bruxelles ».

[20] Voir *La Lanterne* du 6 novembre 1996.

[21] Voir l'enquête ICSOP citée ci-dessus.

[22] Les dernières statistiques de la VGC (COCON) confirment que l'élève issu d'une famille unilingue est de plus en plus marginalisé. C'est particulièrement frappant dans le maternel où la population comprend 23,6 % de néerlandophones, 28,7 % de bilingues et 47,7 % de francophones. Le bilan de santé du réseau secondaire néerlandophone est loin d'être rose : depuis 1989, le nombre d'élèves est en diminution constante. En 1993, le ministre flamand chargé de l'enseignement, Ruffin Grijp, en avait avancé quelques causes possibles : construction d'établissements en périphérie, la lente agonie de certaines sections ou écoles, l'insécurité, les problèmes de mobilité et le vieillissement de l'infrastructure scolaire ainsi que la fuite des francophones qui retrouvent leurs écoles au sortir du primaire, une fois le bilinguisme jugé acquis. Voir *La Dernière Heure* du 30 janvier 1996.

[23] Sur cette notion, voir l'ouvrage consacré à *L'Europe et ses villes-frontières*, Bruxelles, Éditions Complexe, 1996.

[24] Voir ci-dessus, note 7.

[25] Ph. DE BRUYCKER, *Bruxelles dans la réforme de l'État*, Bruxelles, CRISP, 1989.

[26] Voir ci-dessus, note 23.

[27] Certes, tous les Flamands ne le comprennent pas encore. Ainsi, Luc Van den Brande a repris à son compte le modèle développé dans le projet de constitution flamande qui supprime la distinction entre communauté et région et qui amplifie, par là, le lien entre Bruxelles et la Flandre, notamment sur le plan institutionnel. « *Brussel is en blijft Vlaamse hoofdstad* », déclarait-il encore lors de la rentrée gouvernementale de septembre 1996.

Le devenir de Bruxelles comme district européen ?

Éric ROBERT
Chercheur au Centre de droit international (ULB)
Boursier de l'ULB

1. Introduction

Le devenir de Bruxelles est-il de prendre la forme d'un district européen ? Si le titre de cette intervention peut soulever l'enthousiasme des partisans d'une Union européenne plus fédérale que jamais, il ne manquera pas de soulever des questions parmi les unitaristes belges ou, simplement, parmi les Bruxellois. Le sujet relève en effet de l'utopie ou de la politique-fiction. On peut en critiquer le caractère chimérique ou, pire, hausser le ton et dénoncer ce qui pourrait devenir un cauchemar éveillé !

Néanmoins, l'année 1996 s'est singularisée par l'augmentation des tensions communautaires et les petites phrases assassines. Côté flamand, on a déclaré que la Flandre en avait assez d'être « la vache à lait de la Wallonie ». Côté wallon, l'avertissement a été donné avec le « Si vous voulez que la France se trouve aux portes de Bruxelles, alors allez-y ! ». Les termes confédéralisme, séparatisme et rattachisme sont rapidement entrés dans le langage politique. Du coup, l'idée de penser au pire des scénarios est apparue — malheureusement — de plus en plus « raisonnable ». Les projets de constitutions flamande et wallonne ne font que confirmer l'évolution des mentalités.

Le but de cette intervention n'est pourtant pas de proposer un statut de district européen pour Bruxelles. Il s'agit en réalité de partir des faits : la Belgique est un État fédéral dont les composantes pourraient très bien, un jour ou l'autre, entraîner sa dislocation. Certains hommes politiques belges ont, dans le contexte des revendications en faveur d'une Flandre indépendante, témoigné de leur intérêt à l'égard d'un statut de *district européen* pour Bruxelles. C'est pour cette raison qu'il semble nécessaire de réfléchir au contenu d'un tel statut et d'en étudier les incidences.

Nous commencerons par analyser le concept même de district européen et, à travers lui, l'idée d'internationalisation d'une ville ou d'une région avant d'examiner les implications d'une européisation ou d'une internationalisation de Bruxelles.

2. Le sens des concepts d'internationalisation et d'européisation

La notion de district européen recouvre au moins deux aspects. D'une part, le qualificatif européen renvoie à l'idée d'internationalisation des villes ou des territoires. Une administration européenne serait en effet dans ce cas un exemple parmi d'autres d'internationalisation de territoire. D'autre part, le terme européen limite l'internationalisation au cadre régional et à ses institutions, ce qui nécessite qu'on s'interroge sur sa signification.

1. *L'internationalisation*

Les exemples d'internationalisation peuvent paraître évidemment quelque peu marginaux par rapport à l'image des relations internationales où les acteurs sont essentiellement les États et les organisations internationales. Cependant, une étude historique permet de relever un certain nombre de cas d'internationalisation de villes ou de territoires. Il s'agit chaque fois de l'introduction pour certains espaces d'un régime défini par le droit international conventionnel caractérisé par le transfert de certaines compétences à des organes internationaux ou par le transfert de souveraineté d'un État au profit des organes internationaux.

1. *Les précédents en matière d'internationalisation*

Les villes ou territoires internationalisés sont peu nombreux. L'un des cas les plus anciens d'internationalisation est celui de la ville libre de Cracovie. A la suite d'une décision du Congrès de Vienne de 1815, la ville fut placée sous l'administration conjointe de trois puissances – la Russie, la Prusse et l'Autriche — qui, ce faisant, gelaient leurs revendications. Mais son indépendance relative fut rapidement supprimée par l'appétit territorial d'une des puissances (l'Autriche) qui avait pourtant reconnu à l'origine le caractère *perpétuel* du statut [1].

Les exemples d'internationalisation qui suivirent sont plus intéressants et se rattachent essentiellement à la période de l'entre-deux-guerres ou de l'immédiat après-guerre. Force est en effet de constater que le statut international de certains territoires ou de villes est étroitement lié au nouvel ordre que les États vainqueurs essaient d'établir une fois la paix revenue. C'est le cas de Memel (1919-1924), de Dantzig (1919-1939), de la Sarre (1919-1935) à l'occasion de la signature du traité de Versailles et de Trieste (1947-1954), après le second conflit mondial. D'autres exemples, Tanger et Jérusalem, se rapportent plus au passé colonial des puissances européennes. Dans le cas de Tanger, il s'est agi d'un *modus vivendi* entre les puissances coloniales, dont la France et l'Espagne, qui se disputaient leurs possessions en Afrique. Dans le cas de

Jérusalem, il s'agissait de régler le statut des lieux saints dans le cadre des modalités du plan de partage devant mettre fin au mandat britannique sur la Palestine.

Des exemples plus récents d'internationalisation ont vu le jour dans des contextes un peu différents. Un statut international et européen pour la Sarre, occupée par la France depuis la fin de la guerre 1940-1945, fut un moment présenté comme une solution. Plus récemment, le conflit yougoslave a permis d'envisager l'internationalisation non seulement comme un moyen transitoire de geler les tensions, mais également comme une forme d'opération de rétablissement de la paix au plan local.

L'idée d'une administration internationale de Mostar a vu le jour en septembre 1993. Le projet de confier l'administration de la ville de Mostar à l'Union européenne s'est concrétisé en mars 1994, lorsque la République de Bosnie-Herzégovine, la Croatie et les Croates de Bosnie ont signé l'accord de Washington [2]. Un mémorandum d'entente sur l'administration de Mostar par l'Union européenne, en date du 5 juillet 1994, définit les grandes lignes de l'administration internationale de la ville [3]. Le 16 juillet 1994, le Conseil a ensuite officiellement pris la décision de réaliser une action commune en vue d'apporter son soutien à l'administration de Mostar. L'AMUE (l'administration de la ville de Mostar par l'Union européenne) a commencé le 23 juillet 1994, avec l'envoi d'un administrateur dans la ville. L'objectif principal de l'AMUE est de parvenir à une solution durable en vue de l'unification de la ville de Mostar divisée par la guerre civile [4]. L'internationalisation de la ville se caractérise par un transfert de certaines compétences souveraines de la Bosnie-Herzégovine à l'Union européenne dans le domaine de l'administration civile (maintien de l'ordre public, restauration des services publics, mise en œuvre de programmes de reconstruction, etc.) [5]. Par son action, l'UE supplée véritablement aux carences des parties en conflit et est censée permettre un retour à la paix, sans préjudice du statut définitif de Mostar.

2. *Typologie des modes d'internationalisation*

L'internationalisation des villes et territoires a donné lieu à une grande diversité des statuts, et il n'est pas toujours facile de classifier ces différents régimes. Cependant, il est possible, en schématisant, de distinguer deux grands modes d'internationalisation, même si ces catégories ne sont pas parfaitement étanches.

a. L'internationalisation territoriale

On peut parler d'internationalisation territoriale à partir du moment où un État transfère des droits souverains qu'il possède sur une partie de son territoire au profit d'un organe international institué par traité. Cet organe international peut être, soit un organe d'une organisation internationale, soit un organe *ad hoc* représentant une pluralité d'États.

Cette définition ne permet pas néanmoins de cerner la réalité des situations d'internationalisation. D'une part, l'objet du transfert de souveraineté peut varier au gré des situations d'internationalisation. D'autre part, les rapports entre le souverain territorial et l'autorité administrante peuvent prendre différentes formes. Trois grands types d'internationalisation territoriale se dégagent de la pratique.

Dans un premier cas, un État renonce à tous ses droits souverains sur une partie déterminée de son territoire et celui-ci passe sous la souveraineté collective, indivise d'un groupe d'États ou d'une organisation internationale. L'entité ainsi créée peut avoir une certaine autonomie, mais le pouvoir d'administration générale du territoire revient à l'autorité internationale.

Cette situation particulière où plusieurs États détiennent conjointement la souveraineté sur le territoire internationalisé peut être qualifiée de *condominium*. C'est-à-dire, « un pouvoir de domination exercé conjointement par deux ou plusieurs États sur un territoire qui leur appartient en propre » [6].

Memel fut détachée de l'Allemagne en vertu de l'article 99 du Traité de Versailles. Les droits et titres que l'Allemagne possédait sur le territoire furent transmis aux principales puissances alliées et associées. En attendant de décider du sort de Memel — indépendance ou attribution à la Lituanie — la Conférence des ambassadeurs, représentant les puissances alliées et associées, décida en 1920 d'internationaliser provisoirement le territoire. La Conférence nomma à cet effet un haut commissaire pour s'occuper de l'administration de Memel. Les PPAA titulaires de la souveraineté territoriale exerçaient donc bien leur souveraineté de façon indivise.

L'État peut aussi renoncer à tous ses droits souverains sur une partie déterminée de son territoire au profit d'une organisation internationale chargée de l'administration du territoire. L'organisation internationale possède dès lors elle-même la souveraineté entière sur le territoire et bénéficie ainsi d'une forme d'assise territoriale.

C'est le résultat auquel aurait conduit le projet de statut pour Jérusalem. Les différents projets qui furent débattus aux Nations unies entre 1947 et 1949 et les résolutions adoptées par l'assemblée générale démontrent une volonté constante : celle de faire de Jérusalem un *corpus separatum* [7]. La ville n'aurait été soumise ni à la souveraineté de l'État juif, ni à celle de l'État arabe. Jérusalem ne devenant pas indépendante pour autant, les Nations unies auraient exercé via le Conseil de tutelle un contrôle international sur un territoire qui leur appartenait en propre [8].

Dans un deuxième cas, un État renonce à tous ses droits souverains sur une partie déterminée de son territoire et cette entité devient un sujet de droit international à part entière, souverain territorial, mais cependant soumis à une autorité internationale pour une partie de ses compétences.

Dans le cas de Dantzig, l'Allemagne renonça à sa souveraineté au profit des alliés qui, à leur tour, s'engagèrent à faire de Dantzig une Ville libre sous la protection de la SDN (articles 100 et 102 du Traité de Versailles). La Pologne obtenait le pouvoir de représenter la Ville libre de Dantzig sur le plan international et de veiller à la défense du territoire. Pourtant, on peut dire qu'il s'agissait d'une forme de micro-État. Le territoire de la ville libre de Dantzig n'était ni allemand, ni polonais, ni même sous souveraineté de la Société des nations. De plus, différents éléments attestent de l'existence de Dantzig en tant qu'État, notamment la constitution dantzikoise [9].

Dans un troisième cas, un État accepte de renoncer à l'exercice de ces compétences à l'égard des personnes ou des activités réalisées sur une partie de son territoire. Mais l'État concédant conserve sa souveraineté sur ce territoire. Il n'y a pas de démembrement territorial [10]. Dans ces conditions, l'autorité internationale bénéficiaire exerce dans la zone internationale des compétences sur les personnes et, dans la mesure nécessaire à l'internationalisation, des compétences sur le territoire. Le maintien de la souveraineté territoriale de l'État sur l'entité internationalisée peut paraître fictif, mais la distinction juridique conserve toute son importance dans l'hypothèse de la fin du régime international [11]. On se trouve quasiment dans l'hypothèse d'une internationalisation fonctionnelle (voir ci-dessous), mais, en pratique, ce type d'internationalisation est plus proche des deux premiers cas de figure, ce qui nous conduit à l'analyser sous cette catégorie.

La Zone internationale à Tanger est un bon exemple. Depuis le début du XXe siècle, le Maroc était l'enjeu des colonialistes français, britanniques et espagnols. La France établit son protectorat sur le Maroc en 1912 alors que l'Espagne prend pied au nord du Maroc. Aux termes de la Convention de Tanger signée le 18 décembre 1923, la France, la Grande-Bretagne et l'Espagne convenaient de la création d'une Zone internationale à Tanger et espéraient obtenir l'adhésion à ce projet d'autres puissances européennes (Belgique, Suède, Hollande, Portugal). Ces puissances exercèrent donc à Tanger un pouvoir de contrôle et d'administration vis-à-vis d'un territoire sur lequel elles n'avaient aucun droit de souveraineté puisque celle-ci était toujours le fait du Sultan [12].

La Sarre fut également dans cette situation entre 1920-1935 [13].

b. L'internationalisation fonctionnelle

L'internationalisation fonctionnelle se présente pour l'État comme un mode d'internationalisation nettement moins sensible en terme d'« abandon de souveraineté ». Au sens large, l'internationalisation fonctionnelle consiste à soustraire un rapport ou une situation juridique au droit interne qui le régissait jusqu'alors [14]. Cette définition couvre un champ fort large de situations et l'on peut citer comme exemple le cas de l'organisation internationale. Au sens étroit, lorsqu'elle concerne un territoire ou un espace déterminé, l'internationalisation fonctionnelle consiste en un transfert fonctionnellement limité de compétences au profit de l'organe international. L'internationalisation fonctionnelle peut par conséquent interférer de manière plus ou moins forte avec l'exercice par l'État de ses compétences souveraines sur son territoire. L'internationalisation fonctionnelle ayant pour objet divers types d'activités humaines, on se rend vite compte du champ extrêmement large de possibilités qui s'offre à cette forme d'internationalisation.

Le cap Spartel (îlot, sous souveraineté marocaine, dont le phare était capital pour la navigation maritime à proximité du détroit de Gibraltar et de Tanger) est un exemple d'administration internationale directe, mais fonctionnellement limitée [15]. Un Conseil international de surveillance et d'entretien du phare du cap Spartel fut ainsi créé, les puissances participantes finançant le phare et s'occupant de son exploitation [16].

Le régime d'internationalisation fonctionnelle vise souvent une partie du territoire d'un État, un canal, une rivière. Ainsi, dès 1815, le Congrès de Vienne institua une Commission centrale pour la navigation sur le Rhin – toujours en activité – chargée d'assurer la liberté de navigation et l'égalité de traitement des États membres [17]. L'État exerce pleinement ses compétences et l'autorité internationale détient seulement un pouvoir de contrôle.

2. *L'européisation*

Le terme *européisation* est bien sûr un néologisme [18]. Il n'y a pour l'instant jamais eu de véritable cas d'application à la différence des situations d'internationalisation. L'européisation peut se définir comme une forme régionale d'internationalisation de territoire. Mais elle a néanmoins une spécificité, à savoir le rôle qu'elle pourrait jouer par rapport aux structures européennes tendant vers le confédéralisme — voire le fédéralisme — qui différencient l'Union d'une simple organisation internationale. La notion de district européen serait à mi-chemin entre le territoire international et le statut de capitale fédérale.

1. Les précédents en matière d'européisation

Le seul exemple qui existe jusqu'à présent est le projet du Conseil de l'Europe — qui est devenu ensuite franco-allemand – de statut européen pour la Sarre. Cet exemple mis à part, l'idée d'un district européen avait été avancée aux premières heures de la création des institutions européennes, mais sans succès. L'administration de Mostar par l'Union européenne est plus un exemple d'administration internationale européenne qu'une véritable européisation, selon le sens restreint qu'il conviendrait de donner à la notion.

Sans faire référence expressément au concept de district, le statut européen pour la Sarre mis sur pied par le Conseil de l'Europe en 1954, et puis par la France et la RFA [19] y est étroitement lié. L'européisation de la Sarre signifiait bel et bien la mise en commun ou le contrôle effectif du territoire par les institutions supranationales de la nouvelle Europe [20]. La proposition de faire de la ville de Sarrebrück le siège des institutions européennes existantes et de la communauté politique à venir renforce encore le parallèle avec la notion de district tel qu'il sera suggéré plus tard. Ce projet de statut pour la Sarre n'a cependant jamais vu le jour puisqu'il fut rejeté à la suite d'un référendum organisé en 1955 dans la Sarre.

Ce précédent inspirera sans aucun doute les initiatives prises à l'occasion de la mise en place du traité de Rome. A défaut d'avoir pris une décision quant au siège des institutions le 7 janvier 1958, les représentants des gouvernements des États membres décidaient de consulter l'Assemblée parlementaire européenne. Celle-ci, sur proposition de son rapporteur, adopta une première résolution le 21 juin 1958 qui, tout en se félicitant de l'adoption du principe de l'unicité du siège, souhaitait que ce lieu soit un « district européen » [21]. L'idée fut réaffirmée par l'Assemblée dans deux nouvelles résolutions, en 1959 et en 1960 [22]. Le projet de création d'un district européen fut à son tour repris par les représentants des gouvernements lors de leurs délibérations du 16 mars 1959 [23]. Enfin, conformément aux vœux de la conférence des représentants des six États membres du 25 juillet 1959, le comité des représentants permanents fut chargé de faire un rapport à ce sujet et une étude fut même réalisée à cette occasion par la Commission des affaires politiques et des questions institutionnelles de l'Assemblée sur les données juridiques du district européen [24].

Depuis lors, le sujet n'a plus été abordé par les institutions européennes. La solution donnée à la question du siège des institutions s'orientant définitivement vers un fractionnement des sièges, la notion de district perdit peu à peu de son intérêt.

Toutefois, l'idée a été reprise sur un plan national. Les Français avaient proposé dès 1958 la candidature du département de l'Oise dans la région de Senlis-Chantilly pour accueillir un district européen sur une superficie de 2 500 hectares [25].

En 1971, un groupe de parlementaires français défendit la création d'un projet de district européen à Montesson, dans les Yvelines, près de Paris, mais sans obtenir le soutien de leur gouvernement [26]. Enfin, plus récemment, « l'idée d'un district franco-allemand autour de Strasbourg, qui pourrait être la préfiguration d'un district européen, a été évoquée lors du Sommet franco-allemand de Bonn des 3 et 4 novembre 1988 » [27]. En Belgique, l'idée de créer une sorte de district européen a été également défendue dans les milieux politiques bruxellois [28].

2. *Typologie des modes d'européisation*

On peut imaginer respectivement trois types différents de statut européen pour la Région de Bruxelles-Capitale.

a. Le district administratif européen

Cette forme de district européen consisterait à mettre en place un district administratif européen par le biais d'un accord de siège à conclure entre la Communauté et l'État membre qui accueillerait les institutions sur son territoire. Ce statut, à l'instar de celui de l'ONU à New York, développerait considérablement le régime des privilèges et immunités de la Communauté en lui conférant le contrôle de la zone autour des institutions et l'exercice de certains pouvoirs en matière législative et de police [29], mais ceci dans les limites de ce qui est nécessaire à la Communauté pour atteindre ses buts [30]. C'est en ce sens que l'on peut parler d'internationalisation — européisation de type fonctionnel, les pouvoirs exercés par la Communauté devant être plus ou moins strictement confinés aux objectifs statutaires de l'Organisation [31].

b. Le district sous administration européenne

Une deuxième forme de district européen mettrait sur pied un véritable statut international au profit des Communautés. Selon cette hypothèse, l'État hôte conserverait la souveraineté territoriale sur la zone, mais l'exercice des droits souverains serait conféré aux institutions communautaires. Ce statut est proche d'une situation d'internationalisation comme celle de Tanger ou de la Sarre entre 1919 et 1935.

c. Le district sous souveraineté européenne

Ce troisième type de district est le plus fédéraliste de tous. Il s'agirait de placer directement sous souveraineté européenne une partie du territoire d'un État de la Communauté par un transfert de souveraineté de l'État concédant à la Communauté européenne. La Communauté détiendrait ainsi la souveraineté territoriale et exercerait sur cet espace l'ensemble des droits souverains qui y sont attachés. Le statut de ce type de district européen serait très proche de celui d'un district fédéral comme celui de Columbia aux États-Unis d'Amérique.

3. Les implications d'une internationalisation ou d'une européisation de Bruxelles

La présentation des différentes hypothèses d'internationalisation nous a déjà permis de nous faire une première idée des conséquences que la mise en œuvre d'un projet d'internationalisation de ville ou de territoire est susceptible d'entraîner, notamment sur le plan des droits souverains de l'État. L'objet de cette partie visera à approfondir l'examen des problèmes politiques et juridiques qui peuvent se présenter tant sous un angle général qu'au regard des traits plus spécifiques à la région de Bruxelles-Capitale.

1. Les problèmes soulevés par toute forme d'internationalisation

Quel que soit le type d'internationalisation, le changement et l'institution d'un nouveau statut supposent que l'on résolve toute une série de questions assez générales et étrangères aux contingences propres au régime juridique actuel applicable à Bruxelles.

1. La mise en place et le fondement juridique du statut

L'une des premières impressions données par l'analyse des différentes situations d'internationalisation de villes ou de régions est leur caractère artificiel. Le régime international ne serait pas le mode normal d'administration des collectivités, ce rôle étant en fait laissé aux seuls États. En réalité, le côté artificiel provient sans doute de deux aspects sous-jacents à l'internationalisation de territoires. D'une part, on peut comparer ces régimes à une greffe sur le tissu social d'un ordre politique nouveau. Ce statut international ne reposerait sur aucune réalité politique ou sociologique antérieure. D'autre part, l'instauration d'un régime d'internationalisation territoriale est rarement fondée sur un acte de volonté des populations concernées.

Dans le cas de Bruxelles, si une forme d'européisation devait avoir lieu, elle reposerait au moins sur une certaine réalité sociologique et juridique puisque la ville a acquis le statut juridique de région. Par contre, il n'existait rien de tel à Memel, Mostar, Trieste ou dans le cas de la Sarre de 1920. A l'opposé, dans celui de Tanger, de Dantzig ou du projet de statut européen pour la Sarre, on peut retrouver une origine, un fondement à la mise en place du statut international.

Quant à un acte de volonté des populations en faveur du régime international, la pratique montre qu'en général, ces dernières sont en fait fort peu consultées. A vrai dire, la solution de l'internationalisation est décidée à l'échelon des États — par traités — ou des organisations internationales — par une résolution. Les populations concernées ne réclament jamais elles-mêmes un tel statut.

La décision est parfois purement internationale. Lorsque plusieurs États sont à l'origine de la décision d'internationalisation, en règle générale, l'État concédant — celui dont dépendait l'entité internationalisée — est partie prenante à la convention internationale définissant le statut. L'Allemagne est signataire du Traité de Versailles (Dantzig et la Sarre), l'Italie, du traité de paix de 1947 (Trieste), le Maroc, du traité de Paris de 1923 (Tanger). Mais il est vrai que dans ces différents exemples, il s'agissait plus d'un *contrat d'adhésion* que d'un statut librement négocié. La décision peut aussi émaner d'une organisation internationale comme dans le cas de Jérusalem, où c'est l'assemblée générale des Nations unies qui recommanda le partage en vertu de la résolution 181 (II). Si les parties prenantes en Palestine avaient accepté le plan de partage, la résolution 181 (II) aurait pu devenir la base d'un véritable accord international.

Dans deux cas seulement, l'internationalisation a fait l'objet d'une consultation. Dans celui de la Sarre après 1919, le statut international était provisoire et la population a pu, grâce à un référendum en 1935, mettre fin au régime d'internationalisation qui lui avait d'abord été imposé [32]. Après la guerre, la Sarre fut à nouveau détachée de l'Allemagne pour être constituée réellement comme un État indépendant étroitement lié à la France sur le plan des relations économiques. L'européisation dans le cadre de l'UEO, solution de compromis entre les deux États, fit l'objet du traité franco-allemand d'octobre 1954 dont l'article 1er prévoyait également la tenue d'un référendum [33]. Cette fois, les populations consultées ont pu rejeter le projet avant toute mise en application [34].

Aucune directive particulière ne se dégage de la pratique. Mais l'évolution du droit international est plutôt favorable à l'émergence d'une obligation de consultation [35]. Enfin, politiquement il semble aujourd'hui invraisemblable qu'on puisse modifier aussi radicalement et définitivement les structures d'un territoire sans consultation des habitants, sauf dans les situations de crise ou de bouleversement politiques profonds où, en général, on se passe de l'avis des populations. L'exemple de Mostar est là pour nous rappeler que l'internationalisation est le plus souvent décidée d'« en haut ».

Enfin, la mise en place du statut implique également qu'on règle la question de l'assise territoriale du territoire internationalisé.

L'internationalisation des villes suppose en règle générale l'extension de ce régime à la banlieue. La superficie peut varier de 350 kilomètres carrés à 2 400 kilomètres carrés et représente donc un territoire non négligeable quant à la gestion des espaces urbains et ruraux qu'il représente. La mise en place d'un district européen suppose qu'on définisse précisément l'assise territoriale du district, peu importe la solution choisie : transfert de la souveraineté ou simple exercice de droits souverains sur ledit territoire.

D'une part, il devra être procédé à une délimitation précise de l'entité internationalisée, voire, à une démarcation sur le terrain [36]. Ceci ne pose en principe aucun problème très important. D'autre part, sur le plan de l'assise territoriale, l'étendue de celle-ci devra être définie. Dans le cas de Bruxelles, il pourrait s'agir d'un enjeu substantiel.

Si, *a priori* la solution la plus logique et la plus facile est de faire coïncider les limites d'un tel district avec le territoire de la Région, la question de l'étendue du district européen mérite cependant d'être posée. En effet, en fonction du type de district à créer, les limites de ce territoire pourraient varier.

Prenons la première hypothèse de district européen, celle basée sur un type particulier d'accord de siège. Si l'on prend en compte les accords de siège classiques, la création d'un district administratif au profit de l'organisation est en général spatialement assez limitée. Appliqué à Bruxelles, cela signifie que seule une partie de la région de Bruxelles serait soumise à un tel régime, à savoir plus que probablement une zone gravitant autour du quartier Schuman.

Au contraire, on pourrait étendre à tout Bruxelles les limites du territoire du district, si l'internationalisation fonctionnelle du territoire était plus poussée. Il s'agirait d'une approche extensive de la notion de district administratif telle qu'elle ressort habituellement des accords de siège. Soit le district européen coïncide avec les limites actuelles de la Région de Bruxelles-Capitale, soit elles sortent du cadre de la Région et englobent de ce fait les communes de la périphérie bruxelloise, en se justifiant, le cas échéant, en fonction des intérêts des fonctionnaires européens qui y habitent, des facilités de développement économique de la ville, des accès aux moyens de transport (Zaventem), etc. [37].

Deuxième hypothèse de statut : création d'un district européen où la Communauté jouirait de l'exercice des pouvoirs souverains à l'égard du territoire. L'étendue du district européen peut être plus petite que la Région, ou au contraire, s'identifier avec ses limites. S'agissant de l'exercice de l'ensemble ou de la majeure partie des compétences étatiques, et non plus seulement de certains droits souverains, il serait en effet difficilement imaginable d'étendre un tel régime à des parties du territoire appartenant aux deux autres régions, et ceci dans les deux grandes hypothèses, maintien de l'État belge ou scission.

Troisième hypothèse : la création d'un territoire placé sous la souveraineté de la Communauté. Dans le cas où une telle solution serait choisie, il semble préférable de ne pas circonscrire le district à une étendue trop limitée. Deux arguments plaident en faveur de cette solution. Premièrement, à partir du moment où la Communauté acquiert la pleine souveraineté sur un territoire donné, il faut que celui-ci ait des proportions telles qu'il rende l'existence de cette entité viable. Un espace suffisant au développement de la ville paraît indispensable. De plus, si on limite l'étendue d'un tel district à un simple quartier urbain, il suffit que la Communauté en ait la propriété et il ne serait pas nécessaire de recourir à la solution politiquement et juridiquement plus délicate du transfert de souveraineté. Deuxièmement, il y a une raison plus politique. L'européisation d'un quartier de Bruxelles ne correspondrait pas à l'image que doit représenter un tel district européen sur le plan de la symbolique politique. On peut donc imaginer que les limites du district européen recouperaient donc celles de la Région.

2. *Les modalités de l'internationalisation*

Les acteurs politiques de l'internationalisation disposent d'une marge de manœuvre importante. Autrement dit, le type de statut international sera plutôt la résultante d'un choix politique, né des contraintes internationales et régionales, que de considérations juridiques théoriques.

A *priori,* les tâches auxquelles est confrontée l'autorité internationale chargée de l'« administration internationale » sont énormes. En se substituant à un pouvoir étatique, c'est l'ensemble des pouvoirs et des fonctions de l'État qui doivent être assumés par l'autorité internationale. On se rend bien compte devant l'ampleur de telles attributions qu'une délégation de pouvoirs aux autorités locales s'avère vite nécessaire. Cela concerne directement le mode de gouvernement et les fonctions de l'autorité internationale. Mais d'autres questions doivent aussi être prises en compte : sort des populations (nationalité, protection des droits de l'homme, représentation) et régime applicable au territoire (démilitarisation et neutralisation, régime économique).

— *Garantie du statut ou administration du territoire ?* Il existe deux pôles aux statuts internationaux des villes ou des régions. Soit l'internationalisation se limite à fournir une garantie ou à offrir la protection de l'instance internationale, soit elle a pour but d'administrer directement le territoire. Les deux catégories ne sont pas parfaitement étanches. D'une part, on constate que l'organe international investi de fonctions de protection possède également certains pouvoirs de gestion, aussi limités soient-ils. D'autre part, on observe que l'autorité internationale administrante a aussi pour tâche d'assurer le maintien du statut et cumule par conséquent les fonctions d'administration et de garantie.

— *Mode de gouvernement.* Sauf si l'autorité internationale exerce des compétences purement fonctionnelles, il sera nécessaire de prévoir l'ordonnancement des structures politiques nouvelles d'un tel district européen : à savoir régler les questions de répartition de compétences entre l'autorité internationale et la représentation municipale, et déterminer dans quelle mesure il serait nécessaire de modifier le mode de gouvernement existant.

Lorsque l'autorité internationale exerce des compétences sur un territoire qui ne lui appartient pas en propre, on assiste en général à un partage des pouvoirs d'administration avec les institutions locales. Par contre, lorsque la souveraineté sur le territoire dépend directement de l'autorité internationale, on constate que celle-ci exerce son pouvoir sans réel partage avec les institutions représentatives du territoire (Memel, Jérusalem) ; il y a au contraire concentration des pouvoirs. Mais tout est une question d'espèce. Le statut international de Mostar montre que celui-ci est directement inspiré de l'évolution du droit public et communautaire. Ainsi, les pouvoirs de l'administrateur sont explicitement soumis au principe de subsidiarité [38]. Enfin, question étroitement liée, il faut également déterminer le droit applicable dans le territoire internationalisé et le sort à réserver au système juridique antérieur.

2. *Les contraintes spécifiques à Bruxelles*

La transformation hypothétique de Bruxelles en district européen suppose que l'on surmonte une série de contraintes propres au statut actuel de Bruxelles. L'idée de faire de Bruxelles un district européen tient précisément à la place que la ville-région possède déjà dans l'architecture politique belge et européenne. Mais, paradoxalement, cette situation actuelle pourrait apparaître sur certains points comme un obstacle à la constitution d'un district européen.

1. Les contraintes belges

Le rôle de Bruxelles comme capitale de l'État fédéral et des institutions fédérées est, selon les scénarios, susceptible d'apparaître comme une contrainte importante.

Dans le cas de l'indépendance pure et simple des trois entités fédérales, l'accession à la souveraineté aurait pour effet de remettre complètement en cause les anciennes structures fédérées et les questions sont donc élucidées d'elles-mêmes. Le problème ne pourrait à vrai dire se poser que dans l'hypothèse d'un scénario de confédération d'États où Bruxelles conserverait son rôle de région-capitale, ou dans l'hypothèse où l'État fédéral se maintiendrait au prix d'une réforme du fédéralisme avec un gel de la situation de Bruxelles et la transformation de la Région en district européen.

Dans ces deux situations, l'on peut se demander si le cumul d'une situation de district européen avec celui de capitale peut être conciliable. Cela ne pourrait être le cas que dans l'hypothèse d'une internationalisation fonctionnelle où la Communauté exercerait seulement des compétences spécifiques. L'exercice de certaines compétences par les Communautés européennes pourrait entraîner des frictions entre la politique communautaire et celle de l'État belge (ou d'une confédération), en cas de divergences d'intérêts en matière d'aménagement de la ville ou concernant les activités qui s'y exercent et le statut des personnes. Mais quelques-uns de ces problèmes existent déjà dans une certaine mesure à l'heure actuelle et parviennent à être gérés.

2. Les contraintes internationales

Bruxelles est à la fois l'un des sièges des institutions européennes et celui d'autres organisations internationales.

a. Le rôle de Bruxelles comme siège de certaines institutions européennes

Si l'on examine les traités européens, à première vue rien ne s'oppose à la création d'un district européen. Les rédacteurs des traités, CECA, CEE, Euratom n'ont pas prévu une telle possibilité. Par la suite, le traité de fusion de 1965, l'Acte unique et le traité de Maastricht n'ont guère envisagé une telle option. Mais, à l'inverse, aucune disposition ne s'y oppose. L'interprétation des textes communautaires qui semble donc s'imposer penche en faveur de la licéité de la création d'un district européen, à l'initiative des États membres, en vertu du principe général de droit international suivant lequel « tout ce qui n'est pas interdit est permis ». L'idée de constituer un tel district a d'ailleurs, comme nous l'avons vu, été défendue entre 1958 et 1960 à l'Assemblée parlementaire européenne en séance plénière et en commission politique, de même qu'elle a été évoquée en Conseil des ministres, pour être, en définitive, laissée de côté.

Est-ce à dire que la création d'un tel district ne soulève aucun problème ? Nous ne le pensons pas. En effet, la création d'un territoire européen ne sera pas sans incidence sur la question du siège des institutions, ni sans un impact sur d'autres aspects du droit des Communautés.

— *La question du siège des institutions*. Le concept de district européen ayant seulement été développé dans le cadre de la problématique de la fixation du siège des institutions européennes, il serait illusoire de s'imaginer pouvoir séparer les deux questions dans le cas où l'on tenterait de mettre sur pied un tel projet. Autrement dit, la formation d'un district européen risque d'entraîner une nouvelle discussion quant au siège des institutions et de rencontrer, notamment pour ces raisons, des oppositions tenaces.

Après des années d'atermoiements, les représentants des gouvernements des États membres se mirent finalement d'accord sur la fixation des sièges des institutions de la Communauté lors du Sommet d'Edimbourg en 1992 en exécution des articles 216 CEE et 77 CECA et en consacrant le *statu quo* de la pluralité des sièges [39]. Serait-il possible de le remettre en question en formant un district européen qui inévitablement apparaîtrait comme un projet d'unicité du siège? Cela semble difficile. Les États ont le plus souvent prôné le *statu quo* [40], craignant par-dessus tout de perdre les acquis. Si l'on regarde notamment l'attitude antérieure de la France, on constate qu'elle n'a jamais véritablement réclamé le déplacement des institutions communautaires à Strasbourg. Par contre, il a toujours été hors de question de lâcher la capitale alsacienne comme lieu d'accueil du Parlement européen [41].

La création d'un district européen risque par conséquent d'être difficile à plaider sur le plan communautaire, étant donné les réticences de certains États membres. Celles-ci pourraient se manifester au Conseil pour ce qui concerne l'aspect siège des institutions ou au sein des autres organes communautaires compétents sur base de l'article 236 du traité CEE en cas de modification de son acte constitutif.

— *L'impact sur le droit des Communautés.* En somme, plus l'internationalisation territoriale sera poussée, plus cela impliquera un aménagement du droit communautaire. Si c'est la solution du district européen résultant d'une forme d'extension de l'accord de siège qui est choisie, il faudra sans doute amender le protocole sur les privilèges et immunités. Éventuellement, des organes communautaires devront être créés aux fins d'exercer certaines compétences spécifiques dans le district. Il faudra donc, au minimum, faire œuvre législative sur le plan communautaire. Si l'on choisit une européisation de type territorial — souveraineté européenne ou simple exercice de droits souverains — les tâches d'administration qui incomberont à la Communauté devront forcément faire l'objet d'un aménagement du droit communautaire ou de l'Union : création d'organes *ad hoc*, mise en place de procédures, adoption de règles de droit matériel. Le cas échéant, les traités constitutifs de la CE devront être amendés pour habiliter la Communauté à exercer ces nouvelles compétences [42]. Par exemple, sera-t-il nécessaire de prévoir un droit spécial de représentation des habitants du district au sein des institutions communautaires (Parlement, Conseil, Commission). Le statut des fonctionnaires, des habitants du territoire, ainsi que les rapports entre le district et les États membres des Communautés devront être précisés.

b. Le rôle de Bruxelles comme siège d'autres organisations internationales

La présence du siège d'autres organisations internationales à caractère politique dans le district européen (OTAN, UEO) ne manquerait pas de susciter certains problèmes politiques et juridiques. Politiquement, la localisation du siège de l'OTAN et de l'UEO dans le district européen donnerait le sentiment de l'absorption de ces institutions par la Communauté. Juridiquement, les rapport qu'entretiennent actuellement ces deux organisations avec l'État belge devraient être revus en fonction du nouveau statut qui serait donné à Bruxelles. Tout dépend bien sûr des hypothèses de travail que l'on prend en considération (indépendance des entités fédérées, confédération). Mais, dans le cas où l'on créerait à Bruxelles un district sous souveraineté de la Communauté européenne, on se trouverait alors dans la situation inédite où une organisation internationale en accueillerait une autre sur son territoire par le biais d'un accord de siège ou d'un accord de siège parallèle à celui-ci, existant avec le souverain territorial. Mais il est aussi parfaitement possible que ces organisations cherchent à déplacer leur siège.

4. Conclusions

Le devenir de Bruxelles comme district européen n'était pas simplement une hypothèse d'école, mais plutôt une interrogation sur un projet politique jusqu'à présent vaguement formulé en guise de réponse à un scénario catastrophe. L'analyse sommaire de la signification et des implications d'un tel projet ne donne guère une image radieuse de la notion de district — malgré les idées alléchantes de paradis fiscal parfois évoquées — et ne permet pas vraiment d'augurer un engouement pour le concept, sauf à basculer dans une situation aussi sombre que celle qu'a connue la malheureuse Sarajevo.

Dans l'état actuel des choses, on a pu montrer l'importance des problèmes que susciterait l'exécution d'un projet de district européen à Bruxelles et l'incidence qu'un tel statut aurait inévitablement à l'égard des structures actuelles qui donnent corps à la Région de Bruxelles-Capitale. De surcroît, ce qui apparaît essentiel, c'est bien évidemment le sort des populations qui sont les premières concernées et dont l'opinion devrait dicter en premier lieu la politique en ce domaine. Enfin, faut-il imaginer un statut de district européen pour Bruxelles, alors que les solutions d'internationalisation se sont toujours montrées sources de nouveaux conflits et que le statut international a toujours fini par être supprimé ?

Notes

[1] Pour le fondement du statut, voyez l'article VI de l'Acte du Congrès de Vienne de 1815, 9 juin 1815, *Consolidated Treaty Series*, 1815, vol. 64, p. 458 et le traité additionnel relatif à Cracovie entre l'Autriche, la Prusse et la Russie, 21 avril-3 mai 1815, *Consolidated Treaty Series*, 1815, vol. 64, pp. 159-169. Pour un commentaire, voyez E. ENGELHARDT, « Considérations historiques et juridiques sur les protectorats. La République de Cracovie », dans *Revue de droit international et de législation comparée*, t. XXVIII, 1895, pp. 464-466.

[2] Voyez le § 3 de la décision signée par les protagonistes, *International Legal Materials*, vol. 33, 1994, p. 743 et l'article 10 des arrangements transitoires de la Constitution de la Fédération, *ibid.*, p. 779.

[3] Le document a été signé par de nombreuses parties intéressées, dont l'UE, l'UEO, la République de Bosnie-Herzégovine, et la Fédération bosno-serbe. Un document de l'Administrateur du 5 juillet 1995 précise la stratégie de l'AMUE.

[4] Parmi les autres objectifs, on citera : créer d'un climat favorable à la réconciliation des parties, permettre la tenue d'élections libres, remettre sur pied les services publics, assurer la protection des droits de l'homme, maintenir l'ordre public ; etc. Article 2 du Mémorandum d'entente sur l'administration de Mostar par l'Union européenne, en date du 5 juillet 1994.

[5] Article 2 du Mémorandum d'entente. Voy. aussi l'article 3 quant à la structure des différents départements de l'administration internationale.

[6] Louis DELBEZ, « Le concept d'internationalisation », dans *Revue générale de droit international public*, t. LXXI, 1967, p. 30.

[7] Voir le texte de la résolution 181 (II) de l'assemblée générale du 29 novembre 1947.

[8] Louis DELBEZ, *op. cit.*, pp. 33-34.

[9] L'article 1 de cette Constitution adoptée par le peuple dantzikois et ayant reçu l'agrément de la SDN dispose : « La ville de Dantzig et le territoire qui en dépend forment un État libre sous le nom de Ville libre de Dantzig », texte reproduit dans *Revue de droit international*, t. XXIV, 1939, p. 349. Trieste constitue un autre exemple. L'analyse du Statut de Trieste fait ressortir un large pouvoir des institutions locales. Le territoire de la ville libre de Trieste n'était soumis ni à la souveraineté italienne, ni à celle des Nations unies et possédait plutôt toute les caractéristiques d'un sujet de droit international souverain. La garantie du statut particulier de Trieste par le Conseil de sécurité des Nations unies n'étant pas un obstacle à l'indépendance du territoire libre (voyez l'article 21, al. 2 du « Traité de paix avec l'Italie », Paris, 10 février 1947, *Recueil des Traités des Nations unies*, vol. 49, p. 16).

[10] Cette situation a parfois été qualifiée en doctrine de *coimperium* : « Quand le même pouvoir collectif s'exerce sur un territoire resté sous la souveraineté territoriale d'un Etat étranger, il n'y a plus condominium, mais coimperium. Seule la souveraineté sur les personnes (imperium) est alors mise en commun, la propriété du sol ou souveraineté territoriale (dominium) ne l'est pas » (Louis DELBEZ, *op. cit.*, pp. 30-31).

[11] « Convention relative à l'organisation du statut de la Zone de Tanger », *Recueil des Traités de la Société des Nations*, vol. XXVIII, n° 729, 1924, p. 550. L'article 16 prévoit une forme d'usufruit du domaine privé et public de l'Etat chérifien au profit de la Zone, mais précise : « Cette remise prend fin à l'expiration de la présente Convention et le domaine remis à la Zone fait retour à l'Etat chérifien ».

[12] Voyez les articles 5 et 25 de la Convention relative à l'organisation du statut de la Zone de Tanger, *op. cit.*, p. 546.

[13] Les dispositions du Traité de Versailles se rapportant à la Sarre avaient pour objectif, d'une part, d'attribuer à la France la propriété entière et absolue, avec droit exclusif d'exploitation des mines de charbon du bassin de la Sarre en compensation des dommages de guerre (article 45) et, d'autre part, de mettre en place un régime provisoire d'administration international en attendant une décision définitive sur son statut tenant compte des vœux de la population. La Sarre ne fut pas pour autant détachée de l'Allemagne. Elle resta sous souveraineté allemande en vertu de l'article 49 du Traité de Versailles. La Commission représentant la SDN dans la région était seulement titulaire des « pouvoirs de gouvernement appartenant antérieurement à l'Empire allemand », Annexe au traité de Versailles, chapitre II, § 16 et 19. Voy. Charles ROUSSEAU, *Droit international public*, t. II, Paris, LGDJ, 1974, pp. 416-415.

[14] Louis DELBEZ, *op. cit.*, p. 6.

[15] « Convention relative à l'établissement et à l'exploitation d'un phare au cap Spartel », 31 mai 1865, Autriche-Hongrie, Belgique, France, Grande-Bretagne, Italie, Pays-Bas, Portugal, Espagne, Suède, Etats-Unis, Maroc, CTS, vol. 131, pp. 203-207.

[16] En 1958, à la suite de l'indépendance du Maroc, le régime international prit fin. « Convention du 31 mars 1958 », *Recueil des Traités des Nations unies*, vol. 320, p. 103.

[17] « Règlement pour la libre navigation des rivières. Articles concernant la navigation du Rhin », CTS, vol. 64, pp. 13-26.

[18] On préférera le terme « européisation » à celui d'« européanisation » qui consiste à européaniser et sous-tend une action culturelle plutôt que politique et juridique.

[19] Le Conseil de l'Europe a été amené à traiter de la question sarroise à partir de 1952, date à laquelle l'Allemagne a saisi l'Assemblée. En 1953, à la suite de la recommandation n° 57 proposant une solution européenne pour le territoire, la commission des affaires générales de l'Assemblée consultative a élaboré un projet de statut européen pour la Sarre. Ce projet fut repris par la France et la RFA dans les accords de Paris, traité bilatéral en date du 23 octobre 1954 (voy. VAN DER GOES VAN NATERS, « L'histoire de la Sarre en documents », *Annuaire européen*, vol. II, 1956, pp. 139-150 et textes, *ibid*, pp. 430-441). Pour un commentaire : Marcel MERLE, « L'accord franco-allemand du 23 octobre 1954 sur le statut de la Sarre », AFDI, 1955, pp. 128-133.

[20] Communication de M. van der Goes van Naters, rapporteur de la Commission des affaires générales, Conseil de l'Europe, Assemblée consultative, *Compte rendu des débats*, sixième session, t. II, 25 mai 1954, 8ᵉ séance, pp. 176-178.

[21] Résolution du 21 juin 1958, Assemblée parlementaire européenne, *JO Débats*, octobre 1958, n° 3, séance du 21 juin 1958, pp. 97-98.

[22] JOCE 1959, n° 36, 8 juin 1959, p. 678 et JOCE, 1960, n° 5, 4 février 1960, p. 122.

[23] J. L. Dewost, « Commentaire de l'article 216 du traité CEE », in Jacques Megret (éd.), *Le droit de la Communauté économique européenne*, vol. 15, Dispositions générales et finales, Bruxelles, Editions de l'Université, 1987, p. 267.

[24] Rapport de M. Kopf, « Assemblée parlementaire européenne (APE) », *Documents,* 1959, n° 66.

[25] J. L. Dewost, *op. cit.*, p. 267, note 2.

[26] « Pratique française de droit international public », AFDI ,1971, p. 1051 et Pratique belge et intégration européenne, RBDI, 1973-2, pp. 568 et 570.

[27] « Pratique française de droit international public », AFDI, 1989, p. 892. « Question de M. Koehl au Ministre des AE », JOAN, Q., 27 février 1989, pp. 957-958.

[28] Notamment par le ministre-président de la Région de Bruxelles-Capitale, M. Charles Picqué et par M. H. Hasquin, qui fait référence à la notion de « territoire européen » (*Le Soir*, mercredi 23 septembre 1992, p. 19).

[29] Voy. Rapport de M. Kopf , *op. cit.*, *Documents*, n° 66, pp. 2 et 3.

[30] Voy. en ce sens l'article 105 de la Charte des Nations unies. L'alinéa 1er précise : « L'Organisation jouit, sur le territoire de chacun de ses membres, des privilèges et immunités qui lui sont nécessaires pour atteindre ses buts ». La section 27 de l'accord de siège entre les Etats-Unis et l'ONU dispose quant à elle : « Le présent accord sera interprété à la lumière de son but fondamental, qui est de permettre à l'Organisation des Nations unies de pleinement et efficacement exercer ses fonctions et d'atteindre ses buts au siège de son activité aux Etats-Unis d'Amérique », RTNU, vol. 11, p. 35.

[31] Lorsque le gouvernement des Etats-Unis d'Amérique négocia l'accord de siège avec l'ONU en 1947, il insista particulièrement pour limiter les pouvoirs de l'Organisation selon une interprétation restrictive des buts des Nations unies. *Rapport du secrétaire général des Nations unies et du comité de négociation*, AGNU, Doc. off., 3e session, sixième commission, A/67 et A/67/ Add. 1, p. 412.

[32] L'internationalisation fut décrétée à titre provisoire pour une période de quinze ans. Au terme de cette période, la décision relative au changement éventuel de ce régime fut soumise à un référendum conformément à l'annexe du Traité de Versailles qui prévoit ainsi à son parag. 34 : « A l'expiration d'un délai de quinze ans, à compter de la mise en vigueur du présent Traité, la population du territoire du bassin de la Sarre sera appelée à faire connaître sa volonté comme suit : un vote aura lieu par commune ou par district et portera sur les trois alternatives suivantes : a) maintien du régime établi par le présent traité et par la présente annexe ; b) union à la France ; c) union à l'Allemagne ». Ch. Rousseau, *Droit international public, op. cit*, p. 418 et t. III, p. 354.

[33] Texte dans Colliard et Manin (éd.), *Droit international et histoire diplomatique*, t. II, Paris, Montchrestien, 1970, p. 544.

[34] Les élections de 1955 sur le statut de la Sarre aboutirent à un rejet du projet d'européisation. La RFA et la France durent alors entamer de nouvelles négociations qui débouchèrent sur l'intégration de la Sarre à l'Allemagne.

[35] Toute une série d'opérations de transfert de territoires n'ont été opérées qu'à la suite d'un plébiscite. Le droit à l'autodétermination est bien sûr réservé aux peuples et non aux habitants d'une ville. Cependant, l'évolution du droit international, qui tend progressivement à reconnaître un droit à des élections libres ou une obligation de consultation des populations en cas de projet ayant une incidence sur l'environnement, démontre que les Etats ont de moins en moins la liberté de faire fi de l'opinion de leurs administrés, ne fût-ce également qu'en fonction du concept nouveau de *good governance*.

[36] Exemple : voyez pour la Sarre, l'article 48 du Traité de Versailles et le rapport de la Commission qui fut déposé au Conseil de la SDN le 21 janvier 1922, *Journal officiel de la SDN*, avril 1922, p. 319.

[37] L'analogie avec le statut des capitales fédérales est à cet égard intéressante. Le régime qui s'applique à la ville d'Ottawa, capitale fédérale de l'Etat canadien, est un bon exemple de district fédéral où l'on fait primer l'approche fonctionnelle sur la conception territoriale. En effet, le système fédéral canadien n'a pas prévu la création d'une enclave fédérale au sein d'un Etat fédéré, à l'instar du district de Columbia aux Etats-Unis. En lieu et place, on a institué une Commission de la capitale fédérale, dont les compétences se limitent *ratione materiae* aux villes d'Ottawa (en Ontario) et de Hull (au Québec) et qui a pour attribution « de développer l'aspect et le rôle de la capitale en collaboration avec les divers paliers administratifs municipaux, régionaux et provinciaux existants » (Voyez J. Poirier, « Bruxelles-Capitale fédérale au regard du droit comparé », dans *Fédéralisme*, 1991, n° 4, p. 291). L'Etat fédéral n'exerce donc qu'une partie

restreinte des compétences municipales, mais les pouvoirs limités qui lui sont conférés s'exercent par contre sur le territoire de deux provinces différentes.

[38] Article 7 du *Mémorandum d'entente sur l'administration de Mostar par l'Union européenne*, en date du 5 juillet 1994.

[39] Décision du 12 décembre 1992, Sommet d'Edimbourg, « Conclusions de la présidence », annexe 6 à la partie A, et JOCE, C.341, 23 décembre 1992.

[40] Voy. : déclaration du Premier ministre W. Martens, 20 février 1980, RBDI, 1983-2, p. 847. Voy. pour la France, les propos du ministre des Affaires étrangères, pratique française du droit international, AFDI, 1976, p. 952., AFDI, 1978, p. 1098. Voy. pour le Luxembourg : déclaration de Jacques Poos, ministre des Affaires étrangères, *Le Monde*, mercredi 9 décembre 1992.

[41] Voy. : déclaration du ministre des Relations extérieures français, pratique française du droit international, AFDI, 1984, p. 955, l'aide-mémoire du gouvernement français (mai-juin 1987), *ibid.*, AFDI, 1987, p. 930, réponse du ministre des Affaires étrangères, *ibid.*, 1988, p. 903 et 1990, p. 991.

[42] En ce sens, voy. C. Wilfred JENKS, *The Headquarters of International Institutions. A Study of their Location and Status*, London, The Royal Institute of International Affairs, 1945, pp. 76 et 81. L'administration européenne de Mostar est sensiblement différente de celle qui prévaudrait pour un district européen. L'administration européenne à Mostar est avant tout une opération de rétablissement de la paix sur un plan municipal et s'inscrit à ce titre dans le cadre de la politique extérieure de l'Union.

Le devenir du Sénat,
Chambre des États factice

Jérôme Sohier
Avocat au Barreau de Bruxelles
Maître de conférences à l'Université libre de Bruxelles

La réforme du Sénat devait constituer le point d'orgue des accords de la Saint-Michel qui ont donné lieu à la révision constitutionnelle de 1993. Le défi auquel le constituant se voyait confronté était double.

D'une part, mettre fin au système bicaméral indifférencié qui existait jusque-là, où les deux Chambres se présentaient, tant du point de vue de leur composition que de leurs attributions, de manière pratiquement identique, avec tous les inconvénients qui en résultaient (doubles emplois stériles, paralysie législative et budgétaire, incohérences dans le cadre d'un État en voie de fédéralisation).

D'autre part, transformer le Sénat en une « chambre des États » sur le modèle des États fédéraux.

1. Comment se présente la composition du nouveau Sénat ?

Suivant les articles 67 et 72 de la Constitution coordonnée, le Sénat compte, comme auparavant, quatre catégories différentes de sénateurs :

1° *les sénateurs élus directement par la population,* regroupés, comme pour les élections européennes, en deux collèges électoraux français et néerlandais. Ils seront au nombre de quarante, dont vingt-cinq élus par le collège électoral néerlandais et quinze par le collège électoral français, tous élus en leur sein ;

2° *les sénateurs élus par les Conseils de communautés,* au nombre de vingt et un, dont dix élus par le Conseil flamand, dix par le Conseil de la Communauté française et un par le Conseil de la Communauté germanophone ;

3° *les sénateurs cooptés,* désignés par les deux premières catégories de sénateurs, au nombre de dix, dont six élus par les trente-cinq membres appartenant au groupe linguistique néerlandais et quatre par les vingt-cinq membres appartenant au groupe linguistique français ;

4° *les sénateurs de droit,* qui restent, comme avant, les successeurs au trône.

La présence d'élus bruxellois est assurée par l'obligation imposée au groupe linguistique néerlandais de compter au moins un sénateur domicilié, *le jour de son élection,* dans la région de Bruxelles-capitale et au groupe linguistique français d'en compter au moins six.

2. Quelles critiques peuvent être portées à l'encontre de cette composition du Sénat ?

1. La réforme a conservé les quatre catégories de sénateurs antérieures, regroupant tout à la fois des élus directs, des élus indirects (les sénateurs communautaires se substituant en l'occurrence aux ex-sénateurs provinciaux), des cooptés et des membres de droit qui s'y retrouvent par le jeu de l'hérédité.

Ce compromis aboutit à un Sénat *mi-national, mi-communautaire,* au caractère pour le moins hétéroclite. Tiraillé entre les solutions de l'élection directe et de l'élection indirecte par les Conseils communautaires ou régionaux, entre le schéma du Sénat paritaire et la logique de la représentation proportionnelle, le constituant a finalement choisi de ne pas choisir, ce qui est sans doute regrettable pour la transparence de nos institutions politiques.

2. Les sénateurs communautaires sont élus par les Conseils en leur sein, tout en continuant à siéger simultanément dans leur assemblée communautaire (et régionale), ce qui offre l'avantage de maintenir un lien organique entre le représentant et le conseil qui l'a élu, mais perpétue, au moins partiellement, le système tant décrié du double mandat. Le constat sera cependant moins négatif qu'aujourd'hui, du fait de la réduction des compétences du Sénat.

D'autre part, l'élection indirecte par les Conseils de communauté leur échappe sur un plan non négligeable, en ce sens que la représentation proportionnelle des groupes politiques se fait, non pas sur la base de leur représentation au sein des Conseils, mais bien sur le chiffre électoral obtenu par les sénateurs élus directs. Avec pour conséquence que les conseils ne disposent pas du libre choix de leurs représentants au Sénat, ce qui est, à l'évidence, tout à fait contraire au principe de participation des entités fédérées.

3. La présence des sénateurs de droit, censés représenter par hypothèse la nation dans son ensemble, est incompréhensible dans une chambre des États. Si l'on souhaitait à tout prix maintenir l'idée originelle de préparer ainsi les successeurs au trône à l'exercice de leurs futures charges de chef d'État, il aurait fallu en toute logique, les déplacer à la Chambre, devenue l'Assemblée nationale, et en faire des « députés de droit ».

4. Les critiques essentielles portent, plus fondamentalement, sur le mode de répartition des sièges entre les entités fédérées et sur le caractère plus ou

moins fédéral de la seconde chambre, sachant que l'objectif principal était de transformer le Sénat en une chambre des États sur le modèle fédéral.

Les principes d'égalité et de participation inhérents au fédéralisme exigent que chacune des entités fédérées, quelle que soit son importance, puisse participer, en tant que telle, à une constitution de la seconde chambre et y faire entendre sa voix. La composition du Sénat belge se caractérise, à cet égard, par une *logique essentiellement proportionnelle,* particulièrement pour la région de Bruxelles-capitale et pour la communauté germanophone, soit précisément les plus petites entités fédérées dont les intérêts auraient dû trouver une protection renforcée au sein du nouveau Sénat si celui-ci avait été conçu comme une réelle Chambre fédérale. A défaut de surreprésentation de ces entités, le Sénat ne pourra pas prétendre à ce rôle.

D'autre part, les mécanismes de protection des entités, issus de la première réforme de l'État en 1970 (à savoir, la division des parlementaires en deux groupes linguistiques, la « sonnette d'alarme » et la formule des majorités spéciales) restent intouchés, de telle manière que les vices affectant la représentation des différentes entités se retrouvent dans les règles de délibération de l'assemblée. Seule la minorité francophone se trouve protégée, comme telle, par le biais des majorités spéciales, desquelles les élus bruxellois et l'unique sénateur germanophone sont, de par leur taille, exclus.

3. Le Sénat, produit d'un fédéralisme bipolaire promu par défaut ?

Le Sénat rénové est un être institutionnel hybride et composite, sans doute à l'image du pays et du système fédéral dont il constitue l'expression symbolique. Il consacre l'existence d'entités plus fortes et plus autonomes, que sont la Communauté flamande et la Région wallonne ; il traduit la réalité d'une logique' bipolaire tempérée par l'existence d'autres acteurs institutionnels – la Communauté germanophone et la Région de Bruxelles-capitale – que les deux grands ont accepté de reconnaître, mais sans vouloir les protéger ; il révèle, enfin, qu'au sein de leurs communautés respectives, les Bruxellois – et plus encore les Bruxellois flamands – sont systématiquement en position de minorité.

Le fédéralisme belge est, pour rappel, un *fédéralisme de dissociation,* qui ne s'est pas imposé en une fois de manière logique et globale, à l'image des États-Unis ou de l'Allemagne. Contrairement à la plupart des systèmes fédéraux, une volonté commune de la part de plusieurs entités de se regrouper et de vivre ensemble fait défaut au départ. Contrairement au système américain, il n'y a jamais eu de « compromis fédéral », où les grands États, pour attirer les petits dans l'Union et témoigner de leur loyauté fédérale, ont admis le principe d'une seconde chambre « des États » où chacun, quelle que soit sa taille, se verrait représenté de manière égale et où se réaliserait ainsi un équilibre vital entre les grandes et les petites entités de la Fédération. Force est de constater que, dans ce contexte belge, la protection des plus faibles, notamment la Région bruxelloise et la Communauté germanophone, ne constitue pas une priorité.

C'est ce contexte dissociatif qui explique que toutes les réformes institutionnelles, y compris la dernière en date, ont eu pour objet principal d'assurer une autonomie toujours renforcée dans le chef des entités fédérées, en négligeant le principe de participation qui est cependant inhérent à tout système fédéral accompli. C'est ce même contexte dissociatif qui explique encore que la réforme du Sénat reste captive, tant dans sa composition que dans ses mécanismes de vote, du carcan de la loi du plus grand nombre, avec pour conséquence que cette assemblée ne peut porter qu'abusivement le titre de « Chambre des États ».

L'État, l'identité nationale et la résurgence des identités territoriales
Synthèse

Évelyne LENTZEN
Rédactrice en chef du CRISP

La question centrale de l'atelier a porté sur les liens entre identité nationale et territoire, région ou communauté.

André Frognier nous a donné une première approche de la question au travers des résultats d'enquêtes d'opinion sur une longue période, de 1975 à 1992. C'est-à-dire des années de réformes institutionnelles intenses. Ces enquêtes portent sur les sentiments d'appartenance des interviewés et établissent des hiérarchies.

Que nous enseignent-elles ? Schématiquement que, malgré l'évolution des structures de décision en Belgique, malgré le processus de fédéralisation qui s'est déroulé parallèlement, il n'y a pas eu de chute significative du sentiment d'appartenance à l'« ensemble des Belges ». Et même, on peut avancer qu'il y a plutôt eu une progression du sentiment d'appartenance belge au cours de cette période.

André Frognier et Lieven De Winter voient un hiatus important entre des processus de réformes – qui vont sans doute se poursuivre, qui sont surtout et dirigés par des élites, surtout flamandes – et une population qui exprime un sentiment d'appartenance à la Belgique. Et si l'avenir de la Belgique se joue, comme le dit A. Frognier, d'une certaine manière en Flandre, des éléments importants de compréhension sont à trouver dans les différences perceptibles entre l'actuelle fédération au pouvoir en Flandre – qui a été « politisée » dans les années de conflit communautaire – et les jeunes générations qui n'ont plus cette référence.

Donc, premier constat, il y aurait un consensus de la population sur leur appartenance à la Belgique.

Mais existe-t-il malgré tout des identités nationales affirmées ou potentielles, au niveau des régions et y a-t-il des convergences entre les mouvements nationaux ou nationalistes et les nations en devenir au niveau de cette division territoriale qu'est la région ?

Pour la Wallonie, Chantal Kesteloot nous dit que cette identité wallonne est très difficile à cerner et comporte un très faible contenu national. L'obstacle majeur qu'elle y voit réside essentiellement dans une identité belge qui se superpose à une volonté de certains d'établir une identité wallonne.

Une argumentation qui a souvent été développée au sein de cet atelier met l'accent sur l'existence non pas d'une identité mais d'une identité morcelée ou d'une pluralité d'identités qui seraient complémentaires les unes des autres et non pas exclusives.

Cette argumentation a aussi été suivie par Jan Reynaers pour le mouvement flamand mais son opinion, on s'en doute, n'est pas uniformément partagée par l'ensemble des élites flamandes. En effet, il nous l'a dit d'emblée, son regard est celui d'un « Belgicain » sur le mouvement flamand. De manière provocante, il a dit aussi qu'il n'y avait, pour lui, pas de tradition nationaliste ou nationale ni en Flandre ni en Wallonie. Il rejoint ainsi la thèse d'André Frognier pour dire qu'en fait il y a un hiatus entre élites et populations flamandes.

Quid pour nous d'une identité bruxelloise ? Simon Petermann n'est pas sûr qu'il en existe une. Il est plutôt favorable à la thèse de l'existence d'identités plurielles et d'un multiculturalisme.

La même question sur de potentielles identités a été posée à l'égard de l'autre division importante de la Belgique, sa division en communautés cette fois-ci. Deux réponses, l'une très catégorique, l'autre un peu moins. La réponse catégorique, c'est celle d'André Miroir qui nous a dit que l'identité francophone est introuvable. Et si d'aventure elle existait, ce serait par défaut et elle aurait de nombreuses difficultés à s'établir et s'épanouir dans cet État fédéral. André Leton, pour la communauté germanophone, la communauté souvent « oubliée », nous dit que toute solution d'avenir qui verrait les structures de la nation belge se relâcher ne saurait en aucun cas lui convenir.

Enfin, deux interventions ont été plus prospectives et ont porté sur l'avenir de la Région centrale de ce pays qu'est Bruxelles et qui a été historiquement le lieu de nombreuses polarisations de tensions, de nombreux conflits communautaires. Alain Binet nous a proposé six scénarios. Un de ceux-ci, celui d'un futur district européen, a été développé par Éric Robert. Le moins que l'on puisse dire est que rien ne se profile à l'horizon de manière claire, d'une manière univoque et sans problèmes. Dans aucune de ces hypothèses, les conflits seront « gelés ».

Enfin, comme le faisait remarquer Jérôme Sohier, dernier intervenant de notre atelier, il est sans doute significatif de voir que toutes les contributions, à l'exception de la sienne, ont porté sur les entités fédérées. Il nous a parlé de l'avenir du Sénat qui est une des institutions qui, lors de la dernière réforme de l'État, a été profondément modifiée. Le Sénat est devenu une chambre de

réflexions, et aurait pu, aurait dû se transformer en Chambre des États, ce qui n'a pas été fait. En Belgique, la deuxième Chambre comme marque d'un système fédéral tranche avec les choix opérés dans d'autres États fédéraux puisque c'est un système proportionnel qui a prévalu et non la représentation des entités fédérées, telle qu'elle existe dans d'autres pays. Jérôme Sohier a terminé son intervention de manière aussi provocante qu'il l'avait commencée. Il qualifia le Sénat comme un personnage extraordinaire de la Belgique, un peu à l'image de celle-ci, avec son caractère hétéroclite et avec ses dominantes :
– les entités ne sont pas égales, deux d'entre elles sont plus importantes que les autres. On est dans une logique à deux ;
– la reconnaissance d'autres acteurs institutionnels est acquise mais on ne les protège pas ;
– les Bruxellois sont dans une situation paradoxale : ils font l'envie de tous, mais ils sont systématiquement minorisés par tous.

Cette journée donne une certaine image de notre structure fédérale et du pragmatisme à la belge. Une image surréaliste par bien des égards, une image qui a été aujourd'hui essentiellement francophone.

Pour conclure, ajoutons un paradoxe aux paradoxes de la journée : il y a d'autres communautés en Belgique, qui n'ont pas du tout été évoquées dans ce concert « national », et dont des représentants figuraient pourtant parmi l'assistance.

Les relations extérieures
des entités fédérées

Une dimension nationale de la coopération transfrontalière ?

Nicolas LEVRAT
Institut européen de l'Université de Genève
Université libre de Bruxelles

1. Origines et limites de la coopération transfrontalière

La coopération transfrontalière s'est développée largement en Europe depuis plus de deux décennies. C'est aujourd'hui une technique de coopération entre collectivités publiques infraétatiques (régions, villes, communes), codifiée par une convention européenne [1]. La principale difficulté qui a dû être surmontée pour permettre l'émergence de ce mode de coopération particulier, a été la réticence des États ; ceux-ci craignaient de voir leur souveraineté mise en pièces par la prolifération de telles relations. La garantie que cette coopération ne s'effectue qu'entre collectivités locales ou régionales – et jamais directement avec un État étranger – et qu'elle ne concerne que la mise en œuvre de compétences appartenant en droit interne aux collectivités participant à ces relations – à l'exclusion de toute question relevant de la politique de nationale – ont été les conditions posées par les États européens pour autoriser le développement de ce mode de coopération.

Ce cadre étroit assigné à la coopération transfrontalière permet-il d'en faire un instrument utilisable pour traiter de la question nationale, lorsqu'elle apparaît, à un niveau infra-étatique, c'est-à-dire de la question des minorités nationales ? Il est vraisemblable que les chercheurs, sur la base des données existantes, auraient jusque dans un passé récent répondu par la négative à cette question. Ce texte montre que des développements contemporains tendent à encourager l'utilisation des mécanismes de la coopération transfrontalière par des communautés qui sont qualifiées, selon les instruments juridiques les plus récents, de minorités nationales.

2. Les cadres conceptuels

1. La réapparition des minorités nationales en Europe

L'équation « État=nation » présente, dans la sphère des relations internationales – et particulièrement en Europe où les frontières sont nombreuses et mouvantes à l'échelle de l'histoire – d'indéniables vertus stabilisatrices. Hélas, elle est par trop simplificatrice. Le statut des groupes de populations dont la nationalité ne correspond pas à l'État dans lequel ils résident, a connu dans l'histoire européenne des fortunes diverses. D'un problème propre aux États multinationaux qu'étaient les empires austro-hongrois et ottomans à la fin du siècle dernier, il est devenu dans l'entre-deux-guerres une question internationale, retirée de la sphère des relations bilatérales interétatiques pour être placée sous la sauvegarde d'un mécanisme multilatéral au sein de la Société des Nations. Une formule dont l'échec a conduit au désastre que l'on connaît.

Échaudés par cette expérience, les États de la planète – et européens en particulier – décident de bannir la question des minorités nationales des préoccupations de la communauté internationale. L'Assemblée générale de l'ONU proclame la Déclaration universelle des droits de l'homme incompatible avec un traitement différencié de certains groupes nationaux. Pour autant, la problématique des minorités ne peut être totalement ignorée ; celles-ci sont alors fragmentées en des éléments « objectifs » sectoriels, conduisant à la reconnaissance de minorités ethniques, linguistiques ou religieuses [2], volontairement distinctes des minorités nationales.

Si le discours et les normes avaient pu occulter l'existence des minorités nationales, leur réalité n'en a pas moins subsisté. En 1975, suite à l'insistance de la Yougoslavie – qui, nous le savons aujourd'hui, savait pourquoi –, l'Acte final d'Helsinki (issu d'un processus qui pour la première fois depuis 1945 permet à l'Europe de retrouver sa pleine dimension) coïncide, et ce n'est pas un hasard, avec la réapparition de la question des minorités nationales au point VII du décalogue. L'Assemblée générale de l'ONU prend acte de cette évolution et réintroduit en 1992 – parallèlement aux minorités ethniques, religieuses et linguistiques – les minorités nationales [3].

Cette question, éminemment européenne, est reprise par le Sommet des chefs d'État et de gouvernement européens réunis à Vienne en octobre 1993 ; on constate ainsi dans la Déclaration de Vienne du 9 octobre 1993 que les minorités nationales seules apparaissent, sans référence aux minorités sectorielles précédemment considérées. Cette tendance se confirme par l'ouverture à la signature, au sein du Conseil de l'Europe, d'une Convention-cadre pour la protection des minorités nationales – à l'exclusion des autres types de minorités – le 5 février 1995.

2. *Le rapprochement de la question des minorités nationales et des mécanismes de la coopération transfrontalière*

Dans la Déclaration de Vienne du 9 octobre 1993, les chefs d'État et de gouvernement de toute l'Europe donnent instruction au Conseil de l'Europe de « fournir toute l'assistance sollicitée pour la négociation et la mise en place de traités sur des questions intéressant les minorités nationales ainsi que d'accords de coopération transfrontalière ». Sans précautions particulières, mais pas non plus en des termes univoques, le rapprochement est effectué. Prenant acte de cette injonction, la Convention-cadre pour la protection des minorités nationales prévoit en son article 18, paragraphe 2 que « le cas échéant, les Parties prendront des mesures propres à encourager la coopération transfrontalière ». Plus encore, l'article 17 de cette même convention reconnaît « le droit des personnes appartenant à des minorités nationales d'établir et de maintenir, librement et pacifiquement, des contacts au-delà des frontières… ».

Si nous avons dit en introduction que les chercheurs s'apprêtaient à répondre négativement aux possibilités de rapprochement de ces deux domaines, il ne leur reste plus maintenant qu'à prendre acte des textes et à réfléchir aux conséquences qui en découlent.

3. Avantages et inconvénients de cette proposition

1. Placer la question nationale à un niveau infra-étatique

Sans entrer ici dans une analyse détaillée de la protection des minorités nationales telle qu'elle se dessine dans la nouvelle Europe, constatons que, contrairement aux efforts qui avaient été déployés durant l'entre-deux-guerres par la Société des Nations, le cadre conceptuel actuel envisage de placer la protection des minorités nationales principalement dans la perspective de relations bilatérales [4], chapeautées par des principes européens.

Ce renversement de stratégie n'est pas sans étonner. En effet, l'échec du mécanisme de la Société des Nations n'avait pas démontré le danger de placer la protection des minorités au niveau international, mais bien au contraire l'insuffisance du mécanisme multilatéral conçu pour empêcher l'intervention des « nations-mères », avec les conséquences dommageables qui en ont résulté pour la paix et la sécurité en Europe. L'Europe retourne-t-elle sur la trace de ses vieux démons ?

Rien n'est hélas impossible, mais il est également plausible que la piste du bilatéralisme se propose de suivre une nouvelle voie, originale. En effet l'article 18 de la Convention-cadre pour la protection des minorités nationales, qui prévoit la conclusion d'accords bilatéraux, se réfère à son paragraphe 2 à la coopération transfrontalière. Or, si les accords de coopération transfrontalière s'apparentent plus à des accords bilatéraux, et sont certainement distincts de mécanismes universels ou européens multilatéraux, ils ne correspondent pas non plus aux relations bilatérales classiques, dans la mesure où ce ne sont pas des États qui y sont parties, mais des collectivités publiques d'un niveau inférieur.

Ainsi, on pourrait soutenir qu'après la tentative de déconnexion entre la question nationale et les relations interétatiques « par le haut » effectuée par la communauté internationale dans l'entre-deux guerres, l'effacement de la problématique minoritaire au profit de l'universalisme des droits de l'homme après le second conflit mondial, on voit aujourd'hui se dessiner l'étroit sentier d'une déconnexion « vers le bas », par le rattachement de la question nationale aux relations transfrontalières.

2. Risques de confusion entre partage du pouvoir sur base territoriale et droits appartenant à un groupe de personnes

Cette piste, pour originale et intéressante qu'elle soit, n'est pas pour autant d'un accès facile. En effet, les mécanismes de la coopération transfrontalière permettent à des entités, dotées d'une personnalité juridique propre et titulaires de compétences clairement définies, de coopérer par delà les frontières nationales pour la mise en œuvre de leurs compétences.

Les minorités nationales, au stade actuel du développement du droit, ne sont nulle part définies en tant qu'entités juridiques propres. Plus problématique encore, la convention-cadre confère des droits « aux personnes appartenant à des minorités nationales », mais se garde bien de donner des droits aux minorités nationales en tant que telles [5]. Il en résulte que les mécanismes de la coopération transfrontalière ne trouvent pas – sans de très sérieuses adaptations – les conditions juridiques nécessaires pour permettre aux « minorités nationales » d'en faire usage.

Ces imprécisions conduisent à de dangereux amalgames et à des solutions simplistes. Il est notamment essentiel, lorsque l'on envisage de conférer aux minorités nationales une forme d'autonomie politique, de ne pas produire une nouvelle équation, aussi réductrice et dangereuse que celle que nous mettions en lumière ci-dessus, du type « minorité nationale = collectivité territoriale infraétatique ». On change d'échelle, mais on conserve le principal vice de l'équation, à savoir la tentative de faire coïncider un groupe de population avec un territoire. C'est, l'histoire récente dans les Balkans le démontre jusqu'à l'écœurement, reproduire à une autre échelle le supplice inventé par Procuste.

4. Pertinence de cette problématique pour la Belgique

Les minorités nationales ne possédant pas de caractéristiques clairement définies en droit, il est difficile de savoir si l'on en trouve en Belgique. Les positions les plus diverses circulent d'ailleurs sur ce point dans le pays. Un ancien ministre de la Justice belge avait déclaré à la presse que la question des minorités nationales est propre à l'Europe centrale et ne concerne aucunement la Belgique [6]. C'est peut-être une conclusion un peu sommaire.

On distingue classiquement deux catégories de minorités nationales. D'une part, un groupe de population que les hasards de la géopolitique et de l'histoire ont séparé de sa nation-mère. D'autre part, des nations sans État. Les flamands et les francophones (ou wallons) se considèrent-ils comme séparés d'une nation-mère ou comme une nation distincte, à laquelle l'histoire n'a pas donné la chance de constituer un État [7] ? Il paraît hasardeux – surtout pour un étranger qui comme moi bénéficie de l'hospitalité de la Belgique – de se prononcer sur cette question ; même si le comportement de certains partis politiques flamands montre qu'ils tendent vers la seconde hypothèse, alors que des rattachistes francophones expriment des revendications qui les rapprochent de la première catégorie.

Par contre, sans même trancher cette question, soulignons – en particulier dans le premier cas – que l'utilisation des mécanismes de la coopération transfrontalière pour développer des relations avec des entités infra-étatiques d'un pays voisin, basées sur une culture ou une langue commune, est certainement une piste intéressante. Dans cette optique, rappelons que si une telle coopération s'exerce avec des partenaires publics situés de l'autre côté d'une frontière internationale, il ne peut en aucun cas s'agir d'un État étranger. Il est certain que sur les plans économique, culturel, écologique, etc., de tels développements sont intéressants. Pareille coopération, qui existe d'ailleurs déjà avec une intensité non négligeable, présente l'avantage de rapprocher au-dessus des frontières nationales, sans pour autant porter la question au niveau de relations internationales, entre un État étranger et un partenaire dont le statut et les revendications pourraient pour le moins apparaître ambigus et contraires aux règles sur la stabilité en Europe. Elle doit donc rester dans des cadres clairement définis, au niveau européen, afin de ne pas créer de nouvelles lignes de fracture au sein des États existants, autour desquelles pourraient alors se cristalliser de nouvelles tensions.

5. En conclusion

Il apparaît que les mécanismes de la coopération transfrontalière peuvent se révéler utiles pour favoriser des contacts entre des personnes partageant des éléments identitaires communs (langue, religion, culture) et vivant de part et d'autre d'une frontière internationale. Par contre, la qualification de ces groupes de population – ou de l'un d'entre eux – comme « minorité nationale » n'apporte aucun élément additionnel sur un plan juridique ; au contraire, certaines confusions dangereuses peuvent en résulter.

Ainsi, nous nous trouvons dans un cas de figure où il serait de bon ton de prendre M. Talleyrand à contre-pied ; en effet, l'utilité des mécanismes de la coopération transfrontalière pour répondre à certaines aspirations légitimes de minorités nationales va sans dire ; et cela n'ira pas mieux en le disant.

Notes

[1] La convention-cadre européenne sur la coopération transfrontalière des collectivités ou autorités territoriales a été ouverte à la signature des Etats membres du Conseil de l'Europe le 21 mai 1980. Ce traité, d'une portée plus symbolique que pratique, est complété depuis 1995 par un protocole additionnel.

[2] Voir notamment les terminologies retenues par l'article 14 de la Convention européenne des droits de l'homme (1950) ou l'article 27 du Pacte relatif aux droits civils et politiques (ONU, 1966).

[3] Déclaration des droits des personnes appartenant à des minorités nationales ou ethniques, religieuses et linguistiques, Assemblée générale de l'ONU, 18 décembre 1992.

[4] En ce sens, l'article 18, paragraphe 1 de la Convention-cadre pour la protection des minorités nationales prévoit que « Les parties s'efforceront de conclure, si nécessaire, des accords bilatéraux et multilatéraux avec d'autres Etats, notamment les Etats voisins, pour assurer la protection des personnes appartenant aux minorités nationales concernées ».

[5] Voir l'article 3, paragraphe 2 de la Convention-cadre pour les minorités nationales, ainsi que son rapport explicatif.

[6] *Le Soir,* 7 février 1995.

[7] A noter que dans le second cas, on se trouve fort proche de la notion de « peuple », groupe de population auquel le droit international reconnaît la capacité de créer un Etat propre.

Les garanties européennes territoriales

Philippe DE BRUYCKER
Directeur du Centre de droit public de l'Université libre de Bruxelles
Secrétaire général de l'Association pour la recherche
sur les collectivités locales en Europe (ARCOLE)

1. L'impasse du droit communautaire

L'idée que des normes européennes puissent garantir l'autonomie des collectivités territoriales ne manquera pas d'étonner. Non pas que la construction européenne ne concernerait que les États puisqu'on a ces dernières années clairement pris conscience de ses incidences sur les collectivités locales [1]. Certaines voix se sont d'ailleurs fait entendre pour dénoncer les effets centralisateurs du processus d'intégration européenne sur les collectivités locales qui sont pleinement soumises au droit européen. Mais le fait est que le statut des collectivités territoriales continue de dépendre uniquement des différents États européens.

L'organisation politico-administrative des États est en effet traditionnellement considérée comme relevant du domaine de leurs affaires intérieures. Les États membres de l'Union européenne ne paraissent pas faire exception à cette règle bien connue du droit international. Malgré la puissance du mouvement d'intégration dont le droit communautaire est le vecteur privilégié, les États parties à la construction européenne restent libres d'adopter la structure institutionnelle qui leur convient dans le respect des conditions d'application du droit communautaire (primauté, effet direct et uniformité). C'est le principe d'autonomie institutionnelle des États « impliquant que les mesures nécessaires à l'application des règles communautaires soient prises dans le cadre des systèmes étatiques par les institutions nationales et selon les procédures et pouvoirs que comportent ces systèmes » [2]. Certains auteurs y voient un principe de neutralité [3] ou d'indifférence [4] du point de vue du droit communautaire à l'égard de la structure institutionnelle des États membres de la Communauté européenne.

La Cour de justice a eu l'occasion de préciser « qu'il incombe à toutes les autorités des États membres, qu'il s'agisse d'autorités du pouvoir central de l'État, d'autorités d'un État fédéré ou d'autres autorités territoriales, d'assurer le respect des règles du droit communautaire dans le cadre de leurs compétences. En revanche, il n'appartient pas à la Commission de se prononcer sur la répartition des compétences par les règles institutionnelles de chaque État membre et sur les obligations qui peuvent incomber respectivement aux autorités de la République fédérale et à celles des *Länder*. Elle ne peut que contrôler si l'ensemble des mesures de surveillance et de contrôle établi selon les modalités de l'ordre juridique national est suffisamment efficace pour permettre une application correcte des prescriptions communautaires » [5].

L'Europe ne sera-t-elle donc pour les collectivités territoriales des États membres qu'un facteur supplémentaire de centralisation dont elles doivent, outre l'État dont elles relèvent, tenir compte ? La question est d'importance, surtout pour les collectivités territoriales les plus puissantes ayant rang d'entités fédérées telles que les *Länder* allemands ou autrichiens, les communautés et les régions belges, voire les communautés autonomes espagnoles. Celles-ci peuvent en effet voir leurs compétences propres, dans lesquelles elles jouissent en droit interne d'une capacité d'initiative législative, aspirées au niveau européen où elles sont naturellement prises en charge par le pouvoir central représentant de l'État au sein du Conseil des ministres.

Répondre positivement et sans nuances à cette interrogation reviendrait à négliger les progrès récemment accomplis par les collectivités locales dans la reconnaissance de leur rôle d'acteur au niveau européen, sans compter les procédures de droit interne associant de diverses manières les collectivités territoriales à l'élaboration des positions nationales prises par le pouvoir central au niveau européen. Il faut tout d'abord rappeler que l'article 146 du traité CE relatif à la composition du Conseil des ministres a été modifié par le traité sur l'Union européenne, de manière à permettre à certains États d'y déléguer des représentants d'entités fédérées, lesquels sont dès lors appelés à participer au processus décisionnel communautaire pour ce qui concerne les matières européennes qui relèvent de leurs compétences en vertu du droit interne de leur État. Il convient ensuite de ne pas négliger la création en 1992 par le traité de Maastricht « du Comité des régions (qui), même réduit à des attributions consultatives, mais introduisant la représentation des collectivités locales au cœur même des institutions communautaires, fait apparaître la décentralisation comme un principe fondamental de l'Union européenne » [6]. On sait enfin que les collectivités locales apparaissent quelquefois comme des vecteurs de l'action communautaire, notamment dans le cas du partenariat initié par les institutions communautaires pour la mise en œuvre de la politique régionale [7].

Il apparaît cependant, qu'abstraction faite de la possibilité offerte par l'article 146 du traité CE qui ne concerne en réalité que deux États membres avec les représentants des *Länder* allemands ou des régions et des communautés belges, les collectivités territoriales ne disposent aujourd'hui pour préserver leur autonomie d'aucune garantie institutionnelle au niveau européen. Le Comité des régions ne leur procure, par les avis qu'il peut émettre dans le but d'attirer l'attention des institutions communautaires sur les répercussions de leur action pour les collectivités territoriales des États membres, qu'une garantie d'ordre fonctionnel [8].

Les limites du principe de subsidiarité tel qu'il est actuellement formulé par l'article 3 B du traité CE ont déjà souvent été mises en évidence. Cette disposition ne protège en effet que les États membres d'une intervention de la Communauté européenne dans les compétences qu'elle exerce concurremment avec ceux-ci au cas où elle ne respecterait pas les conditions d'exercice de ses prérogatives [9]. En ne faisant aucune mention des collectivités territoriales, on renvoie la délimitation de leurs compétences au droit interne, les États membres restant seuls compétents pour définir l'autonomie qu'ils entendent accorder aux collectivités qui les composent.

Dans l'avis qu'il a rendu en 1995 sur la révision des traités dans le cadre de la conférence intergouvernementale, le Comité des régions a précisément demandé que « la formulation du principe de subsidiarité de l'article 3 B du traité CE mentionne spécifiquement les régions et les collectivités locales et (proposé) à cet effet de reformuler comme suit le deuxième paragraphe de cet article : « la Communauté n'intervient conformément au principe de subsidiarité que si et dans la mesure où les objectifs de l'action envisagée ne peuvent pas être réalisés de manière suffisante par les États membres et les collectivités régionales et locales dotées de compétences selon le droit interne des États membres » [10]. L'exposé des motifs indique que le Comité des régions entend ainsi « proposer une nouvelle formulation de l'article 3 B qui définisse le principe de la subsidiarité non seulement comme critère d'exercice des compétences partagées entre l'Union et les États membres, mais également comme critère de partage des compétences et des responsabilités entre tous les niveaux de gouvernement représentés au sein de l'Union européenne » [11].

Sans entrer dans une véritable analyse de ce texte à l'état d'ébauche [12], il semble permis de penser que celui-ci n'a que fort peu de chances d'être intégré au nouveau traité. Le groupe de réflexion chargé de préparer la conférence intergouvernementale n'y a guère prêté attention dans le rapport (dit Westendorp, du nom du président du groupe) qu'il a rendu public à la fin de l'année 1995 [13]. Dans « le cadre général pour un projet de révision des traités » qu'elle a déposé en décembre 1996, la présidence irlandaise note simplement dans une série de commentaires qu'il a été suggéré de faire référence, à l'article 3 B, aux niveaux régional et local ».

On peut s'interroger sur la portée de cette proposition du Comité des régions. Apporte-t-elle réellement quelque chose dans la mesure où l'expression « États membres » employée dans le texte de l'article 3 B du traité CE semble recouvrir également les collectivités territoriales qui composent ceux-ci ? Comme la nouvelle formulation proposée n'impose la subsidiarité comme limite qu'aux compétences de la Communauté, ne s'agit-il finalement pas d'une reformulation d'ordre symbolique pour les collectivités territoriales ? Il paraît d'ailleurs difficilement imaginable que le droit communautaire en vienne, par le principe de subsidiarité, à protéger les collectivités territoriales vis-à-vis du pouvoir central de l'État auquel elles participent. Donner une telle portée au principe de subsidiarité supposerait, pour que le système soit cohérent, que l'on définisse au niveau européen les compétences minimales que les États membres doivent confier aux collectivités qui les composent, voire, au bout du compte, le type de collectivités qu'ils doivent mettre en place en leur sein. On retrouverait ainsi des traits caractéristiques des États fédéraux qui imposent aux États fédérés certains principes à respecter dans leur organisation interne. On peut douter de la possibilité pour l'Europe de nourrir encore pareille ambition. De plus, il est permis de penser comme Jean-Bernard Auby que « L'élaboration d'un statut communautaire des collectivités locales n'est probablement ni possible, ni souhaitable (...). Dans un État fédéral, le statut des collectivités locales peut parfaitement dépendre des législations des États fédérés, et donc varier d'un État fédéré à l'autre (...). L'Union européenne, qui n'est même pas un État fédéral, n'a aucune raison d'appeler une plus grande uniformisation » [14]. Est-ce à dire que les collectivités territoriales n'ont finalement rien à attendre de l'Europe pour accroître leur autonomie ou renforcer leur position institutionnelle ? Répondre à cette question suppose qu'on élargisse son champ de vision et qu'on veuille bien tenir compte de l'apport du Conseil de l'Europe au droit européen.

2. L'apport du Conseil de l'Europe

Alors que le droit communautaire est, comme on vient de le voir, avare en garanties institutionnelles pour l'autonomie des collectivités locales, l'apport du Conseil de l'Europe est sur ce point substantiel. Cette organisation internationale s'est attachée à élaborer deux traités. Il s'agit de la Charte européenne de l'autonomie locale signée le 15 octobre 1985 (1) et du projet de charte européenne de l'autonomie régionale (2) en cours d'élaboration

1. *La Charte européenne de l'autonomie locale comme droit commun des pouvoirs locaux du continent européen* [15]

Il importe d'insister sur le fait que la Charte européenne de l'autonomie locale est un véritable traité et qu'elle oblige donc les États qui y sont parties, soit actuellement près d'une vingtaine de pays membres du Conseil de l'Europe. Il s'agit là d'un élément particulièrement remarquable pour la raison que cette convention internationale aborde avec l'organisation politico-administrative une partie du droit qui est ainsi sortie de la catégorie des affaires étatiques intérieures.

La charte définit en son article 3, paragraphe 1er l'autonomie locale comme « le droit et la capacité effective pour les collectivités locales de régler et de gérer, dans le cadre de la loi, sous leur propre responsabilité et au profit de leurs populations, une part importante des affaires publiques ». Elle comble ainsi une considérable lacune du droit administratif où la doctrine parle très souvent d'autonomie en ne définissant pas cette notion ou alors de manière malheureusement fluctuante selon les auteurs ; elle devrait permettre à la théorie générale de l'organisation administrative de sortir du cercle vicieux dans lequel cette branche du droit administratif sombre en définissant tantôt la décentralisation par l'autonomie, tantôt l'autonomie par la décentralisation, sans finalement parvenir à doter aucune de ces notions d'un contenu véritable. L'interrogation qui résulte de cette définition porte sur le point de savoir si la notion de décentralisation ne doit pas céder la place à celle d'autonomie.

Malgré tout l'intérêt qu'on peut porter à ces questions d'ordre théorique [16], on s'attachera uniquement dans les lignes qui suivent à indiquer rapidement les éléments essentiels que les dispositions de la charte fournissent pour donner corps à l'autonomie locale après avoir défini cette notion de la manière générale que nous avons indiquée. Il s'agit :

1. *des organes des collectivités locales* ; la charte impose que l'organe délibératif soit directement élu par la population, l'organe exécutif devant en principe être responsable devant cette assemblée élue (article 3, paragraphe 2) ;

2. *d'une série de dispositions qui s'attachent à définir les compétences des collectivités locales* au titre de la « portée de l'autonomie locale » (article 4) ; protection des compétences locales par la Constitution ou la loi, droit d'initiative des autorités locales à travers ce qu'on appelle en général la clause générale de compétence et enfin principe selon lequel les compétences locales sont normalement « pleines et entières » ;

3. *du droit d'autoorganisation des collectivités locales* pour ce qui concerne uniquement leurs structures administratives internes et *du principe de qualité* pour ce qui est du personnel auquel elles ont recours (article 6) ;

4. *des conditions d'exercice des responsabilités par les mandataires locaux* qui doivent pouvoir exercer librement leur mandat, bénéficier d'une compensation financière adéquate pour le travail qu'ils fournissent ainsi que d'une couverture correspondante de leurs besoins sociaux (article 7) ;

5. *du contrôle administratif* qui peut être exercé sur l'action des collectivités locales : celui-ci doit être défini par la Constitution ou la loi et ne peut porter que sur le respect de la légalité, sauf pour ce qui concerne les compétences déléguées aux collectivités locales dont l'exercice peut faire l'objet d'un contrôle d'opportunité (article 8) ;
6. *des ressources financières des collectivités locales* : il est prévu que celles-ci doivent disposer de ressources propres (notamment des redevances et impôts locaux) et suffisantes dont elles ont la libre disposition, que leurs ressources financières doivent être proportionnées aux compétences qui leur sont dévolues et leur permettre de suivre l'évolution réelle des coûts, que des mesures de péréquation financière doivent protéger les collectivités pauvres et enfin que les collectivités locales doivent pouvoir dépenser librement les sommes qui leur sont allouées au titre de subvention (article 9) ;
7. *de la reconnaissance aux collectivités locales de divers droits* tels que la possibilité de s'associer entre elles pour exercer des compétences en commun ou pour mieux assurer la défense de leurs intérêts, le droit de coopérer avec des collectivités locales relevant d'autres États dans le cadre de la coopération transfrontalière et enfin la prérogative d'ester en justice pour défendre leurs intérêts (articles 10 et 11).

De manière générale, la Charte européenne de l'autonomie locale consacre symboliquement dans un traité international l'attachement de l'Europe à un certain type d'administration publique qui est le fruit d'une longue évolution historique. On insistera sur la spécificité du système administratif qu'elle prône. Il s'agit de la coïncidence réalisée au niveau des collectivités territoriales entre démocratie et décentralisation [17], l'autonomie locale apparaissant comme le point de rencontre de ces deux notions dans la mesure où la charte précise, en son article 3, que « ce droit (à l'autonomie locale) est exercé par des conseils ou assemblées composés de membres élus au suffrage libre, secret, égalitaire, direct et universel... » Le rapport explicatif officiel l'accompagnant indique que « la charte incarne l'idée même que le degré d'autonomie dont jouissent les collectivités locales peut être considéré comme la pierre d'achoppement d'une démocratie véritable. On en vient ainsi à considérer qu'en plus de réaliser la concordance entre la décentralisation et la démocratie au niveau local, l'autonomie locale constitue un instrument de mesure du degré d'accomplissement de la démocratie dans un État : plus l'autonomie locale est forte, plus l'État pourra être considéré comme démocratique. On se rappelle alors, dans la ligne de la pensée de Tocqueville, que l'autonomie locale constitue une technique d'administration qui vise à confier certaines tâches non pas à des fonctionnaires, mais bien à des élus.

La Charte européenne de l'autonomie locale a révélé toute son importance dans le processus de transition démocratique qu'a connu le bloc des pays de l'Est depuis la chute du mur de Berlin en 1989. Le Conseil de l'Europe a fait du respect des principes de la charte par les pays d'Europe centrale et orientale une condition préalable à leur entrée en son sein. Le Congrès des pouvoirs locaux et régionaux a développé dans les États concernés une intense activité par l'envoi de missions d'élus assistés d'experts chargés de faire connaître la charte et d'aider à la mise en place des structures d'autonomie locale dans les nouvelles démocraties. La conquête de l'autonomie locale, souvent matérialisée par la tenue d'élections locales avant même que soient adoptés les textes organiques des pouvoirs locaux, est ainsi apparue comme un élément de la rupture avec le système d'organisation communiste antérieur dont une des caractéristiques bien connue était son centralisme outrancier. De telles circonstances historiques nous rappellent à quel point l'existence de structures d'autonomie locale s'avère fondamentale pour la réalisation d'une véritable démocratie, alors même qu'elles constituent un élément on ne peut plus familier de notre paysage politique et institutionnel.

Si, pour ce qui concerne l'Europe de l'Ouest, la charte apporte essentiellement aux collectivités territoriales une garantie internationale pour leur autonomie, peut-on aller jusqu'à relativiser aussi fortement son importance que le fait Jean-Bernard Auby lorsqu'il considère « qu'elle se contente de poser des principes très généraux qui ne vont pas au-delà de ce qui existe déjà dans les systèmes administratifs de l'Union » [18] ?

On ne peut tout d'abord manquer de souligner que, malgré une tradition d'autonomie locale souvent séculaire, aucun des États européens ne satisfait pleinement à tous les principes de la charte. Le jeu subtil des réserves pouvant être formulées que les États ont imaginé à l'article 12 est la conséquence de cette situation. L'application pleine et entière de la charte constitue donc potentiellement un progrès dans chacun des États membres du Conseil de l'Europe.

Il apparaît ensuite que la Charte européenne de l'autonomie locale est en réalité loin d'être dépourvue d'intérêt pratique [19]. On peut certes regretter la généralité de quelques-unes de ses dispositions ainsi que le fait que certaines d'entre elles voient leur portée juridique affaiblie par des expressions telles que « normalement », « autant que possible », « dans la mesure du possible », etc. Il s'est agi là du prix à payer pour que puisse être conclu un traité entre des États dont les systèmes nationaux d'autonomie territoriale divergent considérablement, ce qui a permis d'éviter que la charte devienne du *soft law* en prenant la forme d'une recommandation ou d'une résolution. Mais la charte comprend également un certain nombre de dispositions originales pouvant avoir une incidence sur le droit interne de la plupart des États parties. Il en va par exemple ainsi de la règle voulant que « Les compétences dévolues aux collectivités locales doivent être normalement pleines et entières » (article 4, paragraphe 4), de l'idée « qu'en cas de délégation des pouvoirs par une autorité centrale ou régionale, les collectivités locales doivent jouir, autant qu'il est possible, de la liberté d'adapter leur exercice aux conditions locales » (article 4, paragraphe 5), de l'exigence selon laquelle « le statut des élus locaux doit assurer le libre exercice de leur mandat » (article 7), du principe voulant que « Le contrôle administratif des collectivités locales doit être exercé dans le respect d'une proportionnalité entre l'ampleur de l'intervention de l'autorité de contrôle et l'importance des intérêts qu'elle entend protéger » (article 8, paragraphe 3) ou encore des exigences pour ce qui concerne le caractère « suffisant, diversifié et évolutif » des ressources financières des collectivités locales (article 9).

Il est enfin essentiel de relever que les auteurs de la charte ont fourni, sept ans avant le traité de Maastricht, une définition du principe de subsidiarité dont on parle tant aujourd'hui. Il s'agit de l'article 4, paragraphe 3 selon lequel « l'exercice des responsabilités publiques doit, de façon générale, incomber, de préférence, aux autorités les plus proches des citoyens. L'attribution d'une responsabilité à une autre autorité doit tenir compte de l'ampleur de la tâche et des exigences d'efficacité et d'autonomie ». Par rapport à l'article 3 B du traité instituant la Communauté européenne, on relèvera que cette disposition envisage la subsidiarité de manière plus authentique au regard d'une philosophie fédéraliste en l'appliquant du bas vers le haut (des collectivités locales vers l'État) et non du haut vers le bas (de la Communauté européenne vers ses États membres) [20], et surtout de manière plus approfondie en concevant ce principe à l'intérieur même de chaque État au profit de ses collectivités locales (et non uniquement entre la Communauté européenne et ses États membres).

On s'aperçoit au total que chaque système national d'autonomie locale est d'autant plus perfectible que la Charte, plutôt que de prétendre imposer un certain type d'administration locale considéré comme un modèle à suivre, se présente comme un catalogue de principes essentiels que les pouvoirs législatif et exécutif de chaque État partie sont tenus de traduire en droit interne dans les normes détaillées relatives aux collectivités territoriales. Gageons que les juridictions veilleront ensuite à ce que ces principes soient pleinement appliqués en en tirant toutes les conséquences qui s'imposent et en censurant au besoin les normes qui ne les respecteraient pas en vertu de la primauté de la charte sur le droit national.

2. *Le projet de charte européenne de l'autonomie régionale*

On remarquera que la Charte européenne de l'autonomie locale dont nous venons d'examiner la portée ne détermine pas les « collectivités locales » dont elle garantit l'autonomie. L'article 13 indique simplement qu'elle a vocation à s'appliquer à toutes les catégories de collectivités locales existant sur le territoire des États parties à la charte, mais ces derniers se sont réservé le droit de préciser celles auxquelles elle est rendue applicable. Il est évident que le niveau de base que sont les communes ou municipalités constitue celui auquel les rédacteurs de la charte ont pensé en premier lieu ainsi qu'en témoigne le fait que les termes « collectivités locales » [21] sont employés dans le texte même ; les collectivités intermédiaires que sont dans l'État type à trois niveaux les provinces, départements ou comtés ne sont pour autant pas exclues de son champ d'application, de même d'ailleurs que les régions ou les communautés créées dans des États comme l'Espagne ou l'Italie, voire le niveau des États fédérés comme les *Länder* allemands et autrichiens, les cantons suisses et les communautés ou les régions belges.

Chacun comprendra aisément qu'il est difficile de couvrir par un seul et même texte [22] l'ensemble extrêmement diversifié que forment ces collectivités et que les plus fortes d'entre elles peuvent légitimement prétendre que la Charte locale ne leur garantit qu'une autonomie minimale mais insuffisante à bien des égards, surtout pour ce qui concerne les entités fédérées dont on peut discuter, selon les cas, si elles ne vont pas jusqu'à constituer de véritables entités d'ordre étatique. La division en deux chambres distinctes du Congrès des pouvoirs locaux et régionaux de l'Europe, intervenue avec l'évolution qu'a connue en 1994 son statut au sein du Conseil de l'Europe [23], devait immanquablement déboucher sur de nouvelles revendications. La Chambre des régions, qui forme désormais avec la Chambre des pouvoirs locaux le Congrès des pouvoirs locaux *et* régionaux du Conseil de l'Europe [24], a en effet rapidement souhaité que soit élaborée une « charte européenne de l'autonomie régionale ».

Il faut d'emblée souligner que délimiter l'autonomie régionale est beaucoup plus difficile et délicat que l'autonomie locale pour deux raisons. Premièrement, le régionalisme a une connotation politique beaucoup plus forte et d'ailleurs très controversée par rapport au consensus, il est vrai beaucoup plus relatif qu'on ne l'imagine, qui entoure l'idée d'autonomie locale. Deuxièmement et corrélativement, l'organisation des collectivités territoriales au niveau régional – concept équivoque exigeant d'être explicité – est, dans les différents États européens beaucoup plus sujette à variation que les collectivités de base (communes ou municipalités), de sorte qu'un dénominateur commun risque dans ce cas d'être fort difficile à dégager. Ce contexte n'a pas empêché le Conseil de l'Europe de souhaiter que le projet de charte européenne de l'autonomie régionale soit élaboré sur le modèle de la Charte européenne de l'autonomie locale. Ce texte étant en cours d'élaboration [25], nous ne pourrons rendre compte que de ses lignes de force.

A l'instar de la Charte locale qui ne définit pas ce qu'il faut entendre par la notion de « collectivité locale » à laquelle elle prétend s'appliquer [26], le projet de charte régionale ne définit pas la notion de région, mais uniquement à l'article 3 celle d'autonomie régionale par laquelle « on entend le droit et la capacité effective pour les collectivités territoriales les plus vastes au sein de chaque État, dotées d'organes élus, situées entre l'État et les collectivités locales et disposant soit de prérogatives d'autoadministration, soit de prérogatives d'ordre étatique, de prendre en charge, sous leur propre responsabilité et dans l'intérêt de leurs populations, une part importante des affaires d'intérêt public, notamment en vue de favoriser le développement régional durable ».

Le texte prend la région dans un sens large en visant aussi bien les entités fédérées investies de prérogatives d'ordre étatique que les régions décentralisées disposant de prérogatives plus limitées d'auto-administration. Les promoteurs du projet ont la volonté et l'espoir de ne pas faire de la régionalisation un facteur d'opposition ou de division entre les États européens. Ils n'entendent dans cet esprit promouvoir aucun modèle type d'organisation étatique, comme on l'a parfois cru pour ce qui concerne le fédéralisme à partir de l'exemple allemand au cours des discussions relatives à la création du Comité des régions. La charte n'exige ni n'exclut que les régions soient investies d'une compétence législative ; une telle exigence eût certainement été insurmontable pour les États unitaires comme par exemple la France ou le Royaume-Uni. De même, proposer une charte prônant le fédéralisme serait vain, car un tel texte se révélerait vraisemblablement aussi inutile pour les États fédéraux qu'inacceptable pour les États unitaires. C'est dans cet esprit que la charte européenne de l'autonomie régionale a été conçue comme un projet de convention-cadre renvoyant au droit interne pour tout ce qu'il ne régit pas.

Pour ce qui concerne les États à plus de trois niveaux d'administration territoriale (en tenant compte du niveau étatique), on relèvera que le texte exclut de son champ d'application les collectivités telles que, par exemple, les départements français et les provinces italiennes ou espagnoles en précisant qu'il ne s'applique qu'aux collectivités territoriales « les plus vastes au sein de chaque État ». Cette précision n'exclut cependant pas tout risque de concurrence entre le projet de charte régionale et la charte locale dans un certain nombre de pays qui ont rendu cette dernière applicable au niveau intermédiaire de collectivités locales comme cela est possible. Le choix de l'instrument international le plus opportun reviendra en définitive aux États, aucune des chartes ne prévalant formellement sur l'autre. Il n'empêche que la charte régionale apparaît finalement comme une tentative de renforcement de ce qu'on pourrait qualifier de niveau intermédiaire, parce qu'il est situé entre l'État et les collectivités locales. L'avenir dira si la charte européenne de l'autonomie locale se profile plutôt comme la charte du niveau de collectivités le plus bas (communal ou municipal). Les promoteurs de la charte régionale ont pris des précautions en vue d'éviter la naissance d'une nouvelle forme de centralisme au niveau régional. L'article 8 du projet de texte prévoit que les régions appliqueront le principe de subsidiarité dans leurs relations avec les collectivités locales et même la charte locale pour ce qui concerne les régions du type État fédéré compétentes pour organiser en leur sein leur propre système de collectivités locales.

Le projet est structuré de la manière suivante pour ce qui concerne les dispositions de fond : fondement de l'autonomie régionale, définition de l'autonomie régionale, compétences régionales, organisation institutionnelle des régions, finances régionales et protection de l'autonomie régionale. Conformément au souhait exprimé par les commanditaires du Conseil de l'Europe, nombre de dispositions du projet sont très proches du texte de la Charte européenne de l'autonomie locale. Il en va ainsi du fondement de l'autonomie régionale (article 2), des compétences régionales propres (article 4), de la clause générale de compétence régionale (principe des affaires régionales reconnu à l'article 7), de la coopération interrégionale (article 9), des organes de la région (article 15), de l'administration régionale (article 16), de la protection des limites territoriales des régions (article 21) ainsi que du contrôle sur l'activité des régions (article 24). Les dispositions originales caractérisant la forme d'autonomie plus poussée que les régions représentent par rapport à l'autonomie locale concernent la coopération transfrontalière (article 10), la participation des régions aux affaires de l'État dont elles relèvent (article 12 prévoyant que les régions doivent pouvoir participer au processus décisionnel au niveau de l'État lorsqu'elles sont concernées, soit par voie de consultation entre le pouvoir central et les régions, soit par voie de représentation des régions au sein des organes législatifs ou administratifs de l'État), la participation aux affaires européennes et internationales (article 13), une reconnaissance limitée du principe d'autoorganisation des régions pour ce qui concerne leur statut (article 14), la proscription de mécanismes de tutelle impliquant que le contrôleur soit à la fois juge et partie pour ce qui concerne les conflits de compétences (article 23), la tutelle sur les normes régionales étant pour le reste limitée au contrôle de légalité (article 24) et enfin les dispositions relatives au financement des régions (articles 17 à 20) qu'il est impossible d'expliciter dans la présente publication.

Le texte initial de la Charte européenne de l'autonomie locale ne comprenant pas de dispositions relatives au contrôle de son application par les États, le Congrès des pouvoirs locaux et régionaux expérimente ces dernières années un mécanisme de contrôle *ad hoc* faisant appel à l'intervention d'un comité d'experts nationaux indépendants sur le suivi de la mise en vigueur de la Charte européenne de l'autonomie locale. Fort de cette expérience, le projet comprend un article 26 organisant un système de contrôle de l'application de la charte régionale par les États parties. Les dernières dispositions méritant une mention particulière sont celles relatives aux engagements des États. Afin de tenir compte de la diversité des structures régionales existant dans les différents États européens, il est offert aux États l'alternative consistant soit à se lier par toutes les dispositions de la charte, soit à formuler des réserves pour certains articles (article 25). De plus, en raison du caractère dynamique et évolutif que le régionalisme revêt dans beaucoup d'États, il est permis aux États qui le souhaitent de s'engager dans un processus de régionalisation visant à la mise en œuvre des principes de la charte dans un délai maximal de dix années à partir de l'entrée en vigueur de celle-ci à leur égard (article 27).

3. En guise de conclusion

Le bilan pour ce qui est des garanties institutionnelles que l'Europe peut apporter aux collectivités territoriales s'avère incontestablement favorable au Conseil de l'Europe. L'Union européenne, ou plus exactement la Communauté européenne, s'avère en effet incapable de garantir l'autonomie des collectivités infraétatiques. Le traité de Maastricht, avec la création du Comité des régions, « se contente de tirer les conséquences de l'existence de collectivités régionales et locales dans les États membres sans rien postuler quant à leur autonomie » [27]. Par contraste, le Conseil de l'Europe est parvenu à promouvoir avec quelque succès, même si beaucoup reste à faire dans ce domaine, l'autonomie locale, avec une première charte signée dès 1985 et un projet de charte régionale en cours d'élaboration dont l'acceptation ou le refus par les États au moment de sa signature dans les prochaines années dira si elle s'avère ou non trop ambitieuse. Comment se peut-il qu'une organisation intergouvernementale réussisse là où une organisation supranationale réalisant une intégration beaucoup plus poussée entre ses États membres échoue ?

A ce stade, il apparaît clairement que la Communauté européenne doit abandonner toute velléité de régir l'organisation interne de ses États membres et ce, bien que les collectivités territoriales qui se sont naturellement intégrées à la dynamique européenne voient dans certains cas leurs actions de plus en plus fortement imbriquées dans celles des institutions communautaires. On sait en tout cas qu'aucune suite n'a été réservée à la Charte communautaire de la régionalisation adoptée par le Parlement européen en 1988 sous la forme non contraignante d'une annexe à une résolution sur la politique régionale communautaire et le rôle des régions [28]. Tout au plus la Communauté peut-elle exiger que les États membres ne compromettent pas par le système de collectivités territoriales qu'ils adoptent l'application uniforme du droit communautaire dans le cadre des principes de primauté et d'effet direct dont il bénéficie.

Le paradoxe qui oppose ainsi le Conseil de l'Europe et la Communauté européenne s'explique aisément. C'est précisément parce qu'ils gardent la maîtrise du processus décisionnel au sein de celui-ci que les États peuvent s'engager à respecter des textes régissant leur propre organisation politico-administrative, alors qu'un débat institutionnel du type, qui évoquerait directement la problématique de l'édification d'une Europe fédérale ne pourrait que très difficilement être mené au sein de l'Union européenne en raison des craintes que cette organisation suscite aujourd'hui dans le chef de certains États soucieux de défendre leur souveraineté. L'instrument classique de la convention internationale utilisée par le Conseil de l'Europe, s'il est effectivement moins directement efficace que les directives ou règlements communautaires, s'avère aujourd'hui de manière curieuse parfaitement complémentaire [29] avec le droit communautaire. La Charte européenne de l'autonomie locale a d'ailleurs à ce jour été ratifiée par onze des quinze États membres de l'Union européenne [30]. Le Comité des régions ne s'y est pas trompé en demandant dans l'avis sur la révision du traité qu'il a rendu en 1995 dans le cadre de la conférence intergouvernementale que « soit inscrit dans le traité le principe d'autonomie locale tel qu'il est défini par la Charte du Conseil de l'Europe sur l'autonomie locale » [31]. Cette dernière proposition du Comité des régions semble plus opportune que celle qu'il a formulée relativement à la modification du principe de subsidiarité (*supra*). Elle paraît effective alors que la première était plutôt symbolique et, surtout elle offrirait à la Cour de justice des Communautés européennes l'indispensable base uniforme à l'exercice de son contrôle sur le droit interne des États membres. Dans l'attente d'une éventuelle concrétisation des propositions du Comité des régions dont on devine aisément qu'elle sera longue, on osera présenter le Conseil de l'Europe comme une sorte de quatrième pilier venant s'ajoutant aux trois prévus par le traité de Maastricht. Si l'on prend ainsi quelques libertés avec le cadre institutionnel unique de l'Union européenne, c'est pour mieux souligner l'apport de cette organisation à la construction européenne. En offrant l'occasion d'éviter de nous perdre dans de vains débats sur l'opportunité d'une uniformisation du droit des collectivités locales en Europe, cette remarquable organisation montre, avec ses deux chartes relatives à l'autonomie respectivement locale et régionale, la voie à suivre pour progresser sur le chemin d'une Europe basée sur une véritable subsidiarité et dont le déficit démocratique serait en partie apuré.

Notes

[1] Sur ce sujet, voyez notamment BIANCARELLI, J., dans *La Communauté et les collectivités locales,* RFAP, 1988, pp. 557-571 ; ID., *La dynamique institutionnelle,* AJDA, 1991, pp. 835-845 ; ID., *La Communauté européenne et les collectivités locales : une double dialectique complexe,* RFAP, 1991, pp. 515-527 ; ENGEL, C. et VAN GINDERACHTER, J., *Le pouvoir régional et local dans la Communauté européenne,* Paris, Pedone, 1992.

[2] RIDEAU, J., *Droit institutionnel de l'Union et des Communautés européennes,* Paris, LGDJ, 1994, p. 665.

[3] COLINET, C., « Les collectivités locales face au droit européen », dans *Revue belge le Mouvement Communal,* 1996, p. 140.

[4] AUBY, J.-B., « L'Europe et la décentralisation », *Revue française de la décentralisation* ; il s'agit d'une publication récente, 1995, p. 16.

[5] CJCE, 12 juin 1990, Allemagne/Commission, Aff. C-8/88, Rec., I, p. 2359. Sur les limites que le droit communautaire impose à la décentralisation, voyez AUBY, *op. cit.,* pp. 21-22.

[6] Voyez à ce sujet BOURRINET, J., *Le Comité des régions de l'Union européenne,* Paris, Economica, 1997.

[7] En ce sens, voyez AUBY, *op. cit.,* pp. 18-19.

[8] AUBY, *op. cit.,* p. 20. On relèvera qu'aucune disposition du traité CE n'exige que les membres du Comité des régions représentent les collectivités régionales et locales et qui sont nommés par le Conseil sur proposition de l'État membre dont ils relèvent respectivement, soient titulaires d'un mandat électif (voyez SCHNEIDER, C., « Morceaux choisis sur la composition du Comité des régions », dans BOURRINET, *op. cit.,* p. 15 et MESTRE, C., « Radioscopie du Comité des régions : organisation, fonctionnement, compétences », dans BOURRINET, *op. cit.,* p. 47).

[9] Voyez l'alinéa 2 de l'article 3 B : « Dans les domaines qui ne relèvent pas de sa compétence exclusive, la Communauté n'intervient, conformément au principe de subsidiarité, que si et dans la mesure où les objectifs de l'action envisagée ne peuvent pas être réalisés de manière suffisante par les États membres et peuvent donc, en raison des dimensions ou des effets de l'action envisagée, être mieux réalisés au niveau communautaire ».

[10] Voyez le texte dans BOURRINET, *op. cit.,* p. 245.

[11] *Idem,* p. 240.

[12] Voyez à ce sujet FERAL, P.-A., « Le principe de subsidiarité dans l'Union européenne », RDPSP, 1996, pp. 225 et svtes.

[13] Voyez le très utile recueil publié par le Centre européen de sciences po, *La conférence intergouvernementale. Enjeux et documents,* Paris, Presses de la Fondation nationale des sciences politiques, 1996, pp. 231 et svtes.

[14] *Op. cit.,* p. 25.

[15] Voyez à ce sujet AKKERMANS, P., « The European charter of local self-government », dans *La répartition territoriale du pouvoir en Europe/The territorial distribution of power in Europe,* Actes de l'Université européenne d'été du réseau Euroregions, Fribourg, Éditions universitaires, 1990, pp. 271-298. Signalons que le Conseil de l'Europe a publié en 1986 un *Rapport explicatif sur la Charte européenne de l'autonomie locale* (Strasbourg, Conseil de l'Europe) qui fournit d'intéressants renseignements sur sa portée.

[16] Voyez sur ce point DE BRUYCKER, P., « La Belgique et le dixième anniversaire de la Charte européenne de l'autonomie locale du Congrès des pouvoirs locaux et régionaux du Conseil de l'Europe », dans *Revue (belge) de droit communal,* 1996, pp. 76-77.

[17] Sur cette question, voyez REGOURD, S., « De la décentralisation dans ses rapports avec la démocratie : genèse d'une problématique », RDPSP, 1990, pp. 961-987 et, du même auteur, « Décentralisation et démocratie », dans *Révolution et décentralisation. Le système administratif français et les principes révolutionnaires,* Paris, Economica, 1992.

[18] *Op. cit.,* p. 25.

[19] Une première évaluation de l'impact de la charte en Europe a été faite lors d'un colloque organisé à Barcelone par le Conseil de l'Europe en janvier 1992 (Conférence sur la *Charte européenne de l'autonomie locale. Qu'avez-vous fait de la Charte européenne de l'autonomie locale ?, Législation et jurisprudence,* Études et travaux n° 27, Strasbourg, Éditions du Conseil de l'Europe, 1993).

[20] Voyez le rapport *Définition et limites du principe de subsidiarité* préparé sous la direction d'Alain DELCAMP pour le Comité directeur des autorités locales et régionales du Conseil de l'Europe, Strasbourg, Éditions du Conseil de l'Europe, 1994.

[21] Et non un terme plus général comme « collectivités territoriales » ou encore l'expression visant à la fois les « collectivités locales et régionales ».

[22] On peut lire à cet égard dans le commentaire explicatif des dispositions de la Charte européenne de l'autonomie locale que « En principe, les conditions énoncées à la partie I de la Charte concernent toutes les catégories ou tous les niveaux de collectivités existant dans chaque État membre. Elles peuvent aussi s'appliquer aux collectivités régionales là où il en existe. Néanmoins, la forme juridique ou le statut constitutionnel propre à certaines régions (en particulier les États fédérés) peuvent empêcher celles-ci d'être soumises aux mêmes conditions que les collectivités locales » *(Rapport explicatif sur la Charte européenne de l'autonomie locale, op. cit.*, p. 20).

[23] SCHNEIDER, C., La réforme de la CPLRE du Conseil de l'Europe ou l'irruption du principe de légitimité transposé aux collectivités infraétatiques dans le droit des organisations internationales, AFDI, 1994, p. 597.

[24] Par contraste, on remarquera que l'appellation de Comité des régions utilisée au sein de l'Union européenne masque la diversité de cet organe qui comprend également des représentants de collectivités régionales et locales, ainsi que le précise d'ailleurs explicitement l'article 198 A du traité CE mais n'est pas divisé en deux chambres (sur la composition du Comité des régions, voyez SCHNEIDER, C., « Morceaux choisis sur la composition du Comité des régions », *op. cit.*, et MESTRE, *op. cit.*).

[25] Au moment où nous rédigeonss ces lignes, son contenu n'a été arrêté en juillet 1996 par le Congrès des pouvoirs locaux et régionaux du Conseil de l'Europe qu'en première lecture, de manière à ce que le texte puisse être soumis à l'avis de différentes institutions dans l'année qui suit, avant d'être adopté par le Congrès des pouvoirs locaux et régionaux de l'Europe pour ce qui le concerne et transmis au Comité des ministres. L'honnêteté scientifique vis-à-vis du lecteur m'oblige à préciser que le Conseil de l'Europe m'a fait l'honneur de me confier, ainsi qu'à mon collègue Nicolas Levrat, la rédaction de ce texte en tant qu'expert.

[26] Signalons que la directive 94/80/CE du Conseil du 19 décembre 1994, fixant les modalités de l'exercice du droit de vote et de l'éligibilité aux élections municipales pour les citoyens de l'Union résidant dans un État membre dont ils n'ont pas la nationalité, définit à son article 2 les « collectivités locales de base » comme « les entités administratives figurant à l'annexe qui, selon la législation de chaque État membre, ont des organes élus au suffrage universel direct et sont compétentes pour administrer, au niveau de base de l'organisation politique et administrative, sous leur propre responsabilité, certaines affaires locales ».

[27] AUBY, *op. cit.*, p. 20.

[28] JOCE n° C 326/296 du 19 décembre 1988. Voyez OLIVESI, C., *L'avenir du binôme institutionnel : Union européenne – Régions ?*, Pouvoirs, 1993, p. 161.

[29] Nous avons déjà eu l'occasion de souligner la complémentarité qui existe aussi entre le Congrès des pouvoirs locaux et régionaux du Conseil de l'Europe et le Comité des régions de la Communauté européenne (Voyez DE BRUYCKER, P., « Le Comité des régions parmi les structures représentatives des pouvoirs locaux en Europe », dans BOURRINET, *op. cit.*, pp. 143-145).

[30] La Belgique et la France ont néanmoins signé cette charte, ce qui n'est pas le cas de l'Irlande et du Royaume-Uni.

[31] Dans BOURRINET, *op. cit.*, p. 248.

Les régions face au principe de subsidiarité

Marianne Dony
Directeur des recherches juridiques
à l'Institut d'Etudes européennes (ULB)

La subsidiarité est une notion aux multiples facettes dont la portée et le contenu ont suscité de nombreuses interrogations. Rarement concept aura été à l'origine d'autant de débats et d'intérêt, que ce soit dans la phase de négociation du traité de Maastricht ou peut-être même plus encore après sa signature [1].

Si elle n'est plus un élément central des discussions dans la nouvelle conférence intergouvernementale qui a débuté, elle n'a pas pour autant perdu de son actualité. En particulier le Comité des régions, dans son avis sur le principe de subsidiarité [2], propose d'en étendre la portée et le contrôle.

Nous commencerons par rappeler les principales controverses auxquelles ce principe a donné lieu, puis nous examinerons les propositions formulées par le Comité des régions.

1. La nature et la portée du principe de subsidiarité

Le principe de subsidiarité a été introduit par le traité sur l'Union européenne, qui en fait mention à plusieurs endroits : le préambule exprime la volonté des auteurs que les décisions soient « prises le plus près possible des citoyens, conformément au principe de subsidiarité ». L'article B dispose que « les objectifs de l'Union sont atteints dans le respect du principe de subsidiarité... ». Enfin l'article 3 B du traité CE contient en son paragraphe 2 l'expression la plus accomplie de ce principe : « dans les domaines qui ne relèvent pas de sa compétence exclusive, la Communauté n'intervient conformément au principe de subsidiarité que si et dans la mesure où les objectifs de l'action ne peuvent pas être réalisés de manière suffisante par les États membres et peuvent donc, en raison des dimensions ou des effets de l'action envisagée être mieux réalisés au niveau communautaire ».

Telle qu'elle s'exprime dans le préambule, la subsidiarité apparaît comme un principe politique qui préside à la répartition constitutionnelle des compétences et vise à concilier deux objectifs : poursuite de l'intégration et proximité. Dans cette fonction, la subsidiarité apparaît comme un principe supra-constitutionnel qui relève plus de la science politique que du droit.

En revanche, le principe de subsidiarité, dans le contexte de l'article 3 B, traduit une règle juridique dont la fonction est de réguler l'exercice de ses compétences par la Communauté. Il n'a pas pour objet de modifier les règles d'attribution de compétences, puisqu'il vise la situation où, dans un domaine précis, la Communauté s'est vu attribuer une compétence et a pour conséquence de dissocier compétence et pouvoirs.

Le principe de subsidiarité est un principe neutre qui peut conduire comme à une extension à une diminution du rôle de la Communauté : comme l'ont souligné plusieurs auteurs, il peut donc servir aussi bien [3] ceux qui s'inquiètent d'une trop grande extension des compétences communautaires que ceux qui cherchent à légitimer l'accroissement des compétences de la Communauté dans un souci d'efficacité. En pratique, cependant, son introduction dans le traité de Maastricht a surtout reflété les préoccupations de ceux qui craignaient que la souveraineté nationale [4] ne s'érode : il apparaît donc surtout comme une règle destinée à limiter les interventions de la Communauté et à protéger les États membres. Devant l'accroissement des nouveaux secteurs d'activité des institutions communautaires prévu par le traité de Maastricht, qui a donné lieu à une augmentation des compétences concurrentes, le principe de subsidiarité a joué le rôle de garde-fou ; soulignant que la reconnaissance de nouvelles matières en tant qu'objets de compétence concurrente ne doit pas impliquer la couverture de l'intégralité du secteur en question par l'action communautaire, celle-ci devant se borner à certains aspects généraux ou essentiels et s'accompagner d'une décentralisation des pouvoirs de mise en œuvre au profit des États membres [5].

2. L'avis du Comité des régions sur l'application du principe de subsidiarité

Le Comité constate que l'introduction du principe de subsidiarité a contribué à renforcer la légitimité démocratique de l'Union européenne, à rapprocher l'Union des citoyens et à souligner le rôle des régions et des collectivités locales, mais il regrette le caractère restrictif de la définition de la subsidiarité figurant à l'article 3 B du traité CE, qui limite ce principe à un critère pour l'exercice des compétences partagées entre l'Union et les seuls États membres.

Il demande donc que la réglementation concrète de ces mécanismes soit améliorée, afin de permettre une participation plus étroite et plus efficace des régions et des collectivités territoriales à l'Union européenne.

Il propose une nouvelle formulation de l'article 3 B, qui définisse le principe de subsidiarité également comme critère de partage des compétences cadre élargi, qui a toujours conduit au renforcement de l'État, même en système libéral, va accélérer encore l'évolution du fédéralisme allemand (...). En définitive, l'ambiguïté fondamentale du fédéralisme vient de ce que, soit il ne s'oriente pas vers l'État unitaire et cela est jugé révélateur d'une carence, soit il s'engage dans ce sens et cela nourrit de légitimes inquiétudes. L'exemple allemand est une bonne illustration » [20]. Cette ambiguïté semble affecter en effet tous les fédéralismes démocratiques, du moins dans les pays développés (encore que l'Inde aussi illustre cette tension, parfois jusqu'au paroxysme) : on l'a constaté également dans l'exemple américain, on pourrait aussi le faire avec celui de la Suisse [21] même si, de ce côté-là, se manifeste souvent un souci plus grand de sauver au moins les apparences. Dès lors, s'agit-il d'une crise ou d'une mutation des fédéralismes démocratiques ? Il en va du fédéralisme comme du parlementarisme : le thème de leur déclin est devenu un lieu commun de la doctrine constitutionnelle. En d'autres termes, la crise est indissociable, dans les deux cas, de la mutation et à plus d'un titre, dans les deux cas, du donné lui-même : le fédéralisme réalise le dépassement d'une situation complexe par la vertu d'une solution synthétique ; il est voué à surmonter les crises par essence (le parlementarisme est la civilisation de la crise, et le régime parlementaire en réalise même la conjuration par l'aveu et l'ordonnancement des crises). Au surplus, pour regrettables qu'elles puissent être jugées, ce sont là situations de fait. Il reste que dans les régimes démocratiques, désormais marqués par la primauté du pouvoir exécutif, le parlementarisme demeure le principe du gouvernement constitutionnel ; de la même manière dans des États fédéraux marqués par la tendance à la centralisation et la prépondérance de l'État national, le fédéralisme (comme inversement le centralisme) reste une donnée irréductible du système étatique et de la culture politique que celui-ci détermine.

3. Le fédéralisme impuissant

En dépit des capacités d'intégration et d'évolution dont fait preuve le fédéralisme moderne dans les États de droit, il est des circonstances dans lesquelles la solution fédérale s'avère difficilement opérante, ou même inadéquate.

Plusieurs cas peuvent être distingués :
– lorsque des populations d'origines et de langues diverses sont irrémédiablement enchevêtrées : c'est ce qu'on pourrait appeler le « donné balkanique ». Même si celui-ci s'est considérablement simplifié depuis 1913, par le recours (hélas toujours d'actualité) à des procédés drastiques, il demeure en plus d'un point inextricable – qu'on se souvienne de la Bosnie-Herzégovine ou de la Slavonie (à l'heure où nous révisons ce texte, la plaie s'est rouverte en Slavonie orientale) ;

— lorsqu'un peuple établi aux confins d'Etats nationaux sourcilleux – non pas simplement en lisière d'un seul [22] – revendique une identité étatique et invoque lui-même un fait national, ou au moins l'enracinement d'une communauté historique ou de langue : c'est le « donné kurde » [23]. La revendication est encore plus appuyée lorsque la langue est unique, comme celle des Ossètes, ou, combien plus, unique en son genre, comme il en est des Basques. Une variante intervient lorsque cette communauté, que les données de la géopolitique écartèlent [24], allègue avant tout un particularisme religieux, à plus forte raison exceptionnel : ainsi de la communauté musulmane de la Bosnie-Herzégovine. Ce donné peut s'avérer acerbe, si le groupe religieux est tenu pour dissident par la ou les confessions dominantes (ce qui induit un effet rebelle de double chevauchement) : c'est le « donné sikh », dans le Pendjab [25] ;
— le dernier cas est celui que pose le problème du fédéralisme « dual », c'est-à-dire la question de savoir si la solution fédérative est viable dans une situation d'antagonisme entre les deux principales composantes d'un Etat, alors même que le ferment de dissociation n'est plus neutralisé que par des motifs qui n'offrent plus rien en soi de politique (impératifs économiques) et que le ciment de l'unité est rapporté à une allégeance désuète ou lointaine : c'est le « donné canadien ».

Ces trois cas peuvent se rencontrer cumulativement à des degrés divers : le Liban offre l'exemple le plus exacerbé de tels effets d'accumulation. Mais pris séparément même, ils suffisent à remettre en question l'adéquation du fédéralisme comme mode de gestion du pluralisme étatique. La crise du fédéralisme au Canada, en Inde, en Belgique sont des manifestations actuelles d'une certaine impuissance du fédéralisme. Plus encore, la dislocation de la Yougoslavie, de l'Union soviétique, de la Tchécoslovaquie. Au moment de la débâcle du communisme certaines dispositions constitutionnelles ont révélé soudainement toutes leurs potentialités. Il en est ainsi du droit de sécession prévu formellement par le « droit constitutionnel » soviétique depuis la Constitution de 1936 [26]. « Dans son rapport sur le projet de Constitution, écrit Arkady Vaksberg, Staline avait lui-même fortement contribué à argumenter ce principe (...). Il va de soi que dans ses pires cauchemars, il n'imaginait pas un seul instant que quiconque pût prendre au sérieux la réalité de ce droit et tenter de le faire appliquer : comme toutes les déclarations de Staline, ce n'était qu'une façade sans contenu réel ni valeur concrète. Et voici que, débarrassée de sa façade décorative, la loi de l'époque stalinienne est apparue dans toute sa plénitude démocratique » [27]. En effet, il est révélateur de la consistance réelle de la « *Bundestreue* » antérieure à la révolution de 1989 que nombre de républiques – et ceci est également vrai dans l'ex-Yougoslavie – se sont tournées d'emblée vers l'usage du droit de sécession plutôt que de et des responsabilités entre tous les niveaux de gouvernement représentés au sein de l'Union : « La Communauté n'intervient conformément au principe de subsidiarité que si et dans la mesure où les objectifs de l'action envisagée ne peuvent pas être réalisés de manière suffisante par les États membres et les collectivités régionales et locales dotées de compétences selon le droit interne des États membres ».

Le Comité des régions demande aussi qu'un recours lui soit ouvert pour cause de violation du principe de subsidiarité et que les régions dotées de compétences législatives disposent d'un droit de recours spécial pour la défense de ces compétences que l'activité de l'Union affecterait.

Il invite enfin les États membres à appliquer sur leur territoire le principe de subsidiarité aux régions et aux collectivités locales.

3. Que faut-il penser de ces propositions ?

La question ainsi posée du rôle que doivent jouer les régions au sein de la Communauté n'est pas nouvelle. Déjà, lors des discussions qui ont conduit au traité de Maastricht, plusieurs auteurs ont souligné que la subsidiarité présentait en réalité une structure à trois étages : le principe de subsidiarité est un principe constitutionnel de programmation [6], appelé à jouer un rôle d'orientation dans la répartition des compétences entre la Communauté, les États et les Régions. La subsidiarité parle uniquement du niveau efficace le plus bas pour se décharger de certaines responsabilités, contemplant par là tout l'éventail des couches à structure hiérarchique des autorités publiques. Elle plaide en faveur d'organes régionaux et locaux à chaque fois que ceux-ci peuvent obtenir de meilleurs résultats que les niveaux supérieurs.

Il ne faut pas non plus oublier que ce sont les *Länder* allemands qui ont imposé la notion de subsidiarité dans le débat sur une répartition équitable des pouvoirs en Europe [7]. Ils craignaient en effet que toute extension des responsabilités communautaires ne touche des domaines (par exemple la culture, l'éducation, la télédiffusion) qui relèvent de leurs compétences exclusives en vertu de la Constitution allemande et ne vienne encore éroder davantage leur souveraineté [8].

Il nous paraît cependant fort peu vraisemblable que la subsidiarité à l'échelle communautaire puisse induire la subsidiarité au niveau interne.

Il ne fait aucun doute que, dans le traité de Maastricht, le principe de subsidiarité concerne uniquement les rapports entre les États membres et la Communauté [9].

Mais nous ne pensons pas qu'il puisse en être autrement dans l'état actuel de l'intégration européenne.

D'abord, les compétences attribuées aux Communautés l'ont été par les États membres, en leur qualité de sujets de droit international, et non par leurs composantes territoriales. Ces dernières, ne participant pas au processus d'attribution de compétences, ne peuvent dès lors revendiquer l'application, à leur bénéfice, du principe de subsidiarité. L'accepter reviendrait à accepter la levée du « voile » national, ce qui est loin d'être accepté par la plupart des États membres [10].

L'obstacle lié au système communautaire de répartition de compétences n'est pas le seul ; celui de l'autonomie institutionnelle vient s'y ajouter. Ainsi la Cour de justice a-t-elle affirmé que, conformément aux principes généraux qui sont à la base du système institutionnel de la Communauté et qui régissent les relations entre la Communauté et les États membres, « lorsque les dispositions du traité (...) reconnaissent des pouvoirs aux États membres ou leur imposent des obligations (...), la question de savoir de quelle façon l'exercice de ces pouvoirs et l'exécution de ces obligations peuvent être confiés par les États à des organes déterminés relève uniquement du système constitutionnel de chaque État » [11].

La règle s'applique aussi pour la détermination de la nature des autorités appelées à intervenir dans un État fédéral : « Il n'appartient pas à la Commission de se prononcer sur les répartitions des compétences opérées par les règles institutionnelles de chaque État membre et sur les obligations qui, dans un État doté d'une structure fédérale, peuvent incomber respectivement aux autorités fédérales et aux autorités des États fédérés » [12].

Par conséquent, la question de la répartition de compétences entre l'échelon national et l'échelon régional ou local relève de la souveraineté de chaque État membre et la Communauté ou l'Union n'ont pas à leur imposer quoi que ce soit en ce domaine. En particulier, le principe de subsidiarité ne saurait obliger les États à transférer des compétences vers le bas. L'application de la subsidiarité au niveau national dépendra du système de répartition interne des compétences de chaque État membre. Une fois établi qu'un objectif sera mieux atteint au niveau étatique, ce sont les États qui en fonction de leurs règles constitutionnelles internes détermineront le niveau – central ou décentralisé – le plus adéquat pour exercer cette compétence.

Dans ces conditions, la proposition de reformulation de l'article 3 B ne nous paraît guère avoir de sens.

En effet, les fondements régionaux des États-nations européens varient fortement et il est très difficile d'identifier des organes régionaux de nature égale et à structure institutionnelle comparable.

Dans certains États, l'attribution de compétences aux régions est déjà une réalité et le principe de subsidiarité y tient déjà nécessairement compte de l'activité des régions. Mais d'autres États refusent de reconnaître une quelconque réalité régionale, au point qu'on peut d'ailleurs se demander ce qui provoque le plus la réticence des autorités nationales : l'idée de conférer des pouvoirs à des niveaux inférieurs ou celle de les concéder à des autorités supérieures. Toute immixtion de la Communauté ou de l'Union dans le clivage entre national et régional, pour imposer une plus grande décentralisation, ne relèverait pas de leurs compétences et de plus serait ressentie comme une nouvelle atteinte inadmissible à la souveraineté nationale.

Nous ne pensons pas non plus que la demande du Comité des régions d'être recevable à introduire un recours en cas de violation du principe de subsidiarité soit justifiée. En premier lieu, il nous semblerait peu logique d'accorder au Comité des régions un droit de recours dont ne dispose pas le Parlement européen, puisqu'il ne s'agit pas d'un recours ayant pour objet la sauvegarde de ses prérogatives. Ensuite, cela équivaudrait à reconnaître à l'article 3 B une valeur supérieure aux autres dispositions du traité, ce qui ne nous paraît pas justifié. Enfin, dans la mesure où le principe de subsidiarité concerne, comme nous l'avons indiqué, les rapports entre les États et la Communauté, le Comité des régions n'a pas de vocation particulière pour veiller à sa bonne application.

En revanche, nous approuvons la dernière proposition du Comité des régions tendant à reconnaître aux régions qui disposent, selon leur ordre juridique national, de compétences législatives, un droit de recours semblable à celui dont disposent les États eux-mêmes, ou au moins semblable à celui dont dispose le Parlement pour sauvegarder leurs prérogatives [13]. Il n'est pas normal, à notre sens, que le gouvernement d'une région soit traité comme un simple particulier. Cela implique, qu'à ce titre, il ne peut agir contre des actes normatifs de la Communauté, qui porteraient atteinte à ses prérogatives, mais uniquement contre des décisions le concernant individuellement. De plus, à la différence des recours introduits par les États membres, son recours relève de la compétence du Tribunal de Première Instance et non de la Cour de justice.

Si le droit communautaire ne peut imposer aux États de devenir des États fédéraux, ne devrait-il pas en revanche reconnaître le caractère fédéral de certains d'entre eux et accepter qu'au sein de ces derniers, les compétences « nationales » sont en réalité exercées au niveau régional ? Dans cette mesure, les autorités régionales qui peuvent déjà représenter leur pays au sein du Conseil de l'Union européenne devraient aussi pouvoir exercer les recours reconnus aux États membres, lorsque ces recours concernent des compétences qui, au plan interne, leur appartiennent.

Notes

¹ Une abondante doctrine s'est déjà penchée sur ce principe ; voyez notamment, Vlad CONSTANTINESCO, « Le principe de subsidiarité : un passage obligé vers l'Union européenne », dans *L'Europe et le droit*, Mélanges en hommage à Jean Boulouis, 1991, p. 51 ; Franklin DEHOUSSE « La subsidiarité, fondement constitutionnel ou paravent politique de l'Union » *Liber amicorum E. Krings*, p. 51 ; *Subsidiarité, défi au changement*, Colloque organisé par l'IEAP, 1991 ; Georges VANDERSANDEN, « Considérations sur le principe de subsidiarité », dans *Mélanges en hommage à J. Velu*, 1993, p. 179 ; Charles MILLON-DELSOL, *Le principe de subsidiarité*, Que sais-je ?, 1993 ; Koen LENAERTS et Patrick VAN YPERSEELE, *Le principe de subsidiarité et son contexte*, Cahiers de droit européen, 1995, p. 2.

² JOCE, n° C 100 du 2 avril 1996.

³ Jacques SANTER, « *Quelques réflexions sur le principe de subsidiarité* », dans *Subsidiarité, défi au changement*, précité.

⁴ Klaus GRETSCHMAN, « Le principe de subsidiarité : quelles responsabilités à quel niveau de pouvoir dans une Europe intégrée », dans *Subsidiarité, défi au changement*, précité.

⁵ On notera que ces revendications légitimes répondent à la logique d'une structure institutionnelle fédérale, structure qui, par ailleurs, a été rejetée par certains Etats membres.

⁶ Enzo MATTINA, « Subsidiarité, démocratie et transparence », dans *Revue du marché unique européen* 4/1992, p. 203.

⁷ Laurence BURGORGUE-LARSEN, *L'Espagne et la Communauté européenne*, Bruxelles, Editions de l'Université de Bruxelles, 1995, p. 204.

⁸ Klaus GRETSCHMAN, *op. cit.*, p. 59.

⁹ Comme le note – pour le regretter – le Comité des régions dans son avis.

¹⁰ Laurence BURGORGUE-LARSEN, *op. cit.*, p. 205.

¹¹ Arrêt du 15 décembre 1971, International Fruit, aff. jtes 51/71 à 54/71, *Rec.*, p. 1107.

¹² Arrêt du 12 juin 1990, Allemagne/Commission, aff. C-8-88, *Rec.* p. I-2321.

¹³ Voir dans ce sens, G. VANDERSANDEN, *op. cit.*, p. 192.

Évolution d'un partenariat : la Belgique francophone et la francophonie institutionnelle [1]

Françoise MASSART-PIERARD
Responsable de l'Unité des Relations internationales
de l'Université catholique de Louvain-la-Neuve

La francophonie internationale et la Communauté française de Belgique apparaissent d'emblée comme des institutions appelées à coopérer, si l'on en croit en tout cas les spécificités que chacune d'elles offre et qui se font écho. La francophonie intergouvernementale présente en effet des traits originaux : le multilatéralisme, les fondements culturel et linguistique autour de la langue française, l'attention particulière réservée à des composantes d'États membres. Ces caractéristiques participent à un jeu de miroir avec la Communauté française de Belgique.

L'origine de la francophonie institutionnelle remonte à la création de l'Agence de coopération culturelle et technique en 1970. Sa Charte retient comme premier objectif le développement d'une coopération « multilatérale » dans les domaines ressortissant au rapprochement des peuples. Le multilatéralisme exprime l'aspiration à fonder des relations internationales sur des rapports avec l'ensemble des membres plutôt que sur des accords bilatéraux. Il met l'accent sur l'égalité de participation, ce qui croise l'intérêt du plus grand nombre et en particulier celui des puissances moyennes et petites. C'est pourquoi la Communauté française poursuit inlassablement l'objectif de multilatéralité au sein des instances francophones et dénonce tout « habillage multilatéral » d'actions qui s'inscrivent de fait dans la coopération bilatérale. Cette déviation pourrait miner la francophonie de l'intérieur. De plus, le multilatéralisme a, comme le dit E. Haas, une fonction essentielle en ce qu'il aide à construire un « sens commun », substance même de la culture !

La francophonie comme la Communauté française reposent sur la langue et la culture. Toutes deux ont reçu des compétences importantes en ces matières.

Une trop grande diversification des domaines d'intervention de la francophonie n'apparaît donc pas opportune à la Communauté française.

La francophonie internationale accorde une place, voire un statut particulier, aux composantes d'États membres pour autant qu'ils y consentent. Ainsi donc, le Québec et le Nouveau Brunswick ont été reconnus comme gouvernements participant à l'Agence de coopération culturelle et technique de Paris. La Communauté française, quant à elle, a obtenu de siéger à l'ACCT au nom de la Belgique, tandis que l'État fédéral et la Communauté française ont chacun leur propre délégation aux conférences des chefs d'État et de gouvernement ayant le français en partage. La politique de la Communauté française de Belgique (CFB) à l'égard de la francophonie internationale résulte en effet de la transformation progressive de l'État belge en un État fédéral permettant aux entités composantes de prolonger à l'extérieur les compétences acquises au plan interne, de construire une identité propre et d'obtenir une reconnaissance internationale. A cet égard, les effets de la réforme de l'État de 1993, octroyant aux régions des compétences équivalentes à celles des Communautés en matière de relations internationales se font sentir : la fusion des exécutifs des relations extérieures de la Région wallonne et de la Communauté française est réalisée et la participation de la Région wallonne à la francophonie intergouvernementale est réelle.

Quelle politique extérieure francophone la Communauté française et la Région wallonne mènent-elles donc ?

La Région wallonne développe au sein de la francophonie internationale une stratégie visant l'obtention de retombées économiques et technologiques pour les entreprises. Elle considère comme essentielle la coopération économique francophone et rejette l'idée d'une francophonie multilatérale fondée exclusivement sur le lien culturel.

L'approche de la Communauté française diffère de celle caractérisant de manière générale les gouvernements « régionaux » : ils nourrissent leurs relations extérieures d'actions sectorielles, suscitent un ancrage dans des réseaux transnationaux et/ou interrégionaux au sein desquels les acteurs privés jouent un rôle important. La Communauté française, au sein de la francophonie, vise plus à participer au « système interétatique des États-Nations » qu'au « monde multicentrique » des acteurs régionaux non étatiques.

La Communauté française privilégie donc une approche institutionnelle et politique de la francophonie multilatérale : membre de toutes les instances francophones, elle est régulièrement placée à des postes importants ; elle a été, par l'intermédiaire de son commissaire général aux relations internationales, présidente de la Conférence générale de l'ACCT (1987-1989). En outre, elle joue un rôle actif en faveur de la réforme des institutions francophones et agit comme médiateur dégageant des consensus.

La francophonie étant « essentielle » à la Communauté française de Belgique, elle paie seule la cotisation due par la Belgique à l'ACCT et soutient les programmes de cette dernière à concurrence de trois cents millions de francs belges Même sa diplomatie bilatérale s'appuie sur des axes géopolitiques prioritaires ancrés dans la francophonie.

Un nouveau défi s'annonce cependant à la Communauté française : la prégnance du facteur économique auquel d'ailleurs la francophonie s'ouvre progressivement. Bien des entités fédérées (le Québec en particulier) en tiennent, en effet, de plus en plus compte. Mais l'économie fait partie des matières relevant de la compétence de la Région wallonne et non de la Communauté française. Leur avenir à toutes deux, sans se confondre toutefois, pourrait s'appuyer sur une coopération étroite respectant leurs spécificités. Cette option réaliste pourrait offrir un effet multiplicateur et une valeur ajoutée à la présence internationale de la Belgique francophone. Un axe Communauté française-Région wallonne renforcerait cette dernière.

Note

[1] Ce texte est paru dans la revue *Francité*, n° 14, février 1996, sous le titre « La Belgique francophone et la francophonie internationale. Quelle synergie ? ». Il résume un article publié dans la revue *Politique et société* (juin 1997, société québécoise de science politique, Universités du Québec à Montréal, Montréal (Québec)), sous le titre « approches de la francophonie internationale ».

Les relations extérieures de la Région wallonne

Jean-Louis SIX
Maître de conférences à l'ULB
Chef de cabinet du ministre-président de la Région wallonne
François PERL
Assistant de recherches au CERIS-ULB,
Attaché au cabinet du ministre-président de la Région wallonne [1]

1. Introduction

Le phénomène de la projection sur le plan international des compétences internes des entités fédérées a déjà été largement commenté dans le présent ouvrage. Nous avons souhaité nous attarder sur les aspects concrets de cette problématique et plus particulièrement sur l'étude de la « politique extérieure » de la Région wallonne, tout en évitant les redondances par rapport aux autres contributions. En ce qui concerne le commentaire des aspects théoriques et juridiques de cette question, nous renvoyons donc le lecteur aux contributions *ad hoc* [2].

La réforme de l'État de 1980 qui a entraîné la création d'exécutifs régionaux autonomes a été une forme de catalyseur pour le développement de relations entre les entités fédérées belges et des partenaires institutionnels étrangers. Celle de 1993 a fini d'achever, avec la conclusion en 1994 de divers accords de coopération [3], l'architecture institutionnelle de la politique extérieure de la Belgique.

L'organisation des relations internationales des composantes fédérées répond fonctionnellement à un objectif majeur : assurer sur le plan international la projection des compétences assurées sur le plan interne. A cet égard, une hiérarchie de priorités est établie par chaque gouvernement tant sur le plan géographique que sur le plan des domaines de coopération internationale.

Cependant, on ne peut faire l'économie d'une réflexion sur les conséquences internes, pour l'équilibre fédéral, de la conduite d'une politique extérieure autonome par chaque entité fédérée. L'instrumentalisation par les exécutifs wallons qui se sont succédé depuis 1980 de leur politique extérieure à des fins de politique interne s'est située à un degré d'intensité peu comparable avec la manière dont la Flandre a usé politiquement des prérogatives accordées par la loi du 5 mai 1993 relative aux relations internationales des Communautés et des Régions [4].

2. Relations bilatérales

1. Introduction

La Région wallonne a tissé, depuis 1980, un réseau de relations bilatérales tant avec des entités infraétatiques, composantes de systèmes fédéraux ou d'États centralisés, qu'avec des États souverains.

L'acte fondateur de ce processus est la signature en 1980 d'un protocole de collaboration avec le Québec. Plus communément appelé « accords Dehousse-Levesque, ce document est le premier maillon de la « politique extérieure » de la Région wallonne. Depuis, les gouvernements successifs ont conclu près de vingt-cinq accords bilatéraux de coopération.

En 1993, sous l'impulsion de Guy Spitaels, le Gouvernement wallon a décidé de faire un tri au sein de ce panel de conventions, dont la plupart étaient tombées en désuétude. De ce tri est ressortie une série de priorités géographiques essentiellement concentrées sur l'Europe et l'Amérique. A ce titre, sept accords de coopération furent revalorisés avec les entités ou pays suivants :

– Catalogne,
– Maryland,
– Québec,
– Midi-Pyrénées,
– Rhénanie du Nord-Westphalie,
– Slovaquie,
– Slovénie.

A partir de là, le Gouvernement wallon a insisté sur l'importance d'une meilleure sélectivité dans le choix des partenaires étrangers. Cette sélectivité est motivée par des raisons de rationalité politique, budgétaire et administrative.

Les accords de la Saint-Michel ont, outre la régionalisation du Commerce extérieur qui sera abordée dans une section *ad hoc,* considérablement augmenté le volume d'affaires traitées par les Régions au niveau international, ne serait-ce qu'en termes de « traités mixtes ».

Cette responsabilité se situe à deux niveaux. D'une part, les entités fédérées se voient attribuer un véritable « *ius tractati* » dans leurs domaines de compétences exclusives. D'autre part, elles se voient intégrées de manière active dans la politique extérieure de l'État fédéral via le processus de la conférence interministérielle de la politique étrangère (CIPE) et plus particulièrement dans le cadre du groupe traitant des traités bilatéraux et multilatéraux portant sur des compétences mixtes, le groupe « traités mixtes ».

Sur le plan bilatéral, cette évolution a conduit à une distinction entre, d'une part, la négociation et la ratification des traités mixtes et, d'autre part, le même processus pour des traités que nous appellerons « purs », qui portent sur des matières relevant de compétences exclusives des entités fédérées et ce, quel que soit le statut juridique du partenaire international.

2. Les traités mixtes

L'approche choisie dans la détermination des traités relevant de cette catégorie est essentiellement pragmatique. Le législateur, dans l'accord de coopération du 8 mars 1994, n'a pas déterminé en effet quels traités pouvaient être considérés comme mixtes, mais a fixé une série de critères pouvant laisser apparaître le caractère du traité et a chargé la CIPE de créer un groupe *ad hoc* responsable de la détermination de la mixité des traités.

« La CIPE arrête sur proposition du groupe de travail « traités mixtes », endéans les soixante jours après l'information visée à l'art. 1, le caractère mixte du traité, ainsi que – en vue des négociations – la composition de la délégation belge et la position à adopter ».

Pour pragmatique qu'elle puisse être, cette procédure n'en est pas moins lourde et a d'ailleurs considérablement alourdi le processus de ratification des traités internationaux par la Belgique. Des formules sont actuellement à l'étude en vue d'optimaliser la circulation de l'information.

De surcroît, une césure s'est opérée dans la conclusion de traités internationaux.

En effet, l'Union européenne s'étant progressivement subrogée aux États-membres dans la conclusion de traités-cadres à vocation générale, la matière des traités mixtes a progressivement évolué du secteur bilatéral vers le multilatéral. Restent dès lors essentiellement dans le champ des traités mixtes bilatéraux les accords des promotions et protections réciproques des investissements que l'UEBL conclut avec des pays tiers. Les régions sont associées pleinement tant en ce qui concerne la détermination des priorités géographiques de ces accords qu'à leur processus de ratification.

Cependant, dans cette matière également, un glissement s'opère vers le « champ » multilatéral et un accord global sur la protection des investissements, l'accord multilatéral sur les investissements, est en cours de négociation au sein de l'OCDE.

3. Les traités « purs »

A l'instar de ce qui vient d'être écrit au sujet des traités bilatéraux mixtes, les traités « purs » sont devenus des instruments secondaires dans les relations internationales contemporaines. A l'exception d'accords sectoriels précis, ces traités sont quelque peu passés de mode à l'heure du développement du multilatéralisme politique et des conventions techniques internationales.

La Région wallonne ne fait pas exception à cette tendance. Elle a pour l'instant conclu deux accords multisectoriels avec la Pologne (10 octobre 1996) et avec la Hongrie (26 mars 1997), qui peuvent s'apparenter à des traités bilatéraux de coopération.

Un accord est en cours de négociation avec le Chili.

Enfin, une renégociation de l'accord Wallonie-Québec est prévue, en vue de mettre cet instrument en conformité avec les nouvelles prérogatives régionales dans le domaine des relations internationales.

Dans l'esprit de la déclaration de politique régionale adoptée au début de la présente législature, le Gouvernement wallon et le Gouvernement de la Communauté française ont décidé d'opérer des synergies sur le plan de la conclusion des accords de coopération. Cette disposition a conduit à la conclusion d'accords tripartites avec la Pologne et la Hongrie.

Cette formule garantit une certaine cohérence géopolitique aux positions respectives de la Région et de la Communauté.

4. La représentation à l'étranger

A l'inverse de la Communauté française, la Région wallonne ne dispose pas d'un réseau de représentants à l'étranger.

Dans un premier temps, à la fin des années quatre-vingt, la Région a ouvert six postes de délégués, souvent à la même localisation que la Communauté française de Belgique. Vu le faible rapport coût/bénéfice de l'opération, elle n'a maintenu qu'une délégation auprès de l'Union européenne à Bruxelles, intégrée au sein de la Représentation permanente fédérale et a « fondu » son réseau de délégués au sein du réseau d'attachés commerciaux hérité du fédéral à l'occasion de la régionalisation du commerce extérieur.

La Région wallonne s'appuie sur le réseau diplomatique fédéral pour la représentation de ses intérêts autres que commerciaux. Cette collaboration se déroule de manière harmonieuse et efficace et se révèle particulièrement utile à l'occasion des missions de ministres régionaux à l'étranger. Les postes diplomatiques « pilotent » la mise sur pied des programmes de missions, en étroite collaboration avec les autorités locales. Cette approche a contribué à la réussite de ces missions. On pensera, pour s'en convaincre, aux rencontres successives entre Guy Spitaels, Robert Collignon, Luc Van den Brande et François Mitterrand, préparées sous l'égide de l'Ambassade de Belgique à Paris.

3. Les relations multilatérales

Il est indéniable que les relations multilatérales ont progressivement pris le pas sur la diplomatie classique, représentée par les relations bilatérales. Si la Communauté française a maintenu d'importants programmes de coopération bilatérale (notamment dans le cadre de l'éducation), la Région wallonne a rapidement orienté l'essentiel de son effort international dans le cadre multilatéral.

1. La Région wallonne et les organisations internationales

A ce stade, nous distinguerons deux sphères d'influences majeures : d'une part, les relations tissées dans le cadre de l'Union européenne, d'autre part, celles tissées dans celui des organisations du « système onusien » et de l'OCDE.

1. La Région wallonne et l'Union européenne

Il est clair que le « prisme européen » est le principal axe de travail des relations extérieures de la Région wallonne.

a. Les fonds structurels

Avec des zones éligibles aux objectifs 1, 2 et 5b ainsi que des participations aux diverses initiatives communautaires, la Région wallonne est largement couverte par les interventions structurelles de la Commission européenne.

Depuis la régionalisation d'une partie de la politique économique, la gestion des fonds structurels en ce compris les relations avec la Commission européenne incombe intégralement aux autorités régionales. A ce titre, la coordination de la gestion de ces programmes a été dévolue à la direction générale de l'Économie du ministère de la Région wallonne qui gère ces dossiers sous la tutelle conjointe des ministres chargés de l'Économie et des Relations internationales.

Cette autonomie de gestion est également souhaitée par la Commission européenne qui entend favoriser au mieux le partenariat avec les entités fédérées et les collectivités locales. Cependant, aucun autre État-membre n'a adopté une vision aussi décentralisée de cette notion de partenariat que la Belgique.

On peut noter que le fait que cette tâche ne soit pas confiée à l'administration des Relations internationales démontre le haut degré d'intégration de la politique économique régionale et des interventions structurelles de l'Union européenne. Nonobstant l'intervention constante dans ce dossier de la DG XVI de la Commission européenne et de la Cour des Comptes européenne, cette matière relève plutôt du caractère *sui generis* de la politique européenne que des relations extérieures de la Région wallonne au sens classique.

b. La participation de la Région wallonne au Conseil des ministres de l'Union européenne

Le traité de l'Union européenne maintient comme pétition de principes de ne reconnaître que des États comme interlocuteurs.

La révision de l'article 146 du traité sur l'Union européenne, intervenue dans le cadre du traité de Maastricht, a cependant permis aux États-membres de se faire représenter dans les conseils des ministres européens par des représentants d'exécutifs régionaux.

« Le Conseil est formé par un représentant de chaque État – membre au niveau ministériel, habilité à engager le gouvernement de cet État-membre... »

Cette faculté n'a, pour l'instant, été utilisée que par la Belgique, également principale instigatrice de cette modification [5].

L'accord de coopération relatif à la représentation du Royaume de Belgique au sein du Conseil des ministres de l'Union européenne du 8 mars 1994 entre l'État fédéral et les entités fédérées définissant une nomenclature des conseils, répartit ceux-ci en quatre catégories selon qu'ils sont de prérogatives exclusives de l'État fédéral, de prérogatives partagées entre celui-ci et les entités fédérées – avec prépondérance de l'un ou des autres selon les conseils – ou de prérogatives exclusives des entités fédérées.

Depuis, la conclusion de cet accord, la Région wallonne a essentiellement concentré sa participation autour de deux configurations : les conseils « industrie » et les conseils informels « politique régionale, logement et aménagement du territoire ». La Région wallonne a d'ailleurs assuré l'organisation de ce conseil informel à l'occasion de la présidence belge de l'Union européenne en 1993.

Au sein du Conseil informel « politique régionale, logement et aménagement du territoire », elle a essentiellement fait valoir une série de positions concernant la réforme des fonds structurels.

Sa participation au Conseil « industrie », sous les récentes présidences grecque, espagnole et italienne, a été quant à elle centrée autour de l'avenir de la sidérurgie européenne, la politique de concurrence, la politique en matière d'aides d'État et la politique des PME. La configuration « industrie » revêt une importance particulière pour une région comme la Région wallonne. En effet, les compétences économiques attribuées aux régions par l'ordre juridique interne adoptent généralement les contours des sujets traités dans le cadre du conseil industrie tandis que celles attribuées au fédéral correspondent quant à elles aux matières du Conseil ECOFIN.

Dans ce cadre, on notera également l'importance de la loyauté fédérale dans l'exercice par les régions de leur représentation de la Belgique au sein de ces conseils. Cette représentation s'opère sur base d'une rotation appelée le « tour de rôle » négociée préalablement entre toutes les entités fédérées. Il est ainsi intéressant de souligner que l'approbation par le conseil « industrie » de la reprise de l'entreprise sidérurgique allemande Eko-Stahl par Cockerill-Sambre a été négociée, avec succès, par Luc Van den Brande tandis que Robert Collignon représentait la Belgique au conseil au cours duquel le problème de la reprise de l'entreprise sidérurgique allemande Klokner par Sidmar était abordé.

c. Le Comité des régions et l'Assemblée des Régions d'Europe (ARE)

La participation de la Région wallonne au Comité des régions entre dans la logique des choses. La création de cette instance en 1994 a été considérée comme une « victoire » pour le fait régionaliste en Europe. Pourtant, après trois ans d'existence, force est de constater que ses travaux sont loin d'atteindre les objectifs fixés par ses « pères ». Cela s'explique par le fait que cet organisme regroupe des entités aux tailles et aux sphères de compétences fort différentes. Il y a en effet une grande disparité entre le pouvoir de décision d'une part d'une région belge ou d'un *Land* allemand et d'autre part, d'un *county* britannique ou d'une région française.

Là encore, on peut parler d'une « exception belge » vu les prérogatives très larges dont disposent les entités fédérées dans le domaine des relations extérieures, par comparaison avec des États fédéraux au système pourtant fort comparable comme la République fédérale d'Allemagne ou l'Espagne.

Cette remarque vaut également pour l'ARE dont la création en 1985 fut initiée, entre autres, par la Région wallonne. Le *lobby* des régions d'Europe a cependant perdu largement en influence suite à la création du Comité des Régions. L'avenir pourra permettre de déterminer si l'arrivée de L. Van den Brande à sa tête modifiera cet état des choses.

d. La Conférence Intergouvernementale (CIG)

Par son caractère mixte, la CIG requiert la participation des régions au processus de négociation et de ratification du futur traité. Les régions et les communautés ont bénéficié d'une extension de l'application de l'accord de coopération « article 146 » et ont pu dès lors être associées, via la dévolution d'un des quatre sièges au sein de la délégation belge, aux groupes de négociation dès lors que l'ordre du jour concernait l'un de leurs domaines de compétence.

Il est difficile d'opérer un bilan politique de la participation de la région à ce processus. Hormis une note adoptée le 29 février 1996 par le gouvernement wallon, de facture très classique, il est difficile de trouver trace de la participation régionale à la CIG. Force est de constater cependant, et ce à la décharge des autorités politiques, que l'agenda de cette conférence a rarement abordé des domaines de compétence régionale, à l'inverse de ce qui s'était passé pour Maastricht.

2. La Région wallonne et les autres organisations internationales

L'accord de coopération entre l'État fédéral et les entités fédérées portant sur la représentation du Royaume de Belgique auprès des organisations internationales poursuivant des activités relevant de compétences mixtes du 8 mars 1994 énumère une liste exhaustive des organismes considérés comme tels.

En l'espèce, cette liste comprend trois « familles » principales : les organes du système onusien, l'OCDE et le Conseil de l'Europe.

Les organes onusiens ont donc ouvert, en partie, leurs portes aux entités fédérées belges. La Région wallonne a consacré l'essentiel de son effort à l'adresse de deux de ces organes : l'UNESCO et l'Organisation des Nations unies pour le développement industriel (ONUDI).

En ce qui concerne la première citée, c'est essentiellement pour ses activités dans le domaine du patrimoine que la Région wallonne marque un intérêt. L'accord de coopération précité et la fédéralisation de cette matière (transférée de la Communauté française aux Régions wallonne et bruxelloise) impliquent que les conventions internationales conclues dans le cadre de l'UNESCO soient désormais gérées de manière décentralisée. Cette matière relève au sein de la Région wallonne de la direction générale du Logement, de l'Aménagement du territoire et du Patrimoine. Il faut cependant préciser que dans ce domaine le fédéral a gardé un important pouvoir de coordination (et de substitution) via le ministère des Affaires étrangères qui organise régulièrement des réunions de concertation sur le sujet. En outre, une bonne partie du travail de fond reste effectué par la Représentation permanente de la Belgique auprès de l'UNESCO à Paris.

La Région wallonne s'est intéressée aux travaux de l'ONUDI dès les prémisses de la régionalisation du commerce extérieur en concluant en 1994 une convention de coopération avec cet organisme. Cet accord prévoit le détachement d'un « expert » wallon au siège de Vienne de l'ONUDI. La tâche de cet expert consiste en l'exécution d'un programme de sensibilisation et de participation des entreprises wallonnes aux actions menées par l'ONUDI. En échange de ce détachement, l'ONUDI offre un accès au réseau d'infrastructures et d'information interne. Cette opération s'apparente à une opération de *lobbying* interne au profit de PME susceptibles d'avoir accès à des interventions financières.

Les compétences économiques de la Région wallonne impliquent une participation régionale aux travaux de l'OCDE, essentiellement sur les matières suivantes : aménagement du territoire, développement régional, politique, industriel, politique des transports.

Au niveau ministériel, on notera la participation du ministre-président, R. Collignon, au sommet des ministres de la politique régionale à Vienne en avril 1994.

Enfin, la Région wallonne reste attentive au suivi des négociations de l'accord multilatéral sur les investissements, entamées il y a plus d'un an, au titre de ses compétences en matière d'expansion économique, d'accueil des investissements étrangers et de commerce extérieur.

Le Conseil de l'Europe intéresse la Région wallonne à plus d'un titre. Tout d'abord, dans les domaines du développement spatial et du patrimoine mais également pour le Conseil des pouvoirs locaux et régionaux (CPLRE). Ce comité consultatif basé à Strasbourg a longtemps préfiguré l'actuel Comité des régions de l'Union européenne. Depuis la création de ce dernier, il s'est recentré dans le domaine de la coopération avec les collectivités régionales et locales des « nouvelles démocraties ». C'est dans ce cadre qu'il faut prendre note de l'accession du ministre régional Jean-Claude Van Cauwenberghe à la tête de la chambre des régions du CPLRE.

4. Conclusions

Cette contribution a essayé de mettre en évidence trois points forts des relations extérieures de la Région wallonne.

L'exercice sur le plan international des compétences internes s'impose naturellement et sans heurt. Le mérite en revient aux structures nouvelles qui ont été mises en place dans notre pays au cours des vingt-cinq dernières années.

L'approche poursuivie par les autorités wallonnes se veut essentiellement pragmatique. Elles n'hésitent pas à s'appuyer sur le réseau fédéral et évitent les créations de simples vitrines.

Enfin, la dimension européenne est la première priorité d'une Région qui entend assumer ses responsabilités et occuper la place qui lui revient dans une diplomatie chaque jour plus multilatérale.

Notes

[1] Les idées exprimées dans cet article n'engagent que leurs auteurs et ne constituent pas une prise de position officielle de leur autorité.

[2] De même qu'au courrier du CRISP récemment publié par C.-E. LAGASSE, *Le système des relations internationales dans la Belgique fédérale.*

[3] Pour une approche exhaustive de la question, on se reportera utilement au recueil publié par le Ministère des Affaires étrangères en mars 1996 reprenant l'ensemble des accords de coopération en matière de relations extérieures.

[4] On se reportera à ce sujet à la note de politique extérieure déposée par Luc Van den Brande au Parlement flamand en octobre 1995 : « Beleidsbrief buitenlands beleid en Europese aangelegenheden 1995-1999 » et plus particulièrement au chapitre « De visie van Vlaanderen », pp. 10-13.

[5] Pour une analyse juridique de cette question, on se reportera à : C.-E. LAGASSE, *op. cit.*, pp. 53 et 54.

Belgique fédérale ou « défédérée » et institutions de l'Union européenne

Christian FRANCK
Professeur à l'Institut d'Études européennes
de l'Université catholique de Louvain

La participation des entités fédérées d'une Belgique binationale et trirégionale est devenue une variable nouvelle pour la formation de la décision belge en matière européenne. Sans doute a-t-elle pris une place croissante depuis la révision constitutionnelle de 1992-1994. L'accès des entités fédérées aux institutions de l'Union européenne reste toutefois limité par la prépondérance faite aux États dans le système décisionnel européen.

On examinera l'interaction entre problématique binationale belge et institutions européennes dans trois contextes distincts :

1. les aménagements existants qui donnent déjà une représentativité européenne aux composantes de l'État belge ;
2. les revendications et aspirations des entités fédérées qui sont confrontées aux contraintes actuelles du droit européen ;
3. les rapports entre une hypothétique confédération belge ou des États successeurs à la Belgique avec les institutions de l'Union européenne.

1. Aménagements existants qui assurent une représentativité européenne aux composantes de l'État fédéral

1. La question de la répartition des eurosièges

De 1979 à 1989, la Belgique disposait de vingt-quatre sièges au Parlement européen : treize néerlandophones, onze francophones. Invoquant le critère de représentation proportionnelle, qui n'est pourtant pas d'application dans la répartition des sièges au Parlement européen, les partis flamands ont obtenu une répartition de quatorze néerlandophones pour dix francophones lors des accords de la Saint-Michel en 1992. Le vingt-cinquième eurosiège a été attribué à un germanophone, en dérogation parfaite au critère de proportionnalité qui a présidé à la nouvelle répartition entre néerlandophones et francophones.

2. La représentation des entités fédérées au Conseil

Avec l'Allemagne fédérale, la délégation belge, sous l'impulsion tant des socialistes wallons que du CVP, a milité pour une représentation au Conseil de l'Union européenne des gouvernements des entités fédérées pour les matières qui relèvent de leurs compétences. L'article 146 modifié du Traité de Maastricht admet : « Le Conseil est formé par un représentant de chaque État membre au niveau ministériel, habilité à engager le gouvernement de cet État membre ».

Un accord de coopération (mars 1994) entre l'État fédéral, les Régions et Communautés a fixé la répartition (en quatre catégories) des compétences européennes entre les niveaux de pouvoirs belges, et ainsi que les modalités de la représentation de l'État belge au Conseil : soit un ministre fédéral, soit un ministre fédéral et un assesseur fédéral, soit un ministre fédéré et un assesseur fédéral, soit enfin un ministre fédéré.

3. L'assentiment aux traités européens

Le Traité de Maastricht a été soumis à l'assentiment des assemblées fédérales et communautaires (néerlandophones, francophones, germanophones plus la Commission communautaire réunie de la Région bruxelloise).

Conformément à l'article 167 § 3 de la nouvelle Constitution, la révision du Traité de Maastricht devrait être soumise à l'assentiment des chambres fédérales, des assemblées communautaires et régionales pour autant que les modifications au Traité concernent les Communautés et Régions.

4. L'application de la directive sur le droit de vote des citoyens européens résidents non nationaux

Sous la pression des partis flamands, la délégation belge à la conférence intergouvernementale de 1991 a milité pour dissocier l'échéance concernant la directive sur le vote aux élections européennes (31 décembre 1993) de celle relative au droit de vote et d'éligibilité aux élections municipales (31 décembre 1994) de sorte que cette directive ne s'applique pas en Belgique pour les élections communales d'octobre 1994.

Au Conseil européen de Essen (décembre 1994), la Belgique a obtenu une dérogation pour application de la directive sur le droit de vote aux élections locales ; dans les communes de plus de 20% de résidents européens, une condition de durée de résidence (six ans) pourra être imposée lors du prochain scrutin communal.

5. Participation au Comité des régions (article 198 A du Traité sur l'Union européenne)

La Belgique y dispose de douze sièges. Les présidents des exécutifs régionaux sont membres du Comité. Des bourgmestres des grandes villes y siègent également. Le président du gouvernement flamand, Vanden Brande, plaide pour une extension des pouvoirs de ce comité.

2. Revendications et aspirations européennes dans le cadre fédéral actuel

1. *La question de l'emploi des langues*

La question de l'emploi des langues dans les institutions européennes est un thème sensible pour les partis et la presse flamands. Dans la Note du gouvernement fédéral sur la conférence intergouvernementale de 1996, la question de l'emploi des langues fait partie des matières que la Belgique, qui prône par ailleurs la généralisation du vote majoritaire au Conseil, réserve pour l'unanimité : « L'unanimité ne devrait être requise que pour les décisions à caractère institutionnel (modification, régime linguistique, adhésion » (Note gouvernementale, 13 octobre 1995, p. 26). Le régime linguistique a pour la Belgique l'importance qu'a la fiscalité pour le grand-duché de Luxembourg qui réserve aussi cette matière pour l'unanimité.

La sélection de cinq langues officielles (français, allemand, italien, espagnol) pour l'Office européen des marques, faite au Conseil européen de Bruxelles du 30 octobre 1993, a soulevé de vives protestations en Flandre et des critiques à l'encontre de Jean-Luc Dehaene, premier ministre et Willy Claes, ministre des Affaires étrangères, qui ont participé à cette décision.

2. *Le « splitsing » du vote belge au Conseil*

En mars 1996, le député du Parlement flamand, Karel de Gucht (VLD, ancien eurodéputé) a proposé que la délégation belge à la conférence intergouvernementale de 1996 défende le droit pour les entités fédérées belges de se partager les cinq voix de la Belgique au Conseil (trois pour la Flandre, deux pour la Wallonie…). Le ministre des Affaires étrangères Eric Derijcke a répliqué que le vote au Conseil (où l'Allemagne a dix voix, la Belgique cinq et le Luxembourg deux…) est indivisible.

Début juin 1996, le Parlement flamand a cependant adopté une résolution (projet de Gucht, Suykerbuyk, Van Grembergen) sur la présence des communautés et régions au Conseil de l'Union européenne pour les matières relevant de leurs compétences. Elle demande que leur soit offerte « la possibilité qu'elles expriment elles-mêmes leur vote en ces matières (de leur compétence) (Vlaams Parlement, Handelingen n° 22, p. 2600).

3. *La communautarisation de la sécurité sociale et la régionalisation de l'impôt*

Une communautarisation de la sécurité sociale et une régionalisation de l'impôt sur les bénéfices des sociétés, qui sont sur le cahier des revendications flamandes pour 1996, outre qu'elles posent un problème de transfert de compétences du fédéral au fédéré en Belgique, doivent aussi être canalisées au niveau européen par les exigences d'harmonisation requises par le marché intérieur.

3. Confédération, « dé-fédération » et institutions européennes

Si l'on sort du cadre fédéral belge, fût-il remanié, on entre alors dans l'hypothétique et le conjecturel où se profile soit le confédéralisme, soit la scission de l'État belge.

1. Le confédéralisme

Le confédéralisme est accrédité en Flandre par l'idée que la double dépossession, par le niveau européen et par le niveau régional, des compétences de l'État réduit celui-ci à être un État coupole (« *Roepelstaat* »), simple intermédiaire entre institutions européennes et entités régionales. La proposition de De Bastelier d'un « *Statenbond* » (union d'États), formulée à la mi-juillet 1995, envisage la cogestion à deux, Flandre et Wallonie, d'un résidu de compétences qui, par nécessité fonctionnelle, justifient encore l'existence d'une structure belge. La politique étrangère est citée, avec la défense et la justice, comme l'une des matières confédérales. Mais qu'en sera-t-il de la politique européenne ? On observera que l'idée du Parlement flamand de scinder les voix de la Belgique au Conseil de l'Union européenne est déjà antinomique avec le principe confédéral d'une position commune. On peut s'attendre aussi à de nombreuses divergences entre les entités confédérées, qui seront plus difficilement réduites que dans le contexte fédéral. Dépourvue de motivations communes, la confédération serait une étape transitoire vers la séparation.

2. La scission de l'État belge

En cas de scission de l'État belge, on peut évoquer deux problèmes majeurs : celui d'un statut international de ville européenne pour Bruxelles et celui de l'adhésion à l'Union européenne des États successeurs de la Belgique.

1. Du côté flamand (notamment le président du SP, L. Tobback) mais aussi pour certains francophones bruxellois, Bruxelles devrait recevoir un statut de ville internationale, capitale de l'Union européenne, tandis que Flandre et Wallonie s'en iraient chacune de leur côté. Il semble pourtant que le scénario de la ville européenne risque d'appartenir à de la politique-fiction :
- ce statut n'a jamais été qu'une solution provisoire pour un problème insoluble (voir Dantzig, Jérusalem) ;
- pour que Bruxelles devienne capitale européenne sous tutelle de l'Union européenne, il faudrait que celle-ci veuille exercer cette tutelle. Il est plus vraisemblable que l'Union préférerait transférer les institutions sises à

Bruxelles vers une autre ville d'accueil si l'hospitalité bruxelloise devient problématique et onéreuse (hypothèse d'un transfert à Bonn). En outre, pour que l'Union européenne veuille disposer d'une capitale, il faudrait qu'elle veuille ressembler à un État fédéral. Telle n'est pas l'évolution qui se dessine.

2. A supposer que se forment deux États successeurs à la Belgique : Fédération Wallonie-Bruxelles et Flandre, il faudrait qu'ils soient reconnus par les autres États de l'Union européenne et adhèrent ensuite aux institutions de l'Union, quoiqu'ils en appliquent déjà le droit matériel (marché unique, monnaie unique). L'article O (Adhésion à l'Union européenne) du Traité de Maastricht ne vise pas le cas des États successeurs à un État membre. L'Union européenne se trouvera confrontée à un problème tout nouveau qui pourrait se poser également avec l'Écosse. L'article O prévoit que « les conditions de l'admission et les adaptations que cette admission entraîne en ce qui concerne les traités sur lesquels est fondée l'Union » font l'objet d'un accord, soumis à la ratification de tous les contractants, entre les États membres et l'État demandeur. L'entrée de deux États à la place d'un seul, qui entraîne des adaptations aux dispositions institutionnelles de l'Union européenne, implique donc un accord d'adhésion entre l'Union européenne et les États successeurs à la Belgique.

La question des frontières sera un élément du débat sur la reconnaissance et l'adhésion des États successeurs à la Belgique. L'Union européenne ne fera pas moins qu'appliquer les critères politiques d'adhésion définis au Conseil européen de Copenhague (juin 1993) pour les pays d'Europe centrale et d'Europe orientale : démocratie et protection des minorités. Les communes à statut spécial sur la frontière linguistique actuelle devraient faire l'objet d'une attention particulière. Comme l'unanimité est requise pour l'adhésion, les observations que pourraient émettre certains États quant au tracé de la frontière interétatique constitueront une contrainte qui pèserait sur les modalités de la partition qui seront convenues entre les États successeurs à l'État belge.

4. Conclusion

On souligne généralement le consensus dont bénéficie la politique européenne de la Belgique. Il est vrai que les partis traditionnels soutiennent à l'unisson le renforcement des institutions européennes (pouvoirs de la Commission, du Parlement, de la Cour de justice et vote majoritaire au Conseil), la réalisation du marché unique et la marche vers la monnaie unique. Écolo-Agalev ainsi que le Vlaamse Blok, pour des raisons souvent opposées, se situent généralement en marge de ce consensus. Mais on voit aussi apparaître sur certains points un clivage entre les deux Communautés : partage de sièges au Parlement européen, droit de vote aux élections communales, régime linguistique de l'Union, scission du vote belge. Plus qu'un clivage entre État fédéral et entités fédérées, qui est modéré par l'accord de coopération de mars 1994, c'est le clivage binational qui devient une source de tensions pour la définition de la position belge sur certaines matières européennes.

État présent du fédéralisme

Philippe Lauvaux
Professeur à la Faculté de Droit de l'Université libre de Bruxelles
avec la collaboration de Jean-Paul Lepetit

En cette fin du XXe siècle, l'état du fédéralisme paraît singulièrement contrasté. Inventée par le Constituant américain de 1787, la solution fédérale a connu apparemment un succès considérable. Au XIXe siècle, la Suisse s'inspire du modèle américain, et puis ce seront le Canada, l'Empire allemand, l'Australie. Au XXe siècle, des pays de plus en plus nombreux, et dans toutes les parties du monde, adoptent la structure fédérale. En Amérique, ce sont le Brésil, le Mexique, l'Argentine, le Venezuela ; en Asie, l'Inde et la Malaisie ; en Afrique, c'est le Nigéria ; en Europe occidentale, l'Autriche, et en Europe dite naguère de l'Est, ce sont l'Union soviétique, la Yougoslavie et la Tchécoslovaquie.

Le phénomène institutionnel se présente ainsi comme universel : il concerne les plus grands pays du monde comme de petits États, des nations industrialisées comme des pays du tiers-monde, des démocraties et des régimes autoritaires aussi bien que des systèmes socialistes. En Europe occidentale, au surplus, l'Italie puis l'Espagne et, pour une période transitoire, la Belgique ont expérimenté un modèle qui confine au fédéralisme sous la forme du régionalisme politique. « Aujourd'hui, cependant, écrivait André Fontaine dans un article publié en 1991 [1], le fédéralisme se trouve en plusieurs endroits soumis à rude épreuve. L'URSS se décompose (...). La Yougoslavie implose. Tchèques et Slovaques se supportent de plus en plus difficilement. Tous ces pays ont en commun d'avoir été, ou d'être encore, communistes. Est-ce à dire que l'échec du communisme est la cause de l'ébranlement du système fédéral ? Le Canada n'a jamais, et de loin, été communiste : or le *souverainisme* a de nouveau le vent en poupe au Québec [2]. L'Union indienne est perpétuellement secouée par des remous intercommunautaires ». Ce diagnostic, qui d'une façon rendait bien compte du caractère multiforme de ce qu'on a rassemblé sous le label du fédéralisme, semble conforter l'idée d'un modèle universaliste à travers le phénomène de crise qui en affecte des spécimens très différents. Si l'on ne peut nier la crise du fédéralisme dans certains pays – l'Inde et le Canada en offrent effectivement l'exemple –, on tend parfois à sous-estimer la vitalité du phénomène dans ses manifestations les plus notables – aux États-Unis, en Suisse, en Allemagne –, non plus que le succès du concept fédéral comme prolongement du régionalisme politique : la Belgique, mais aussi l'Espagne, et même encore l'Italie en sont les témoins actuels.

Le caractère contrasté de cet « état » du fédéralisme résulte de plusieurs données. En premier lieu, on a voulu voir, au nom d'une conception factice et fallacieuse du comparatisme institutionnel, des systèmes fédéraux là où il n'y en avait ni ne pouvait y en avoir : tel est le cas des pays de l'Europe de l'Est, où l'on déplorait la crise d'un fédéralisme qui n'existait pas. Ensuite, l'obsolescence du modèle du fédéralisme *dualiste*, sous la réserve d'un regain en doctrine aux États-Unis (voir *infra*), a pour effet d'occulter la réalité nouvelle, dans les États de droit, du fédéralisme coopératif. Enfin, on ne saurait nier la crise actuelle du fédéralisme dans certains États pluricommunautaires : on touche là à une dimension qui appelle d'autres solutions que celle du fédéralisme classique – étant admis que ce modèle a lui-même, comme il vient d'être dit, considérablement évolué depuis l'origine.

1. Le pseudo-fédéralisme dans les États socialistes

1. État fédéral, État de droit

Le fédéralisme postule un rapport de droit. Historiquement, aux États-Unis, en Suisse et en Allemagne, il est né de la transformation d'un lien de droit international – le pacte confédéral – en une constitution nationale. Sans doute, au XXe siècle, nombre de systèmes fédéraux ne répondent pas à cette formule classique du fédéralisme par agrégation et se sont, au contraire, constitués en vertu d'un processus de dissociation. Mais dans les deux cas, le fondement juridique est essentiel à l'intervention et au maintien du pacte fédéral.

Ainsi peut-on dire que le fédéralisme ne se conçoit pas en dehors de l'État de droit – qui ne se confond pas avec l'État démocratique. Sans un minimum d'État de droit, à défaut, au moins, d'une certaine autolimitation du pouvoir central l'engageant à respecter l'économie et les procédures du pacte fédéral, il ne saurait y avoir de fédéralisme effectif. C'est pourquoi le fédéralisme est généralement envisagé en relation avec le libéralisme largement entendu. Encore une fois, celui-ci ne se confond pas avec la démocratie : l'État libéral peut être oligarchique – régimes représentatifs censitaires – ou même autoritaire, probe ou improbe : ainsi l'Empire bismarckien ou le Mexique contemporain. En effet, écrit Stéphane Rials, « la technique fédérale ne préjudicie pas du contenu des missions étatiques et il va de soi que, pour les libéraux, celles-ci doivent être aussi peu étendues que possible (...). Quoi qu'il en soit, c'est, étant donné un volume donné de missions étatiques, que le fédéralisme apparaît comme une solution intrinsèquement libérale à la question de l'État » [3]. Si l'on se réfère à son prototype américain, le fédéralisme a en effet été conçu comme une garantie de liberté. Le partage de la fonction législative entre deux niveaux étatiques exclut le concept de souveraineté légicentrique de l'État (fondamentalement contraire aux principes libéraux) qui a été promu par la Révolution française. Par ailleurs, de manière générale « un fédéralisme poussé favorise la concurrence des législations et des gestions et, par voie de conséquence, l'expérimentation, la rectification des erreurs et le progrès du volet proprement technologique du droit. (...) Le fédéralisme vrai autoriserait un ajustement beaucoup plus fin, et avec beaucoup moins de rupture d'ensemble, de l'offre et de la demande normatives. Il permettrait la sanction des erreurs législatives : les législations fédérées oppressives et tatillonnes y entraîneraient en effet l'émigration interne des assujettis vers des zones plus favorables » [4]. Ce schéma répond encore, pour partie, à la situation des États restés les plus proches du modèle originaire.

2. *Le fédéralisme impossible*

On ne peut que constater l'incompatibilité absolue entre ces principes et ceux de l'État socialiste. Le droit s'y trouve suivant la saisissante formule de Zdenek Jicinsky, « dégradé au rang de simple instrument de pouvoir destiné à la domination de la société » [5].

La structure pseudo-fédérale a été, par le relais du parti unique, en URSS et en Yougoslavie, et, de manière moins abrupte, en Tchécoslovaquie, le paravent de l'hégémonie et même de l'oppression de la nation dominante sur ses voisines. C'est ainsi, relevait en 1991 André Fontaine – la considération, transposée à l'actuelle Fédération yougoslave (réduite au petit pied [6]), est toujours actuelle –, que le président serbe Milosevic « ne voit d'autre solution pour maintenir l'unité de la fédération que de la soumettre à la fois à une hégémonie néocommuniste et serbe. De même Staline avait-il jadis réussi, bien que Géorgien, à associer étroitement le peuple russe à l'appareil du PC (...) : dans chacune des quinze républiques de l'URSS, ou le numéro un du parti était un Slave, ou il était flanqué d'un adjoint slave qui était le véritable détenteur de l'autorité » [7].

On a vu depuis le peu de cas que faisaient les Républiques, et en premier lieu les Républiques baltes, du fédéralisme soviétique. Simple adjuvant du système totalitaire, ce pseudo-fédéralisme a radicalement échoué face à la réaffirmation des sentiments nationaux dans la plupart des régions de l'ex-Union Soviétique, et *a fortiori* dans celles qui ont jadis bénéficié de l'indépendance [8].

Ce fédéralisme de façade n'a pas été qu'un adjuvant de l'idéocratie ; il a été aussi un leurre dans les mains de chefs habiles affectant à moindre compte (dans un contexte parfois arriéré) le communisme paterne ou, à l'inverse, de ceux qui ont dû composer avec une société avancée, qui avait connu durablement, et surtout pratiqué, les libertés publiques. La Yougoslavie et la Tchécoslovaquie réalisent respectivement ce cas. En dépit de différences appréciables, le germe de dissociation y était congénital [9]. Dans la Yougoslavie de Tito, le fédéralisme n'est que la reprise sous un camouflage de visées hégémoniques au profit d'un chef de guerre (Tito est croate) en même temps qu'il est le corollaire (voy. l'autogestion) d'un affadissement de l'idéologie au bénéfice de l'autocrate – c'est la singularité « titiste ». En Tchécoslovaquie, le leurre machiavélien est encore plus grossier : la fédéralisation, en dépit ou à cause de sa date tardive (1969), n'y fut qu'un *remake* décent de la formule stalinienne. Or pourtant, il n'y a pas à douter que si le régime constitutionnel n'avait pas été spolié dans ce pays en 1948, un système fédéral véritable aurait pu y être implanté, à son heure, avec quelque chance de succès peut-être : à cette date, la Tchécoslovaquie n'avait pas une tradition libérale moindre que la Belgique, pays assez comparable, où la fédéralisation a fini par se faire jour [10]. C'est qu'en effet le fédéralisme eût été réalisé sinon toujours dans des visées sincères, en tout cas, par pétition, suivant les principes libéraux énoncés plus haut. On vérifie ici la nocivité d'un système qui aura compromis définitivement une assomption des problèmes par et dans le fédéralisme. De fait, lorsque les institutions démocratiques eurent été rétablies en Tchécoslovaquie, quarante ans d'emprise idéologique avaient atteint au point de rendre la séparation inexorable.

Au vu de ce constat, la critique qui doit être adressée à l'utilisation même du concept de fédéralisme dans le contexte de l'ancienne Europe de l'Est est fondamentale : il est incompatible avec le principe léniniste du centralisme démocratique. Comme l'écrit Marc Gjidara, « il est dérisoire de s'interroger sur la forme de l'État, dans la mesure où celui-ci était voué à n'être que l'outil administratif et la façade diplomatique d'un parti qui absorbait tout le politique. Le fédéralisme est une pièce rapportée dans l'idéologie » [11].

2. Crise ou mutation du fédéralisme démocratique

Le thème de la crise du fédéralisme dans les États démocratiques ne saurait être éludé, même s'il apparaît qu'il est souvent traité de façon insuffisamment nuancée. La crise, ou le déclin, du fédéralisme classique fait l'objet d'une abondante littérature dans les États fédéraux démocratiques qui ont connu le fédéralisme « classique », et en particulier aux États-Unis.

Or cette crise, écrit Stéphane Rials, « est d'abord celle d'un complexe mental : appréhendant celui-ci, on comprendra comment certaines aspirations contemporaines de l'État-providence ont pu ébranler le fédéralisme (...). L'aspiration à l'égalisation des statuts, voire à leur uniformisation, est l'un des traits majeurs du *trend* de ce qu'on appelle parfois la « modernité ». Il est significatif ainsi que l'accélération de l'interventionnisme fédéral se soit d'abord manifestée aux États-Unis, à la fin du siècle dernier et au début de celui-ci, dans le climat politique du « populisme » puis du « progressisme », par la création de ministères visant à une meilleure solidarité à l'échelon fédéral (Agriculture en 1889, Travail en 1913). Toujours aux États-Unis, la « lutte contre la pauvreté » a accentué dans les années soixante et soixante-dix ces tendances antérieures » [12]. A ce facteur primordial de la tendance à la centralisation, d'autres sont liés, qui sont les crises économiques – celle de 1929 a eu sur le système américain une importance considérable – et les facteurs internationaux, au premier rang desquels les guerres. Ces données ont une portée générale comme le montrent certains aspects de l'évolution du fédéralisme contemporain aux États-Unis.

La méfiance des antifédéralistes et les réticences exprimées au moment du processus de ratification, avaient conduit le premier Congrès à préciser, par le Xe amendement, que « les pouvoirs qui ne sont pas délégués aux États-Unis par la Constitution, ni refusés par elle aux États, sont réservés aux États respectivement, ou au peuple ». Aussi le fédéralisme initial était-il, selon l'interprétation du *Chief Justice Taney*, strictement dualiste. Il ne comportait pas de domaine où les compétences pourraient être concurrentes. Dans chaque État coexistaient deux systèmes gouvernementaux également souverains dans leur sphère : celui du gouvernement fédéral, qui détermine la « loi suprême » du pays et celui de l'État fédéré, auquel le Xe amendement garantit une compétence de droit commun. Le principe du Xe amendement paraît très clair (au point que la doctrine ait été tentée d'y voir un truisme). On le trouve encore invoqué en 1936, par la Cour suprême, dans un arrêt *United States v. Butler* qui invalide une des principales lois du *New Deal*. Mais cette conception était déjà à l'époque dépassée par une tendance récurrente et croissante à la centralisation [13].

Celle-ci s'était fait dès longtemps une arme de la Constitution elle-même : les leviers sont bien connus, et cet instrument juridique (naturellement régi par une interprétation extensive) a été validé avec constance par la Cour suprême : ainsi de la célèbre *necessary and proper clause* (*Mc Culloch v. Maryland* (1819)) et de la clause de commerce (*Gibbons v. Ogden* (1824)) – toutes dispositions originelles de la Constitution. En lisière des pouvoirs implicites (dont l'arrêt de 1819 ne constitue que le premier jalon) sont venues proliférer des théories adventices (celle des pouvoirs résultants, des inhérents etc.). Il est clair que l'extension considérable des attributions de l'Union résulte moins des amendements à la Constitution que de l'interprétation nouvelle qu'en a forgée la Cour. Et si le XIVe amendement (1868), qui concerne les droits individuels et civiques, est venu accroître la compétence de contrôle du pouvoir judiciaire fédéral sur la législation des États (au regard de la politique du gouvernement fédéral), il n'a connu pendant fort longtemps qu'une interprétation restreinte.

Même surtout – ainsi qu'on va le voir – en matière de droits civiques, la clause dite de commerce a connu un impact saisissant. Depuis l'arrêt *Gibbons v. Ogden* de 1824, et par l'effet plus encore d'une lecture rétrospective de cette décision, la clause de commerce a été de loin (plus même que la *necessary and proper clause*) la principale amorce de l'interventionnisme de l'État fédéral. En effet, dès 1824 a prévalu une conception extensive de la notion de commerce (pour le *Chief Justice* Marshall le commerce est une « communication »). L'implication devait être immense dès lors que, par une lecture délibérément anachronique de cet arrêt fameux (par lequel était reconnu le principe d'une compétence exclusive du Congrès fédéral en la matière), on en transposait les conséquences à un état de société et à des situations sans commune mesure avec les données qui prévalaient du temps du président Monroe. Ainsi donc, le concept, avec la sanction de la Cour suprême, est-il devenu littéralement « attrape-tout ». La notion s'étend désormais si loin qu'elle finit par être comprise (à partir de 1903) comme un pouvoir de police étendu et qui, pour être afférent, n'en a dès lors pas moins, par réfraction, fini par devenir général et réglementer les matières apparemment les plus inattendues. Les interventions du Congrès auront été d'autant plus insidieuses qu'elles sont vérifiées pouvoir invoquer de « nobles » motifs, ainsi – toujours sur le fondement de la clause de commerce – la défense des droits civiques, en 1964 (ou encore celle de l'environnement). En ces occasions, le contrôle de la Cour suprême, comme en témoignent les arrêts, manifeste cette tendance déjà ancienne d'ériger, dans cet ordre, l'orientation majoritaire en dogme. Cette tendance est officielle depuis 1937, et le juge suprême a entendu en tirer toutes les conséquences dès l'année suivante. Rien dès lors, du moins dans le principe, ne saurait garantir les États fédérés contre l'*invasio* de la législation fédérale lorsque la clause de commerce est invoquée. Cette compétence universelle ne s'exerçait cependant pas sans contrôle de la part du juge. Mais en 1985 est intervenu le célèbre arrêt Garcia. Cette décision consacre la théorie de la *retenue judiciaire*. Suivant les motifs de la décision, c'est dans le système de la Constitution lui-même que réside la garantie primordiale que la compétence des États fédérés ne sera pas entamée (et en effet, ces derniers sont représentés au Sénat). C'est donc, au premier titre, le fonctionnement normal des institutions proprement politiques qui est en soi la garantie du fédéralisme, et non pas le contrôle des juges. Comme le laisse prévoir l'opinion dissidente, la garantie censée profiter aux États fédérés, à partir de là, repose en définitive sur le *self restraint* du Congrès. Cependant, bien loin que cette décision ne conduise la Cour à décliner par principe son contrôle, on voit cette dernière persister bientôt de l'exercer, dès 1991. L'année d'après, la Cour, néanmoins, vient limiter de manière sérieuse l'emprise fédérale, réprimant une jurisprudence (en matière d'environnement) jusque-là favorable. Enfin, et plus récemment, en 1995 est intervenu l'arrêt Lopez. Par cette décision « historique » – mais dont l'avenir dira seulement si elle est appelée à faire époque – est invalidée, et pour la première fois depuis 1937, une loi adoptée en vertu de la clause de commerce. Il est symptomatique que cet important arrêt ait été rendu par cinq voix contre quatre, la décision (dont les motifs ont été rédigés par le *Chief Justice* Rehnquist) ayant requis le bémol de deux opinions concourantes (celles des juges Kennedy et Thomas). Le cas d'espèce ne présente guère d'intérêt ; mais il offre à la part (conservatrice) de la Cour qui cette fois fait la décision un prétexte : « l'enjeu unique, mais fondamental, c'était pour les juges de décider s'il convenait d'opposer enfin une limite, et laquelle, aux interventions législatives du Congrès dans les domaines les plus variés, et les plus éloignées parfois de ses attributions constitutionnelles traditionnelles » [14]. En l'état, il est néanmoins prématuré d'inférer d'une telle décision qu'elle puisse ou doive signifier un revirement d'importance, émanée qu'elle est d'une juridiction aussi portée à l'erratisme.

En réalité, ce qui est en jeu, c'est la conception même du fédéralisme américain (non moins que de la citoyenneté). On assiste en effet depuis quelque dix ans à une reviviscence de la doctrine dualiste, dont l'expression la plus aboutie a été l'opinion dissidente, exprimée par quatre juges, lors de l'arrêt Thornton, en 1995. Dans cette affaire, l'option dualiste dissidente a été doublée (de façon plus équilibrée) par l'opinion, nonobstant concourante, rédigée par le juge Kennedy, dont la voix fit la décision. Concourante, cette opinion parvient à l'être dans la mesure où, sur le plan des principes, elle illustre la mouvance modérée du fédéralisme dualiste, laquelle admet, même limitée, une concurrence au moins incidente des pouvoirs entre l'Union et les États fédérés. Aussi cette thèse n'apparaît-elle que simplement contraire – et c'est ce qui lui vaut naturellement de pouvoir intervenir par concours en l'espèce – à la tendance moniste (souveraineté exclusive de l'État fédéral), doctrine dont il y a des prémices, en jurisprudence, fort anciens (dès 1793) et qui, favorisée par la montée du progressisme, a fini par dominer à ce jour.

Il en va tout autrement des motifs dissidents (rédigés par le juge Thomas). Ceux-ci se veulent, au sens propre, « réactionnaires ». Ils s'avèrent cette fois contradictoires à la logique même qui a prévalu, en dernier lieu, dans le système américain, en ce qu'ils semblent prôner, ostensiblement, le retour à une conception primitiviste du fédéralisme [15]. Suivant cette vulgate, les deux niveaux, souverains dans leur ordre, auraient été conçus de manière à n'offrir aucun point de contact. Des commentateurs ont été jusqu'à écrire qu'en gommant les évolutions décisives, l'opinion dissidente remet en cause l'existence même de la nation américaine [16]. Quoi qu'il en soit de ce jugement, ces auteurs fort critiques ont néanmoins fait l'observation que les juges ont réussi dans la décision Thornton – au surplus confirmée en 1996 – à « désemboîter » (expression reprise de Tocqueville) les deux pièces maîtresses du fédéralisme américain, pièces (c'est nous qui soulignons) que « les uns ou les autres (juges) *tiennent chacune pour le tout* » [17]. Et le commentaire risque même en cet endroit le mot « schizophrène », que vient renforcer une dissension extrême entre les juges (cinq contre quatre) et la rigidité des thèses divergentes où, sempiternellement, comme encore dans la décisive affaire Lopez (voir *supra*), c'est le concours du juge Kennedy qui fait pencher la balance.

En perspective, c'est la question de la structure du fédéralisme américain qui est posée, à travers, spécialement, l'interprétation, qui menace d'être sérieusement revisitée, des dixième (réaffirmation de la compétence d'attribution de l'Union) et onzième amendements (immunité juridictionnelle des États fédérés) – tautologie ou *flatus vocis*, jusque naguère, pour une part dominante de la doctrine. Désormais, l'interprétation de ces textes et les freins à la tendance permanente à la centralisation dépendent entièrement du juge constitutionnel et plus particulièrement (comme on a eu ici maintes fois l'occasion de l'entrevoir) de la composition de la Cour suprême au moment où se pose la question [18]. L'enjeu du débat est d'autant plus perplexe que la tendance à l'uniformisation s'est faite plus subtile. Le dépassement du progressisme de stricte observance (Etat-providence) par lui-même [19] s'est appuyé sur des options ingénieuses, sinon retorses, et le recours à des techniques de plus en plus inventives. L'instrument le plus redoutable aura tenu, à l'évidence, dans le fédéralisme dit « coopératif ». Ce système, qui n'est guère récent (un signe avant-coureur en est avalisé par la Cour Suprême dès 1947), mais dont la portée s'est élargie, est à l'origine de l'accroissement considérable, en marge de la Constitution, des compétences de l'Union. Cependant, le rôle des États n'en a pas été nécessairement amoindri, mais il est transformé. Le système a fini en retour par assurer en effet aux États un rôle nouveau dans la mise en œuvre de programmes qu'ils n'auraient pu eux-mêmes initier. On a beaucoup critiqué cette évolution du fédéralisme, qualifié de technocratique. Comme il apparaît, la critique vaut d'être nuancée. En effet, les *grants in aid* comptent aujourd'hui pour près du quart au moins des ressources totales des États et des collectivités locales et contribuent à atténuer les disparités économiques entre grandes régions, entre États riches et États pauvres.

Le constat qui s'impose dans le cas américain s'applique à d'autres pays. Certaines évolutions sont préoccupantes. Ainsi Marc Gjidara relève, à l'endroit de l'Allemagne, que « la recherche d'une plus grande égalité dans son tenter d'expérimenter sur des bases désormais effectives les règles et les principes du fédéralisme que contenait, jusque naguère de façon purement factice, le texte constitutionnel. La solution fédérale n'a même pas été envisagée, comme s'il était acquis qu'elle était impraticable : bien compréhensible s'agissant des républiques baltes ou même, à d'autres égards, des républiques de l'Asie centrale, ou encore de certains peuples altaïques de la Russie (surtout les turcophones), ce réflexe est plus difficile à expliquer à l'endroit des peuples ouraliens et caucasiens [28]. Cette disqualification d'emblée apparaît encore plus véhémente au cas du donné balkanique. Tout se passe comme si le communisme avait été « un peu comme un réfrigérateur dans lequel on aurait enfermé, durant des décennies, des peuples vivants, en gelant leurs problèmes et leurs rivalités entre voisins. Aujourd'hui, cinquante ans plus tard, tout cela revient à la vie » [29]. Les transferts de population étaient censés, sous le régime communiste, avoir en partie réglé les problèmes. Encore fallait-il que les régions à fortes minorités ethniques soient contiguës de l'État où ces ethnies se trouvaient majoritaires [30]. Mais lorsque le peuplement est par trop massif et compact, la tendance à la sécession ne tarde pas à se manifester [31]. Enfin, si les États contigus relevaient en principe du même système « fédéral », l'irrédentisme s'en trouve paradoxalement avivé : la Bosnie est littéralement écartelée entre la Serbie et la Croatie ex-yougoslaves, même si elle peut revendiquer à leur encontre le fait « bosniaque », qui inscrit sa spécificité sur une zone de fracture [32] et s'appuie sur la rémanence – unique au cœur de l'Europe – de l'islam. Une autre difficulté est celle qui résulte de l'existence d'isolats [33]. Bien avant même que la Croatie, à l'issue d'un référendum ayant donné une majorité écrasante pour la souveraineté, proclame qu'elle est un « État souverain et indépendant » et qu'elle « ne demeure pas au sein de la Yougoslavie en tant qu'État fédéral uni » (29 mai 1991), le district à majorité serbe de Krajina avait proclamé son autonomie (août 1990), rejoint ensuite (février 1991) par la ville de Pakrac (au sud de la Slavonie). A la suite du désengagement serbe lié à la cessation du conflit bosniaque, ce territoire a été reconquis par les Croates (en mai 1995), d'où l'exode de la population serbe indigène. On trouverait de nombreux exemples de ce « donné balkanique », sous ces variantes diverses, dans l'ex-URSS [34].

Le conflit qui a dévasté récemment la Tchetchénie s'explique pour une bonne part (si l'on néglige ici les considérations qui tiennent à l'acheminement du pétrole de la Caspienne) par une psychose. Les hiérarques sans autorité héritiers de l'empire soviétique ont cru que la reconnaissance de l'indépendance de cette république fédérée – dont le peuple est caucasien, mais de confession musulmane – menacerait à elle seule de subvertir à terme (par contamination) l'ensemble, déjà dégradé, du système. Suivant ce fantasme (qu'alimentaient, il est vrai, des revendications récurrentes), la menace ne regardait pas seulement le versant européen du Caucase ou les républiques transcaucasiennes vassales [35], glacis que l'empire tsariste avait eu un mal infini à domestiquer au siècle dernier. La menace a été visiblement comprise comme susceptible de donner à l'intérieur même de la Russie d'Europe le pire exemple à la poussière d'ethnies qui constituent les entités fédérées (les plus virulents étant les turcophones) [36], sans parler encore de la Sibérie. Le problème russe illustre la confrontation d'une logique obsolète de gouvernement hiérarchique à un éparpillement plus ou moins irrédent d'ethnies jalouses. Afin de surmonter la difficulté, la Constitution de 1993 reconnaît cinq catégories d'entités fédérées (plus une *sui generis*), mais par l'effet d'une distinction nominale, puisque toutes sont des sujets égaux en droit [37] : les compétences des unes et des autres sont, en principe, rigoureusement les mêmes, la seule différence tenant à la dimension [38]. On aboutit à une fragmentation de la puissance étatique impressionnante (les entités fédérées sont au nombre de quatre-vingt-neuf) ; la traduction du principe sur les cartes est d'ailleurs très parlante : on y vérifie l'absence complète, désormais, d'une entité fédérée massive à part des autres, et il n'est pas une portion de la Russie au sens restrictif (slave) qui échappe à l'effet de mosaïque. Cette abnégation grand-russe à consentir pareil morcellement serait inexplicable si l'État fédéral, tel qu'il résulte de la Constitution de 1993, tout en héritant des lambeaux de l'État fédéral soviétique, n'était pas subrogé, de fait, à l'ancienne république fédérée de Russie. L'effet rémanent de surplomb n'aurait cependant pas été suffisant pour conjurer la dérive ethniciste (bon nombre de peuples ou fragments s'agitaient alors comme autant d'électrons libres, ayant proclamé leur souveraineté). Après que les ethnies les plus rétives eurent accepté de rentrer dans le rang par la conclusion de traités dérogatoires plus ou moins léonins (les Tatars et les Kalmouks sont des exemples), le Constituant a mis en place un système fédéral « réfracté » (pas loin de cent facettes), non dénué par là d'ambiguïté, et même à double entente [39]. Encore qu'à la lecture bien des éléments d'appréciation nous échappent, il était difficile (et en partie contradictoire) de dépasser le stade éclectique pour atteindre à un « fédéralisme de synthèse » [40]. Appelé par le constat des insuffisances de la solution fédérale classique, le texte manifeste les incertitudes, et la zone d'indécision, qui s'attachent à ce fédéralisme renouvelé dans un contexte chaotique. L'apport du droit comparé accuse ici des limites inexorables. Et le raffinement des techniques, qu'appelle le fédéralisme en soi, s'avère un recours hasardeux, eu égard à l'état de jachère où gît encore la Russie, dans la carence des bases les plus élémentaires du droit (et l'atrophie des comportements juridiques).

Les insuffisances de la solution fédérale « classique » apparaissent non moins dans le contexte de la crise de l'Union indienne, même si les causes sont ici fondamentalement différentes. Après la phase dramatique de la partition entre l'Inde et le Pakistan, le système fédéral institué par la Constitution indienne de 1949 était apparu – justement, alors, à cause de contentions délibérées – comme une assise solide, et plusieurs décennies d'un fonctionnement authentiquement fédéraliste ont conforté cette image. De sorte aussi que cette construction a favorisé le développement, dans le disparate de cet immense ensemble, d'un indéniable patriotisme indien, même si les clivages demeurent [41] et si, surtout, le pouvoir central n'a pas réussi à résorber les conflits régionaux. Les conflits régionaux ont évolué, pour eux, depuis quelques années, en véritables guerres contre le pouvoir national. Sur fond de revendication religieuse, des États comme le Cachemire et l'Assam s'insurgent contre le pouvoir « hindou » de l'Union. Le problème du Cachemire est assez connu ; l'effet de peau de chagrin qui caractérise l'Assam, suite à l'admission progressive dans l'Union d'entités à lui périphériques, y a provoqué, en réaction, un regain d'irrédentisme. La situation du Pendjab est plus ardue encore, où, bien que cet État en lui-même ait été amenuisé (en 1966) pour tenter de répondre au problème, des erreurs politiques ont conduit à un sursaut indépendantiste des Sikhs, tiers-exclus de la partition religieuse indienne, et qui revendiquent la constitution de leur patrie mythique, le Khalistan (l'« État des Purs »). Ces implications religieuses sont parmi les plus difficiles qui soient susceptibles d'éprouver l'efficacité d'une solution fédérale. René Capitant, évoquant le lien qui unit la démocratie au fédéralisme, soulignait que « la communauté fédérale ne doit être compétente que dans les matières où la minorité fait confiance à la majorité » et mentionnait le danger qui existe « lorsque la majorité, par une mesure discriminatoire, veut soumettre la minorité à une obligation à laquelle elle ne s'assujettit pas elle-même. Il en est ainsi lorsque la majorité porte atteinte au droit que revendique la minorité de pratiquer sa langue et sa religion ou de se constituer en communauté autonome » [42].

La langue est également, en effet, « par prédilection l'expression de l'identité nationale et la manifestation la plus tangible de l'unité, écrit Marc Gjidara, qui relève : la propension des États fédéraux à s'orienter vers le modèle unitaire est inversement proportionnelle à l'hétérogénéité linguistique [43]. La concordance langue-État-nation est vérifiée dans les cas américain et germanique, sous une réserve [44] : mais la pluralité linguistique est une situation fréquente, voire naturelle, de l'État fédéral » [45]. On sait (et l'on vient de vérifier) que les États de l'Union indienne ont été taillés de manière à recouvrir chacun un ensemble ou sous-ensemble linguistique.

C'est également dans ce contexte que se pose le problème du fédéralisme « dual » : ce que nous avons appelé le « donné canadien ». Ce problème affecte la fédération canadienne de manière particulièrement aiguë. Il paraissait avoir été résolu par les Accords Meech Langevin, autrement appelés Accords du lac Meech, conclus en 1987, cinq ans après le rapatriement de la Constitution canadienne. Le Québec s'étant d'abord, sous le gouvernement de René Lévesque, opposé à la Loi constitutionnelle de 1982, devait en 1986, par la voix du Premier ministre Bourassa, proposer cinq conditions à l'adhésion de la province au nouveau pacte fédéral. Cet accord, conclu par les onze Premiers ministres canadiens, est l'aboutissement de ces négociations, qui reconnaissait spécialement les principes de la dualité linguistique et de la « société distincte » formée par la Belle-Province dans l'ensemble canadien. La question a été hautement controversée de savoir si cette dernière affirmation était de nature à modifier le système fédéral des compétences au profit du Québec. Quoi qu'il en soit, les ambiguïtés impliquées par cette formule ont abouti au refus de ratification des Accords Meech Langevin par les parlements de deux provinces anglophones. Les accords sont devenus caducs à la date du 23 juin 1990, provoquant ainsi une grave crise constitutionnelle. L'obstruction du Manitoba et de Terre-Neuve a naturellement suscité au Québec une résurgence de l'idée de souveraineté, rejetée en 1981. Le traitement de cette crise a été confié à l'ancien premier ministre fédéral, M. Clark, nommé ministre des affaires constitutionnelles, et promoteur d'une nouvelle donne, au départ du concept de « communauté des communautés ». L'Accord de Charlottestown, qui avait tenté au moyen de quelques concessions (au détriment du Québec) de calmer l'appréhension des provinces anglophones, fut rejeté au référendum à la fois dans le Québec et par l'ensemble des Canadiens (26 octobre 1992). Ce nouvel échec devait de plus fort conduire à un regain du *souverainisme*. Quoique les tenants de cette option n'aient pas ménagé leurs efforts pour rendre la thèse présentable, un référendum, au Québec, tenu le 30 octobre 1995, s'est conclu par un rejet. (Cependant la majorité a été trop serrée pour qu'on puisse préjuger décidément des suites.)

Le « donné canadien » se retrouvait dans l'ex-Tchécoslovaquie, mais dans le contexte particulier d'un pseudo-Etat fédéral ayant effectué sa sortie du communisme. Et il se rencontre encore en Belgique [46], où il a fait l'objet d'un traitement long et complexe. Le royaume de Belgique est officiellement devenu un État fédéral par la révision constitutionnelle de 1993. Ce fédéralisme n'en demeure pas moins, à certains égards, « inachevé ». Deux logiques contradictoires se sont opposées et le nouveau système institutionnel belge a été construit sur la base d'une hésitation récurrente entre deux schémas antithétiques : un régionalisme politique circonspect, à plusieurs vecteurs, maquillé sous un habillage fédéral en fonction des conflits communautaires ; un État fédéral au sens fort, composé (au principal) de deux composantes égales, résumées chacune dans une entité unique, et par conséquent affrontées [47]. On reconnaît là quelques-uns des éléments du « donné canadien » qui l'ont rendu, malgré tout, plus accessible à la solution fédérale que les situations infiniment complexes du « donné balkanique ». Dans le système belge tel que les révisions opérées en 1988-1990 l'avaient déjà façonné, un dépassement a été tenté de la notion strictement territoriale du fédéralisme, en renouant d'une certaine façon avec l'ancienne notion du fédéralisme personnel. Et peut-être aussi le concept de « communauté des communautés » du ministre canadien des affaires constitutionnelles rejoignait-il cette idée. Ainsi que l'observe Bruno De Witte, « elle permet d'éviter les luttes entre nationalités pour le contrôle des différents niveaux territoriaux, et elle évite de poser les rapports entre majorité et minorité en termes spatiaux entre un centre et une périphérie, ce qui est souvent le prélude à la décomposition territoriale de l'État » [48]. Elle n'a toutefois connu, souligne-t-il, que de rares applications, fragmentaires, et comporte par ailleurs d'incontestables risques : « si, dans une situation de crise, l'autonomie territoriale pourra conduire au séparatisme, l'autonomie personnelle, elle, peut provoquer une violence endémique quitte à aboutir aussi à la séparation, mais avec un coût humain bien plus élevé : à Chypre et au Liban, des systèmes très sophistiqués conçus sur une base personnelle ont dégénéré de cette façon » [49].

La vérité oblige à dire que les seuls systèmes politiques qui aient pu assumer les contradictions inhérentes à un donné ethnique inextricable ou au fait de deux communautés constituées frontalement sont ceux fondés soit sur la notion d'Empire – mais « tout empire périra un jour » (pour reprendre un titre de Duroselle) –, soit sur le *patriotisme dynastique* (François Fejtö) [50].

L'effet de ce dernier fut profondément ressenti en Belgique lors du décès du roi Baudouin. Mais suffirait-il à contenir les poussées de séparatisme qu'exprime fortement le refus de plus en plus marqué des conséquences du principe de solidarité nationale ? La revendication flamande d'une fédéralisation de la sécurité sociale, tout comme, en Italie, l'accent mis par les sécessionnistes du Nord sur le coût engendré par les carences du Mezzogiorno, révèlent aujourd'hui des tendances inquiétantes. Si le fédéralisme n'est pas une panacée, la solution fédérale est du moins presque indéfiniment modulable, mais elle suppose, c'est un poncif de le rappeler, le maintien d'un minimum de vouloir vivre en commun.

Notes

[1] « Le fédéralisme en question », dans *Le Monde*, 22 mars 1991.

[2] L'échec du référendum du 30 octobre 1995, loin de calmer les revendications sécessionnistes (apaisement qui, dans le fait, ne devrait pas manquer néanmoins de se produire), y a même abouti à ce résultat que les tenants du souverainisme ont immédiatement proclamé leur assurance de l'emporter lors d'un prochain référendum (qu'ils entendent promouvoir).

³ *Destin du fédéralisme*, Paris, LGDJ, 1986, pp. 21-22.
⁴ *Ibid., op. cit.*, p. 26.
⁵ « L'État de droit socialiste en Tchécoslovaquie », *in* P. GRÉMION et P. HASSNER (dir.), *Vers l'Europe des États de droit*, Paris, PUF, 1990, p. 90. Professeur de droit public, exclu de l'Université après le Printemps de Prague, Zdenek Jicinsky a été l'un des signataires de la Charte 77.
⁶ La Fédération yougoslave se pose comme l'État successeur de la République socialiste fédérative de Yougoslavie (cette prétention a été rejetée par l'Organisation des Nations unies). La nouvelle « Yougoslavie » regroupe la Serbie et le Monténégro. C'est là une fédération factice, comme en témoignent, jusqu'au burlesque, les mauvais procédés dont le Monténégro est accablé.
⁷ *Art. cit.*
⁸ M. GJIDARA, « La solution fédérale : bilan critique », Nationalisme, dans *Pouvoirs*, 1991, n° 57, p. 96.
⁹ Le Pacte de Corfou, qui signale les prémices du royaume des Serbes, des Croates et des Slovènes, ne fut jamais appliqué loyalement : ce fut un prétexte par lequel les Serbes insinuèrent leur volonté d'hégémonie (à cet égard, le préambule de la Constitution actuelle de la Croatie est édifiant : il déclare non avenue la création de la Yougoslavie, en 1929, comme opérée de manière unilatérale). Si le ciment culturel qui rendit possible l'union des Slaves du Sud accusait plusieurs ancrages, ce furent surtout les intellectuels bohèmes et moraves qui intervinrent aux prodromes de la Tchécoslovaquie (dont l'épicentre demeura Prague). L'union des Tchèques et des Slovaques a été due à des motifs objectifs (ruine de la Double Monarchie) ou négatifs (rejet par les Slovaques de la magyarisation). Là encore les préalables (Accords de Pittsburg) ne furent pas vraiment respectés. Aussi bien, les Slovaques, sauf des intervalles fortuits (dus à ce que le droit des gens appelle des unions personnelles), avaient toujours été séparés millénairement des Tchèques. De même, et à plus forte raison, en est-il des Serbes et des Croates. Au surplus, la manière dont ces deux couples de peuples se sont constitués n'est pas sans analogie.
¹⁰ Une fédéralisation à terme y était d'autant plus envisageable que le binôme tchéco-slovaque avant 1939 s'augmente de Ruthènes (ce qui poursuit l'analogie avec la Belgique).
¹¹ *Art. cit.*, p. 105.
¹² *Op. cit.*, pp. 24 et 29.
¹³ Pour une synthèse de cette évolution, v. S. RIALS, *art. cit.*, p. 29-61.
¹⁴ Pierre-Henri PRELOT, Martin ROGOFF, « Le fédéralisme devant la Cour suprême des États-Unis », RDP, 1996, 3, p. 762.
¹⁵ C'est au point qu'une journaliste (Linda Greenhouse, du *New York Times*) s'est crue autorisée à extrapoler : « c'est à peine exagéré que d'affirmer que l'opinion dissidente a amené la Cour à une voix de restaurer les Articles de Confédération ».
¹⁶ Pierre-Henri PRELOT, Martin ROGOFF, *art. cit.*, p. 787.
¹⁷ *Ibid.*, p. 788.
¹⁸ On tient un cas notable dans le domaine éthique (qui supposerait donc une logique *délibérée* de consensus) : l'arrêt de la Cour de 1973 qui invalide une loi du Missouri réprimant l'avortement a été rendu, là encore, par cinq voix contre quatre. Prise sur la base du droit à la *privacy* (respect de la vie privée), elle a contraint les deux tiers des États à modifier leur législation en la matière pour la mettre en conformité. Dans les opinions dissidentes, la minorité des juges a contesté la solution retenue en tant qu'elle aboutit à « priver les législatures et le peuple du pouvoir de réglementer l'interruption de grossesse », que ne leur dénient pas les principes du fédéralisme tels qu'ils résultent de la Constitution. Cette argumentation est le point de départ de tentatives faites par les États en vue de réaffirmer leur compétence en la matière, la composition de la Cour paraissant depuis lors propice à un revirement de jurisprudence (v. notre étude « Le juge constitutionnel et la dépénalisation de l'avortement », dans *Argumentation*, 1991, 5 (numéro consacré à la rhétorique juridique), pp. 311-332).
¹⁹ Une fois dépassé le stade des politiques du New Deal et des programmes sociaux des années soixante (sans parler des ambitions de la « présidence impériale »), des solutions plus pragmatiques se sont imposées, adaptées à la complexité aggravée sinon à la dimension présente des problèmes.
²⁰ *Art. cit.*, p. 100.
²¹ V. S. RIALS, *op. cit.*, p. 42-44.
²² En ce cas, le recours au fédéralisme, ou à une forme moindre d'État composé, est plus facile. La France ne serait-elle pas la France que les prétentions du « peuple » corse ou un accès de souverainisme bas-breton pourraient être réglés par le régionalisme politique (ce dernier aménagé dans toute l'étendue

n'offrant qu'une différence légère avec le système fédéral) ? La difficulté, au contraire, s'aggrave donc ici de ce que les peuples chevauchent plusieurs États nationaux séculaires : c'est ce qui a valu d'invoquer les Kurdes comme les Basques, sauf des différences amères, puisque les Basques relèvent de deux États de droit et même – en Espagne – pratiquent l'État autonomique.

[23] Un autre cas, de moins d'ampleur (pallié aussi de manière autrement moins inhumaine), est celui des Mizos, sur les confins de l'Assam. D'où, pour surmonter d'âpres revendications, l'accession, en 1987, du Mizoram au rang d'État de l'Union indienne. De même encore, toujours en Inde, des fameux Gourkhas, limitrophes du Népal et népalais de langue (établis autour des collines de Darjeeling) : en juillet 1988, un accord conclu entre les autorités de l'Union et les séparatistes a prévu l'accession des Gourkhas à l'autonomie.

[24] Plusieurs cas se rencontrent : deux versants (Pyrénées, Caucase), une marche ou steppe (Bessarabie), ou même une faille (Bosnie-Herzégovine), ou une déchirure (Pendjab, Cachemire, Bengale, Assam). La recension des cas de figure n'est pas exhaustive.

[25] Aussi, le Pendjab, en 1966, a été morcelé, de manière que le nouveau Pendjab (de dimension réduite) soit plus accordé au peuplement sikh. On assiste ici à une figure symétrique de découpage de celle de l'Assam (où le dépeçage vise en premier lieu à satisfaire des revendications périphériques). Dans le Pendjab, une série d'effets pervers et d'erreurs a conduit à une situation explosive. L'État a été placé sous administration directe par l'autorité fédérale en 1987.

[26] Ce droit fut confirmé par l'article 2 de la loi (constitutionnelle) du 26 avril 1990 sur la « délimitation des compétences entre l'URSS et les sujets de la Fédération ». La Constitution actuelle a fait cesser cette hypocrisie.

[27] « L'État, l'individu et le droit », dans *Vers l'Europe des États de droit*, p. 54.

[28] Ces dénominations sont à comprendre de la langue (groupe balte, altaïque, ouralien, caucasien).

[29] J. RUPNIK, « Le réveil des nationalismes en Europe du Centre-Est », in P. KENDE et A. SMOLAR, *La grande secousse*, Paris, Presses du CNRS, 1990, p. 212.

[30] Ainsi de la Voïvodine, en Serbie, à l'endroit de la Hongrie, ou de la Slavonie orientale, en Croatie, à l'endroit de la Serbie. Il est bien d'autres exemples : la lisière méridionale de la Slovaquie, à l'endroit de la Hongrie ; en Moldavie, le cas de la Transnistrie, à l'endroit de l'Ukraine ; de même, en Bulgarie, du Quadrilatère et des populations ripaires (les Valaques subdanubiens), à l'endroit de la Roumanie ; en Serbie et en Macédoine (surtout naguère), de franges orientales, à l'endroit de la Bulgarie ; en Albanie, de l'extrême nord de l'Épire, à l'endroit de la Grèce.

[31] Ainsi en est-il du Kossovo, berceau historique de la Serbie mais où le peuplement albanais représente une majorité écrasante. Le statut d'autonomie du Kossovo au sein de la Serbie est perpétuellement remis en cause.

[32] Elle l'était déjà dans l'empire romain tardif.

[33] Le cas le plus célèbre est celui des Hongrois de la Transsylvanie, sans parler des résidus souabes (aussi dans le Banat). Un autre cas est celui des importantes minorités turcophones de la Bulgarie. Le cas des Gagaouzes (minorité turcophone) de la Bessarabie est moins connu. On peut citer encore, en Grèce, l'isolat des Valaques-Roumains épirotes.

[34] Ainsi du peuple caucasien des Ingouches qui, bien que restitué (après avoir été cruellement « puni » en suite de la Seconde Guerre mondiale), était demeuré privé d'une part de son territoire. A la faveur du délitement de l'URSS, les Ingouches ont tenté de « se refaire » sur les Ossètes. L'échec en définitive de cette tentative et les retombées du conflit russo-tchétchène ont entraîné l'exode de populations.

[35] Voir en Géorgie, le problème des Abkhazes ou celui que pose en soi la part asiate des Ossètes.

[36] Au regard de ces revendications, les Tatars de la Volga sont l'exemple le plus déterminé.

[37] Constitution du 12 décembre 1993, art. 5, al. 1-4 (voir art. 72 al. 2, art. 73, art. 74, al. 4).

[38] La difficulté s'augmente du fait que des districts autonomes peuvent être emboîtés dans un territoire ou une région, et que même il arrive qu'une république fédérée puisse être enclavée dans un territoire (ainsi de la république fédérée des Adhygéens (Circassiens), comprise dans le Krasnodar.

[39] L'exécutif fédéral et les exécutifs des sujets de la fédération, dans les matières de la compétence concurrente (et *a fortiori* de compétence fédérale exclusive), forment un système unique de pouvoir (Const., art. 77, al. 2), ce qui semble bien devoir établir à cet égard un rapport de subordination entre les organes (et non pas seulement les fonctions).

⁴⁰ Conscient aussi de ne pouvoir atteindre à cette ambition, le système n'exclut nullement les développements pragmatiques : ainsi de la constitution, entre les entités d'un même ensemble (l'Oural par exemple), de groupements interétatiques, par le biais de chartes négociées entre eux et conclues avec le centre.

⁴¹ Lorsqu'en 1983, les *chief ministers* des quatre États de l'Inde du Sud (le seul Kerala en l'occurrence faisant bande à part) ont décidé de créer un conseil des États du Sud, un auteur a été fondé à porter ce jugement — encore que péremptoire : « New Delhi sentit la gravité d'une démarche qui dénonçait l'inanité des structures fédérales » (Jean-Alphonse BERNARD, *L'Inde – Le pouvoir et la puissance*, Paris, Fayard, 1985, p. 81). Ces États répondent, « par opposition », au groupe linguistique dravidien.

⁴² R. CAPITANT, *Démocratie et participation politique*, Paris, Bordas, 1972, p. 11.

⁴³ Un bon exemple est l'Australie, fédération qui connaissait une grande homogénéité linguistique. Les Aborigènes — dont les langues sont pourtant si extraordinaires — n'y ont été considérés comme des citoyens à part entière qu'à partir de 1967, et leur statut relevait jusque-là des États fédérés, par une dérogation qui ne s'appliquait qu'à eux seuls (Const., art. 51 XXVI ancien).

⁴⁴ Du moins, pour les États-Unis, la concordance a-t-elle été vérifiée jusqu'à aujourd'hui (sous la réserve d'îlots amérindiens) ; mais dorénavant, la montée des hispanophones compromet cette uniformité de langue.

⁴⁵ *Art. cit.*, p. 101.

⁴⁶ On a entrevu plus haut une analogie entre la Tchécoslovaquie et la Belgique.

⁴⁷ Le processus, antérieurement à la révision de 1993, est décrit et la thèse démontrée par M. UYTTENDAELE, in *Le fédéralisme inachevé. Réflexions sur le système constitutionnel belge issu des réformes de 1988-1990*, Bruxelles, Bruylant, 1991.

⁴⁸ On ne saurait trop souligner ici une antinomie : le fédéralisme, à l'état accompli, va de pair aujourd'hui avec la démocratie ; or le suffrage universel manifeste (parce qu'il est réducteur) un effet pervers à l'endroit des minorités.

⁴⁹ « Minorités nationales : reconnaissance et protection », Nationalisme, dans *Pouvoirs*, n° 57, p. 126.

⁵⁰ L'Autriche-Hongrie offrait, de manière assez inédite, de cumuler l'une et l'autre difficulté et d'avoir dominé le dilemme par la conjugaison de ces deux formules politiques.

L'utilisation de canaux de représentation non institutionnalisés auprès de l'Union européenne

Isabelle SMETS
Grant FNRS

Depuis le milieu des années quatre-vingt, et spécialement depuis l'Acte unique européen, la prise en compte de l'intérêt régional dans la construction européenne n'a cessé de s'affirmer. Aujourd'hui, la région apparaît sous trois aspects dans la vie politique communautaire ; en tant qu'objet d'une politique européenne, en tant qu'actrice du droit européen et en tant que sujet du droit européen [1]. Dans ce dernier cas, les exemples sont nombreux qui montrent que, s'il n'existe pas un droit spécifiquement destiné aux collectivités sub-étatiques, leurs actions sont strictement encadrées par les dispositions communautaires. Dès lors, leurs voix se font de plus en plus pressantes, qui réclament les moyens de s'exprimer à propos de politiques qu'elles sont souvent amenées à exécuter, et cela dans les instances appropriées.

Dans ce contexte, les régions ne se sont jamais contentées des seuls canaux de communication qui, à l'instar du Comité des régions ou de la procédure permettant une participation régionale aux réunions du Conseil des ministres [2], ont été mis en place au sein de la structure communautaire (canaux institutionnalisés).

Nous appelons « canaux non institutionnalisés » l'ensemble des canaux de communication existant en dehors du cadre institutionnel de l'Union européenne. Nous nous intéresserons plus particulièrement, dans le cadre de ce chapitre, à l'action des bureaux de représentation régionaux et des associations de régions [3]. Dans le premier cas, il s'agit de canaux d'accès individuels, la mobilisation ayant pour objectif la représentation d'intérêts propres à la région concernée. Dans le deuxième cas, il s'agit d'une stratégie de représentation collective, l'association étant censée incarner l'intérêt commun de l'ensemble des régions membres.

Quelles fonctions remplissent ces différents canaux ? Comment agissent-ils ? Quelle est l'attitude des communautés et régions belges à leur égard ? Telles sont les questions auxquelles nous tenterons de répondre dans la suite de ce texte.

1. Les formes de mobilisation individuelle

L'action des bureaux de représentation constitue sans conteste la forme de paradiplomatie [4] régionale non institutionnalisée la plus visible à Bruxelles. Par leur proximité géographique avec les institutions européennes et la spécificité des accords conclus avec le pouvoir fédéral, les Communautés et les Régions belges font figure d'exception dans la manière dont elles ont organisé cette forme particulière de représentation et de contact avec le pouvoir européen.

1. Les bureaux régionaux : description générale

L'ouverture des bureaux de représentation est aujourd'hui un phénomène commun. Depuis le milieu des années quatre-vingt, ils fleurissent véritablement à Bruxelles [5]. Pratiquement, tous les *Länder* allemands (qui ont d'ailleurs lancé le mouvement) et la très grande majorité des régions françaises et espagnoles sont présents, ainsi que de très nombreux autres bureaux de régions originaires de tous les pays de l'Union européenne, à l'exception du grand-duché du Luxembourg, de la Grèce et du Portugal. Toutes les formules se côtoient : représentation individuelle (la plus courante) ou collective [6] au niveau national (Représentation Hamburg/Schleswig-Holstein) ou transnational (Bureau Essex/Picardie), formules de droit privé [7] (souvent choisies pour ne pas heurter la sensibilité des États dans un domaine comme celui des relations extérieures des régions, ou imposées par eux) ou représentation directe du gouvernement régional en tant qu'autorité publique (les États acceptant mieux le phénomène, certaines régions passent d'une formule de droit privé à une formule de droit public [8]), représentation d'intérêts publics uniquement ou association avec des intérêts privés [9].

D'une manière générale – et à des degrés divers selon les ressources financières et en personnel disponibles –, les bureaux exercent tous les mêmes fonctions, s'articulant autour de quatre axes principaux [10] ; le recueil d'information concernant la législation et les initiatives communautaires pouvant affecter ou intéresser le gouvernement régional ou les intérêts localisés sur le territoire de la région, l'*accompagnement* dans l'exploitation de l'information (aide dans la préparation des réponses aux appels à candidatures pour les programmes européens, conseils quant aux personnes à contacter), *la mise en relation* des acteurs régionaux et européens concernés, la *représentation des intérêts* spécifiques de la région lors des phases initiales de préparation de la législation et des initiatives communautaires [11]. Dans ce cadre-là, de très nombreux contacts sont initiés par les bureaux de représentation avec les différentes institutions européennes, mais également avec les représentations permanentes des États membres, les autres représentations régionales ou divers associations et groupes de pression également présents à Bruxelles.

2. *Le cas de la Belgique : spécificité de la représentation*

Si l'on retrouve bien des bureaux de représentation des régions et des communautés belges parmi les listes de recensement, il faut pourtant les distinguer de ceux de leurs collègues européens. Nos Régions n'ont en effet pas fait le choix d'une structure formellement et indépendamment établie à Bruxelles. Pour la Belgique, ces listes renvoient en réalité aux attachés des communautés et des régions auprès de la représentation permanente (RP) belge [12], c'est-à-dire à une structure fédérale. Placés organiquement sous l'autorité du représentant permanent, les attachés relèvent pourtant fonctionnellement et financièrement des exécutifs communautaires et régionaux concernés ; ce sont eux qui définissent leurs missions et en assument les coûts [13]. Si leur fonction ne diffère pas sensiblement de celle des bureaux régionaux en matière de collecte d'informations et de suivi des activités communautaires, la proximité géographique explique évidemment le choix de ne pas investir dans une structure spécifique. De même, surtout, que les facilités liées au statut d'attaché à la RP. Celui-ci leur permet d'assister aux réunions des groupes de travail du Conseil – à tous les niveaux – et de disposer de sources d'information considérables. Il leur confère aussi un « prestige » dont ne disposent pas les représentants « ordinaires » des bureaux régionaux.

La spécificité du statut des attachés en fait des exceptions dans le paysage européen. Le seul cas duquel on peut les rapprocher est, bizarrement, celui des deux îles portugaises (Madère et Açores), disposant également d'un « observateur » à la RP, habilité à participer à certains groupes de travail du Conseil [14]. Les communautés autonomes espagnoles s'étaient également vu reconnaître, dans un projet de convention avec l'État datant de 1986, le droit d'être représentées à la RP par un *observador* et un *observador adjunto*. Cette possibilité n'a cependant pas dépassé le stade de projet politique dans la mesure où communautés autonomes et État central n'ont pas été capables de s'entendre sur le statut et les compétences de ces derniers [15]. Quant aux *Länder* allemands, ils disposent d'un observateur *(Länderbeobachter)*, nommé par eux, exerçant des fonctions identiques à celles des attachés des Communautés et des Régions belges (suivre les activités des institutions communautaires – spécialement les réunions du Conseil –, transmettre l'information aux *Länder*). Il s'agit cependant d'une représentation collective et non intégrée formellement à la représentation permanente [16].

Le choix des Régions belges d'une structure individuelle n'est évidemment pas surprenante. S'il fonctionne très bien pour l'Allemagne, un mécanisme collectif semble difficilement transposable en Belgique. L. Hooghe remarque d'ailleurs que le cas des attachés régionaux ne fait qu'illustrer une approche globale différente des affaires européennes ; plus collective pour l'Allemagne (comme l'illustre également le mode de ratification des traités : par le *Bundesrat* – chambre collective –, sur l'ensemble du traité), plus individuelle pour la Belgique (traités ratifiés par chaque communauté et région séparément, sur les seuls points affectant leurs compétences). La Belgique et l'Allemagne représenteraient ainsi deux modèles distincts en matière européenne :

> « *The distinction between a collective and individual approach rests upon fundamentally different premises. The German position accepts that regions are the third level in a multi-layered European polity, and that they are ultimately nested in a national arena. The Belgian model discards the national mould : Europe is a polity with multiple actors at multiple levels who act directly with European Institutions within their competencies* »[17].

Ces problèmes sont bien trop complexes pour pouvoir être abordés dans le cadre de ce texte. Retenons simplement que les Communautés et les Régions belges, dans le cadre de la représentation permanente, disposent d'un canal individuel de représentation et d'information unique dans le paysage européen. Cette forme de représentation individuelle se combine avec une stratégie collective, menée cependant à des degrés divers selon la région concernée et la période étudiée.

2. Les formes de mobilisation collective

Avant de nous pencher sur le rôle des régions belges dans les associations de régions et de mesurer l'intérêt manifesté par elles pour ce type de mobilisation, nous allons nous employer à dresser un tableau général du paysage associatif régional en Europe. Quelles sont ces associations ? Qui représentent-elles ? Quelle est leur fonction ?

1. Le paysage associatif régional

A côté de la stratégie individuelle de mobilisation, les régions européennes se sont également investies dans des canaux collectifs de représentation. Les associations de régions incarnent cette volonté particulière d'agir en commun sur la scène européenne [18]. Cette forme de mobilisation n'est pas récente. Elle a cependant fortement évolué, adaptant ses objectifs et ses méthodes aux situations politiques nouvelles. L'Union européenne, sa politique régionale et les programmes financés dans le cadre de son action structurelle constituent évidemment des éléments fondamentaux dans les choix de fonctionnement et d'action de ces associations. Celles-ci ne s'apparentent donc pas véritablement aux formes restreintes de coopération transfrontalière ou transrégionale (plus centrées sur la gestion concrète de problèmes communs), mais s'inscrivent plutôt dans la logique de la représentation d'intérêt auprès des instances européennes. Elles constituent généralement des associations de droit privé du pays dans lequel elles ont leur siège et elles ont pour membre la région en tant qu'institution publique (représentation par les élus de haut rang et/ou les fonctionnaires régionaux).

Les objectifs des associations et le type de régions qu'elles regroupent les classent en deux catégories.

Dans le premier cas, on retrouve des associations à vocation universelle, dont l'objectif est de représenter l'ensemble des autorités locales ou régionales. Il en existe deux au niveau européen : le Conseil des communes et régions d'Europe (CCRE), regroupant, en réalité, les seules autorités locales (ce qui la rend inintéressante dans le cadre de ce chapitre [19]), et l'Assemblée des régions d'Europe (ARE), ayant pour ambition d'être l'organe représentatif de l'ensemble des autorités régionales en Europe [20]. On y retrouve la région wallonne (adhésion en 1985), la région flamande (1986), la région de Bruxelles-capitale (1990) et la Communauté germanophone (1992). Les statuts de l'ARE (article 2.2) affichent, dès le départ, ses ambitions :

> « renforcer la représentation des Régions auprès des Institutions Européennes et faciliter leur participation à la construction de l'Europe et à la vie communautaire pour tout ce qui les concerne (...) ».

A partir de 1992, le même article des statuts parle de « participation au processus décisionnel au niveau communautaire ».

L'assemblée générale qui s'est tenue à Bâle les 4 et 5 décembre 1996 a vu l'élection du ministre-président de la Flandre à la tête de l'association.

Dans le deuxième cas, on a affaire à des associations plus restreintes, que l'on peut qualifier de sectorielles ou de fonctionnelles. Leur objectif n'est pas de représenter l'ensemble des régions européennes, mais des groupes de régions partageant certaines caractéristiques communes. Celles-ci relèvent d'une structure économique spécifique (par exemple, RETI – Association des régions européennes de technologie industrielle, AREV – Association des régions européennes viticoles) ou d'un espace géographique particulier (ARFE – Association des régions frontalières européennes, CRPM – Conférence des régions périphériques maritimes). La vocation de ces organismes est d'exprimer les préoccupations communes de ces régions, liées au caractère géographique ou économique qui fait leur spécificité [21].

Toutes ces associations émanent d'une volonté régionale « *bottom up* » qui s'inscrit dans la logique de représentativité auprès des instances communautaires. Elles ont développé une véritable stratégie de reconnaissance de leur légitimité auprès de ces organes (travail de présentation de soi, de construction de légitimité, pour se voir reconnaître comme des associations véritablement représentatives des types de problèmes qu'elles incarnent). Elles ont, en règle générale, développé de bonnes relations de travail avec la Commission et le Parlement européens, dont les membres assistent régulièrement à leurs réunions, font parfois appel à leur expertise et reçoivent, en tout cas, leurs avis, résolutions et mémorandums. Sans se prononcer sur l'efficacité réelle de tels canaux quant à leur influence sur les décisions communautaires, on peut dire qu'il existe, en tout cas, un vrai dialogue entre les régions incarnées par ces associations et les institutions européennes.

L'on peut s'étonner de l'existence d'associations non institutionnalisées à côté de structures et de mécanismes institutionnalisés dans le système communautaire. Ces derniers ne sont-ils pas censés véhiculer directement les intérêts des régions au sein de la structure européenne ? N'y-a-t-il pas, dès lors, double emploi ?

Les carences et les spécificités des mécanismes mis en place expliquent partiellement cette dualité dans les canaux de représentation utilisés par les collectivités régionales. Le Comité des régions (CDR) n'intervient qu'à un stade tardif de la décision, il mêle intérêts régionaux et intérêts locaux parfois très divergents, les États en contrôlent la composition en ayant le droit de nomination des membres et le pouvoir de fonctionnement grâce à l'approbation du règlement intérieur par le Conseil. Surtout, sa composition ne reflète que très peu la réalité régionale européenne ; le nombre de sièges est fixé par pays et calqué, sans logique, sur la composition du Comité économique et social. Avec la volonté des États d'y voir siéger également les représentants des gouvernements locaux, le CDR n'offre pas à toutes les régions la possibilité de s'y voir représentées [22]. Quant à la possibilité prévue par le nouvel article 146 du Traité de Rome de participer aux réunions du Conseil des ministres, elle constitue un mécanisme très sélectif, qui ne permet pas aux régions de siéger en leur propre nom pour défendre leurs propres intérêts. Dans tous les cas, les régions sont les représentantes de l'État duquel elles relèvent ; il ne leur appartient pas de développer une stratégie individualiste, mais de parler au nom de l'intérêt collectif de cet État et de l'ensemble de ses composantes [23].

Par rapport à ces carences, les canaux non institutionnalisés – bureaux et associations – offrent un mode de représentation alternatif. Les premiers permettent aux régions de véhiculer les intérêts qui sont spécifiquement les leurs. Les seconds dépassent le clivage régional/local et sont ouverts à toutes les régions concernées par leurs travaux. Enfin, les associations ne fonctionnent pas selon la seule logique de la représentation d'intérêt, de l'influence de la décision européenne et de la sensibilisation aux problèmes communs. Elles sont aussi des forums au sein desquels circule une masse importante d'informations (concernant l'Union européenne en général et les décisions en cours, les recherches de partenariat par les régions,...) et qui favorisent l'échange d'expérience en facilitant la participation à des programmes cofinancés par l'Europe. C'est donc en terme de complémentarité qu'il faut voir leur participation simultanée à des canaux de représentation institutionnalisés et non institutionnalisés, ces derniers représentant parfois les seuls moyens dont peuvent disposer certaines régions européennes pour s'exprimer sur des problèmes communautaires qui sont de leur intérêt ou pour disposer d'une information complète à leur sujet.

Ces exemples montrent que les acteurs étatiques ne sont désormais plus les seuls sur la scène européenne et ne peuvent plus se poser en *gatekeepers* exclusifs entre les organes communautaires et d'autres intérêts autrefois représentés (presque) exclusivement par leur entremise. Des relations directes existent entre régions et institutions européennes, qui ne sont plus médiatisées par l'État. Des canaux de représentation non institutionnalisés ont émergé à côté d'organes et de processus de représentation institutionnalisés, et bien souvent avant eux. C'est en ce sens que G. Marks parle de « *multilevel governance* », « *a system of continuous negociation among nested governments at several territorial tiers – supranational, national, regional, and local* » [24]. Il schématise ce concept en soulignant les relations directes existant entre associations transnationales de régions « *EC-wide Peak Organizations of Subnational Governments* » et Communauté européenne, entre gouvernements régionaux et Communauté européenne, et entre associations et gouvernements régionaux [25].

Qu'en est-il, plus spécifiquement, des communautés et des régions belges ? Quelle est leur attitude par rapport à ces structures collectives de représentation ? A quel type de facteurs doit-on recourir pour y expliquer leur implication ?

2. *Le cas de la Belgique : une participation différenciée*

Nous devons faire une distinction, à ce niveau, entre la participation aux associations sectorielles ou fonctionnelles et la participation à l'Assemblée des régions d'Europe.

1. *Les associations sectorielles*

Dans ce premier cas, l'engagement des régions belges peut être qualifié de « ponctuel ». Il ne semble pas y avoir, en tout cas, une volonté affirmée d'investir ce type d'associations de manière durable et active. Tout au plus trouve-t-on quelques traces d'implication passive dans certaines de ces structures (participation ponctuelle de la province de Flandre occidentale aux travaux de la commission « Mer du Nord » de la CRPM, implication – de plus en plus distante – de la Région wallonne dans l'Association des régions européennes de technologie industrielle [26]). Rien, en tout cas, n'indique un engagement clair dans ce type de paradiplomatie.

L'explication paraît assez simple ; pour appréhender l'intérêt d'une adhésion, il faut se reporter aux fonctions que remplissent les associations. Parmi leurs objectifs communs, nous avons vu qu'il y a la volonté de renforcer l'accès des régions et leur participation à la décision communautaire, de sensibiliser les autorités politiques européennes à leurs préoccupations spécifiques et de faciliter leur accès aux sources d'information et de financement. L'intérêt des régions est d'autant plus important que les mécanismes existant dans les divers États membres sont souvent bien loin de les satisfaire ; elles ne disposent généralement pas des moyens de contribuer à la définition de la politique européenne de l'État, et la circulation de l'information concernant ces politiques peut connaître de sérieuses entraves [27]. Les régions trouvent donc dans ces organisations ce à quoi elles n'ont pas accès au niveau national : une tribune d'expression sur les problèmes européens et une source d'information les concernant.

Cet aspect important du rôle et de la fonction des associations de régions ne présente pas, pour les régions belges, un intérêt qui justifierait un engagement actif de leur part, avec les dépenses en termes de ressources temps et argent que cela implique. A la fois aux niveaux national et européen, elles occupent une position tout à fait privilégiée par rapport à l'accès aux sources d'information et à l'association à la prise de décision. Nous ne reviendrons pas sur le détail de ces mécanismes, une littérature importante y est consacrée [28]. Retenons simplement qu'ils offrent plus qu'une simple tribune d'expression concernant les politiques européennes. Ainsi, en ce qui concerne la détermination de la position belge au Conseil des ministres, B. Kerremans et J. Beyers n'hésitent-ils pas à parler de « droit de veto » dans le chef de nos régions et de nos communautés [29]. Leurs accès direct à la scène communautaire et indirect via la détermination de la politique européenne de la Belgique leur offrent en tout cas des canaux de communication *a priori* plus efficaces que ceux fournis par les associations. L'on peut adhérer, à ce propos, aux remarques de L. Burgorgue-Larsen formulées dans son étude sur l'Espagne et concernant l'utilité de ces dernières pour la promotion des intérêts spécifiques des régions espagnoles :

> « Non seulement le système institutionnel de ces associations est un filtre implacable qui empêche toute personnalisation de la reconnaissance régionale, mais le système communautaire n'est pas *a priori* acquis aux problèmes associatifs (...). Par conséquent, s'il est évident qu'une Communauté autonome peut retirer un certain prestige politique du fait d'appartenir à une association régionale, (...), la participation à l'élaboration de la politique communautaire est loin d'être directe et effective » [30].

En ce qui concerne les intérêts plus « fonctionnels » (échanges économiques, collaborations techniques,...) que ces organismes peuvent promouvoir, les régions belges ont marqué un engagement nettement plus soutenu au développement de liens bilatéraux, plus concrets et plus ciblés [31].

2. *L'Assemblée des régions d'Europe*

L'ARE témoigne, par contre, d'un engagement plus important de la part des régions belges. Dans un premier temps, la Wallonie se montre très active au sein de l'association. En 1985, elle joue même un rôle moteur dans sa création. L'assemblée générale constitutive se tient à Louvain-la-Neuve, la région se voit octroyer un poste de vice-présidence, joue un rôle actif dans la commission statutaire et prend, à sa charge, le fonctionnement du bureau de représentation à Bruxelles. Le siège social de l'ARE étant situé à Strasbourg, la nécessité s'était en effet vite fait sentir de disposer d'une structure permanente auprès des institutions européennes. La Région wallonne se chargera de la fournir, en même temps qu'elle détachera, à ses frais, deux fonctionnaires pour la faire fonctionner.

A la même époque, la Flandre reste un peu en retrait par rapport à ce type d'action. En 1994 cependant, on assiste à un renversement de tendance. A cette époque, le Français Jacques Blanc est élu à la présidence du nouveau Comité des régions. C'est une déception pour Luc Van Den Brande, ministre-président de la Flandre, également candidat. Cet échec est suivi d'un revirement en faveur de l'ARE, dirigée, depuis juillet 1992, par le bouillant Jordi Pujol, président centre-droit de la Communauté autonome de Catalogne. Une véritable connivence s'est installée entre les deux hommes et, dès ce moment, la Flandre va s'engager fermement dans les structures dirigeantes de l'ARE. Van Den Brande se présente d'abord et se fait élire à la tête d'une des six commissions de travail de l'association, chargée de la coopération avec les régions d'Europe centrale et orientale. Cet aspect du travail de l'ARE acquiert, à cette période-là, une importance accrue, ce qui n'est sans doute pas étranger au choix de Van Den Brande. Depuis la création du Comité des régions, l'Assemblée s'est en effet vue obligée de redéfinir ses orientations. Le soutien à la mise en place d'un niveau régional en Europe centrale et orientale apparaît alors comme un objectif essentiel dans ce qui devient un *leitmotiv* ; l'affirmation globale du *rôle politique* de l'association en tant que *promoteur* d'un régionalisme fort et de la démocratie en Europe, et organisateur de la coopération interrégionale. La priorité nouvelle accordée à ce type d'action se traduit donc par la création d'une Commission de travail chargée des relations avec ces pays, dont Van Den Brande occupera, le premier, la présidence. Il la quittera fin 1996, lors de son élection à la tête de l'Assemblée, après avoir insufflé une orientation éminemment politique à son action.

Le choix d'une commission n'est évidemment pas étranger au profil que l'on veut se forger par son engagement au sein de l'association. En choisissant une commission qui l'amène à poser des actes « politiques », s'inscrivant dans l'objectif général de « conceptualisation du rôle des régions dans le processus de réforme en Europe centrale et orientale » [32] (ce qui le conduit, par exemple, à des rencontres avec la présidence de l'OSCE), Van Den Brande donne une tout autre orientation à son action que s'il avait choisi de s'impliquer dans une commission plus « technique» (Commission IV : Cohésion sociale, Services sociaux, Santé publique ; Commission V : Politique régionale, Aménagement du territoire, Infrastructure, Environnement, Tourisme ; Commission VI : Culture, Éducation et formation jeunesse, Programme Eurodyssée).

La nature particulière de l'Assemblée des régions d'Europe en fait donc une cible intéressante pour la Flandre et explique « l'attention » particulière dont elle semble bénéficier de sa part. En se définissant comme l'association représentative de toutes les régions d'Europe, elle se place, en effet, d'emblée sur un terrain beaucoup plus politique que ces consœurs. Il ne s'agit plus de défendre un intérêt partiel et sectoriel en tentant d'influencer le contenu ou l'orientation précise de certaines politiques communautaires, mais plutôt de promouvoir, au niveau européen, un mode de décision et un projet politique qui associent autorités européennes, étatiques et régionales. Cet aspect de la mission de l'ARE a surtout été renforcé après la création du Comité des régions, dans un souci compréhensible de se démarquer des fonctions plus « techniques » de ce dernier (prise de position sur le contenu des politiques qui lui sont soumises). L'orientation est clairement exprimée lors de la réunion du bureau de l'assemblée, le 1er juillet 1994 ; « L'ARE doit se concentrer sur les grandes questions liées aux aspects politiques du régionalisme en Europe (...) » [33]. L'Assemblée Générale de Bâle (décembre 1996) a, par ailleurs, modifié les statuts dans ce sens [34], et sa Déclaration finale réaffirme cette option dans une série de points [35].

L'ARE, au moment où Van Den Brande décide de s'y engager plus fermement, se positionne donc de plus en plus comme le porte-parole du fédéralisme, du régionalisme et de la défense de la pluralité en Europe (le respect et l'encouragement de la diversité culturelle apparaissent dans la dernière version des statuts, adoptée en décembre 1996, article 1.1.). C'est évidemment par rapport à cet aspect qu'il faut comprendre l'engagement de la Flandre à son égard, et non dans la recherche de canaux d'influence auprès des institutions européennes. L'association, par les positions qu'elle prend sur des problèmes globaux, offre la possibilité de se poser en tant qu'intervenant politique sur des enjeux majeurs (détermination de l'architecture européenne, politique économique et sociale, politique d'élargissement de l'Union,...), en soulignant le rôle de la dimension régionale pour une bonne appréhension de ces problèmes.

En ce sens, elle fait partie d'une stratégie globale dictant la politique extérieure de la Flandre, telle qu'elle a, par exemple, été exprimée dans une note de son président, datant du 14 avril 1989 :

> « La politique étrangère flamande se fondera sur l'affirmation permanente de notre identité propre et sur la conviction qu'une coopération solide et loyale avec d'autres autorités et/ou institutions régionales, nationales, étrangères et supranationales est indispensable. Le Gouvernement flamand entend par cette voie apporter sa contribution substantielle à une Flandre qui se profile sur le plan international avec assurance et détermination » [36].

De manière générale, les relations extérieures font partie des moyens utilisés par la région pour s'affirmer indépendamment de l'État. Le caractère « distinct » des collectivités par rapport à lui et aux autres composantes sub-étatiques (du point de vue ethnique ou culturel par exemple) fait partie des facteurs encourageant cette tendance. Cet élément a été mis en avant dans de nombreuses études [37]. Dans ce schéma, la région se positionne au niveau international pour affirmer son existence et son identité, distinctes de celles de l'État dont il fait partie. Les relations extérieures de la Communauté française – quoique nettement moins provocatrices que celles de la Flandre – présentent ainsi une dimension beaucoup plus « politique » que celles de la Région wallonne. En s'inscrivant néanmoins prioritairement « dans le cadre de l'insertion dans la francophonie et la réaffirmation d'une solidarité Nord/Sud » [38], elles ne font pas d'un canal multilatéral comme l'Assemblée des Régions d'Europe un objectif prioritaire.

A un stade ultime de ce processus, on peut parler de « protodiplomatie » (« *to prepare the international ground for a future secession and recognition of a new sovereign unit* » [39]). La Flandre s'inscrit dans ce schéma ; elle « se projette en tant que nation sur la scène internationale, à l'initiative notamment du ministre-président de l'exécutif de la Communauté flamande, (...) qui poursuit une politique très vigoureuse à cet égard, exploitant toutes les opportunités (...) [40] ».

L'engagement au sein d'une association qui se veut « le moteur du régionalisme en Europe » [41] – et *a fortiori* sa présidence – avec tout le rituel qu'accompagne ce type d'activité (grandiloquence des manifestations, prises de positions politiques, invitation de la presse internationale pour une répercussion maximale, etc.) offre de multiples occasions de se « faire voir et reconnaître », et cela indépendamment des objectifs plus concrets de l'association (circulation de l'information, échange d'expérience,...). En cela, l'ARE a trouvé sa place dans la stratégie globale d'affirmation et de reconnaissance politique de la Flandre au niveau international. L'investissement, ici, est donc clairement politique.

3. Conclusion

On a vu que les associations de régions et les bureaux de représentation établis auprès des institutions européennes remplissent un rôle important pour la plupart des régions, tant du point de vue de l'accès à l'information que de celui de la prise de position sur les problèmes européens. Ils renforcent également la participation de ces régions à la décision européenne, en tant qu'espaces d'agrégation de leurs positions et instances de représentation auprès des institutions communautaires. On ne peut en effet négliger le poids des associations regroupant des institutions politiques élues, représentant des millions de citoyens en Europe. Il serait injuste, par exemple, de ne pas reconnaître le rôle qu'a joué l'Assemblée des régions d'Europe dans l'accord intervenu à Maastricht sur la création du Comité des régions. « *Although during the Intergovernmental Conference it was primarily the Belgians and Germans who pushed for the acceptance of these innovations, other regions, using primarily the Association of the Regions of Europe – which has become a focal point for the articulation of European regional interests – indirectly and informally contributed to the development* », note ainsi G. Schaefer [42]...

Il semble cependant évident que ces canaux collectifs transnationaux ne présentent pas un intérêt déterminant pour les communautés et les régions belges. Celles-ci disposent de moyens, tant au niveau national qu'à l'échelle européenne, beaucoup plus performants que ceux offerts par ces organismes du point de vue de l'influence sur la décision et de la collecte d'information. Et cela même si ces derniers peuvent se révéler des instruments utiles dans la réalisation de certains objectifs. Ainsi, dans le cadre de l'obtention de l'Objectif 1 par la Région wallonne, c'est notamment au sein de l'ARE que Guy Spitaels, alors ministre-président, s'est fait un allié des régions écossaises (parmi les plus actives au sein de l'association) pour « conscientiser » le commissaire européen à la politique régionale (à l'époque l'Écossais Bruce Millan) à la situation économique de la région [43]. De même, le cadre multilatéral a-t-il été utilement utilisé par les régions belges, allemandes et espagnoles dans une perspective de « construction d'alliances » pour supporter leurs positions relatives à la Conférence intergouvernementale qui devait déboucher sur le Traité de Maastricht [44].

Alors que le Comité des régions constitue maintenant un forum dans lequel peuvent se retrouver et discuter des régions originaires de toute l'Europe (rôle autrefois rempli exclusivement par les associations non institutionnalisées, et plus spécifiquement par l'ARE), on comprend que ces associations n'attirent que très modérément les régions belges. D'autant plus que des divergences importantes peuvent exister, même entre « régions fortes » dans la conception du rôle et du rang qu'elles peuvent tenir au niveau européen [45].

La personnalité des hommes œuvrant à la destinée des régions est évidemment aussi déterminante dans le choix d'utilisation des canaux internationaux et dans l'orientation du ton donné à la politique extérieure. L'exemple de Van Den Brande est parlant. A la Région wallonne aussi, la différence est manifeste entre le ministre-président Collignon et son prédécesseur, le premier délaissant les fastes d'une diplomatie « tape-à-l'oeil » pour un pragmatisme moins visible. Avec, en plus, des relations extérieures axées prioritairement sur la promotion économique, les canaux collectifs transnationaux sont délaissés au profil d'une diplomatie bilatérale plus concrète. Comme en atteste, d'ailleurs, l'engagement de plus en plus passif de la Wallonie au sein de l'Assemblée des régions d'Europe...

La volonté de la Flandre de s'engager plus fermement – au point d'en prendre la présidence – dans une association comme l'ARE relève évidemment d'une tout autre logique. En offrant à cette région la possibilité de s'exprimer sur des questions éminemment politiques, relevant d'enjeux globaux, elle est partie intégrante d'une politique générale, poursuivie par son président, de projection en tant que nation sur la scène internationale. On dépasse largement, dans ce cadre-là, la simple logique d'influence et d'accès à l'information qui dicte la participation de la plupart des autres régions européennes... Cela explique également la différence d'approche entre la Flandre et d'autres régions « fortes » qui, n'ayant pas le même rapport à l'État national, sont tout simplement déçues des possibilités concrètes qu'offrent ces canaux multilatéraux dans leur stratégie globale d'influence du et au niveau européen et ont tendance à s'en détourner [46].

Notes

[1] Pour cet aspect, voir BIANCARELLI, J., « CEE et collectivités territoriales. La dynamique institutionnelle », dans *L'Actualité juridique – Droit administratif,* 20 décembre 1991, pp. 835-845.

[2] Voir la contribution de VAN CUTSEM, M., dans cet ouvrage.

[3] Les canaux décrits dans ce chapitre ne sont pas les seules formes d'organisation non institutionnalisées des régions. D'autres canaux de mobilisation existent au niveau européen, parmi lesquels des formes plus restreintes de coopération transfrontalière ou transrégionale. Pour une description générale de l'ensemble de ces canaux, voir HOOGHE, L., « Subnational Mobilisation in The European Union », dans *West European Politics,* vol. 18, n° 3, juillet 1995, pp. 175-198.

⁴ Nous empruntons le terme à SOLDATOS, P., « An Explanatory Framework for the Study of Federated States as Foreign-Policy Actors », *in* MICHELMANN, H. J., SOLDATOS, P. (ed.), *Federalism and International Relations. The Role of Subnational Units,* Oxford, Clarendon Press, 1990, p. 37.

⁵ Selon des calculs personnels, on trouvait, en janvier 1997, 136 bureaux de représentation (comprenant, il est vrai, des représentations régionales et locales, ainsi que des associations nationales d'autorités régionales et locales).

⁶ La formule est collective dans la mesure où elle associe plusieurs régions dans un même organisme. La représentation est cependant de type individuel puisque le personnel à Bruxelles travaille, individuellement, pour chaque région représentée par le bureau, répondant aux demandes précises formulées par chacune d'elles. Ainsi, le bureau de représentation des régions françaises du Grand Sud (associant les régions Aquitaine, Corse, Languedoc-Roussillon, Midi-Pyrénées et Provence – Alpes – Côte d'Azur) véhicule les intérêts personnels de ces régions, et non les intérêts communs à elles cinq. C'est dans cette optique que nous qualifions cette représentation d'« individuelle ».

⁷ Le Bureau Nord-Pas-de-Calais se présente, par exemple, comme l'antenne bruxelloise d'une association de droit privé (CAPRES – Comité d'Action de Promotion régionale, économique et sociale) formée entre le gouvernement régional, les départements et les collectivités locales de la région.

⁸ C'est le cas de plusieurs *Länder* allemands par exemple, qui ont fait le saut suite à l'attitude plus souple du gouvernement fédéral à l'égard de l'activité de ces bureaux.

⁹ Plusieurs gouvernements espagnols sont ainsi associés, à Bruxelles, avec des universités et/ou des chambres de commerce.

¹⁰ Enquête par interviews et questionnaires menée par l'auteur et VAN CUTSEM, M. durant le premier semestre 1996, dans le cadre d'un projet de recherche « Processus décisionnel dans les relations USA-CE » coordonné par PHILIPPART, E. (ULB-CERIS), WINAND, P. (ULB-Institut d'Études européennes) et SBRAGIA, A, University of Pittsburg.

¹¹ Pour plus de détails concernant les activités de ces bureaux et les régions représentées, voir l'excellent MARKS G., NIELSEN, F., RAY, L., SALK, J., « Competencies, Cracks and Conflicts ; Regional Mobilization in the European Union », *in* MARKS, G., SCHARPF, F. W., SCHMITTER, P. C., STREECK, W. (ed.), *Governance in the European Union,* London, Sage Publications, 1996, pp. 40-63. Également, JEFFERY, C., « Regional Information Offices and the Politics of « Third Level » Lobbying in Brussels », paper presented to the UACES Conference, Leicester University, 6 October 1995.

¹² Il faut signaler également qu'en plus de son attaché auprès de la représentation permanente, la région de Bruxelles-capitale a aussi investi dans un Bureau de liaison Bruxelles-Europe. Le nom ne doit cependant pas tromper ; conçu comme un « instrument du Gouvernement de la région (...) pour la promotion de son image de capitale européenne », ce bureau remplit des fonctions tout à fait spécifiques, qui ne s'apparentent en rien aux missions dévolues à ses confrères, telles que décrites ci-dessus. Il s'agit ici de « démontrer par des actions concrètes la volonté du Gouvernement de la région (...) d'assumer sa vocation de région-hôte des organes de décision de l'Union européenne » (Rapport d'activité du Bureau de liaison Bruxelles-Europe, 1993-1994, p. 1). L'essentiel de la tâche est de fournir une assistance administrative aux personnes appelées à s'installer en Belgique pour travailler au sein des institutions européennes ou avec elles (aide dans les démarches administratives, renseignements relatifs aux taxes et impôts,...) ou aux institutions communautaires elles-mêmes.

¹³ Pour les textes régissant le statut des attachés, voir l'accord signé le 18 mars 1995 par l'État fédéral, la Communauté française, la Communauté et la Région flamandes, la Région wallonne et la Région de Bruxelles-capitale relatif au statut des représentants des communautés et des régions belges dans les postes diplomatiques, dans MINISTÈRE DES AFFAIRES ÉTRANGÈRES, DU COMMERCE EXTÉRIEUR ET DE LA COOPÉRATION AU DÉVELOPPEMENT, *Recueil des accords de coopération entre l'État fédéral et les entités fédérées en matière de relations extérieures,* Bruxelles, mars 1996, pp. 97-111.

¹⁴ HOOGHE L., « Subnational Mobilisation in the European Union », dans *West European Politics,* vol. 18, n° 3, juillet 1995, p. 184.

¹⁵ BURGORGUE-LARSEN, *L'Espagne et la Communauté européenne,* Éditions de l'Université de Bruxelles, Études européennes, 1995, p. 212.

¹⁶ ENGEL, C., « Allemagne », dans CHARPENTIER, J., ENGEL, C., *Les régions de l'espace communautaire,* Presses universitaires de Nancy, 1992, p. 78.

¹⁷ HOOGHE, L., *op. cit.,* p. 184.

[18] Peu d'études ont été réalisées par rapport à ce type de mobilisation régionale. Voir cependant RICQ, C., « Les organisations régionales en Europe », dans *Les politiques régionales en Europe*, Actes du colloque de l'Association des Instituts d'Études européennes, mai 1982, pp. 372-407 ; RICQ, C., « Les régions d'Europe et la construction européenne », *Cadmos*, n° 36, 1986, pp. 38-78 ; *Étude comparée des activités des organisations interrégionales* (document ARE, avril 1988).

[19] La Belgique est représentée au CCRE par une ASBL : Conseil des communes et régions/Section belge, fédérant l'ensemble des communes et des villes belges.

[20] Son *membership* dépassant en cela les strictes limites de l'Union européenne. On y trouve également des régions originaires de Bulgarie, de Croatie, de Hongrie, de Pologne, de Roumanie, de Russie, de Suisse, et d'Ukraine.

[21] L'AREV a suivi, par exemple, de très près la réforme de la politique communautaire viti-vinicole et prend de nombreuses positions à ce sujet ; la CRPM tente, elle, de sensibiliser les instances européennes à la dimension maritime du territoire (en insistant, par exemple, sur la nécessité d'un rééquilibrage économique basé sur une relance du transport maritime) ; quant à RETI, elle s'est mobilisée fortement lors de la révision de la politique en faveur des zones industrielles en déclin (objectif 2 des Fonds structurels européens).

[22] Sur le Comité des régions, voir VON DER KNAAP, P., « The Commitee of the Regions ; The Outset of a « Europe of the Regions » ? », dans *Regional Politics and Policy*, vol. 4, n° 2, Summer 1994, pp. 86-100. Également ; BOURRINET, J. (éd.), *Le Comité des régions de l'Union européenne*, (Economica, Centre d'Études et de Recherches internationales et communautaires, Université d'Aix-Marseille III, 1996).

[23] Voir VAN CUTSEM, M. dans cet ouvrage.

[24] MARKS, G., « Structural Policy and Multilevel Governance in the EC », *in* CAFRUNY, A. W., ROSENTHAL, G. G., *The State of the European Union. The Maastricht Debates and Beyond*, Longmann, 1993, p. 392.

[25] Voir schéma dans MARKS, G., *ibidem*, p. 405.

[26] La Province du Hainaut a été membre fondateur de RETI, la Région wallonne lui succédant quelques années plus tard. Elle est devenue de plus en plus passive au sein de l'association, les contacts ayant même complètement cessé depuis l'année dernière. L'engagement de la région a été plus ferme au moment où l'association défendait la pérennité de l'Objectif 2 des Fonds structurels, dès lors qu'un objectif financier était directement en jeu (interview de l'auteur avec Isabelle CATTELAT, directrice de RETI, novembre 1996). Sur ce problème, voir McALEAVEY, P., MITCHELL, J., « Industrial Regions and Lobbying in the Structural Fund Reform Process », *Journal of Common Market Studies*, vol. 32, n° 2, juin 1994, pp. 237-248.

[27] Voir ENGEL, C., « Rapport général de synthèse », dans CHARPENTIER, J., ENGEL, C. (éd.), *Les régions de l'espace communautaire*, Presses universitaires de Nancy, 1992, pp. 36-41.

[28] Voir VAN CUTSEM, M., dans cet ouvrage. Également KERREMANS, B., BEYERS, J., *The Belgian Subnational Entities in the European Union ; « Second » or « Third Level » Players ?*, (Paper presented at the ECPR Joint Sessions at the University of Oslo, March 29-April 3, 1996) ; LEJEUNE, Y., « Le droit fédéral belge des relations internationales », *Revue générale de Droit International Public*, Tome 98, n° 3, 1994, pp. 610-617 ; DE RYNCK, S., MAES, R., « Belgium ; Regions, Communities and Subregional Authorities in the European Integration Process », dans HESSE, J. J. (ed.), *Regions in Europe*, Baden-Baden, Nomos Verlagsgesellshaft, 1995, pp. 101-127.

[29] KERREMANS, B., BEYERS, J., *ibidem*, p. 7 ; « *Crucial in this system is the fact that it grants the Belgian federal and subnational entities a right of veto in the determination of Belgium's policy in the Council* ».

[30] BURGORGUE-LARSEN, L., *L'Espagne et la Communauté européenne*, Éditions de l'Université de Bruxelles, Études européennes, 1995, p. 194.

[31] Voir LEJEUNE, Y., « Belgium », dans MICCHELMANN, H. J., SOLDATOS, P. (ed.), *Federalism and International Relations. The Role of Subnational Units*, Oxford, Clarendon Press, 1990, pp. 152-172. Egalement : CEREXHE, E., « La Région wallonne et la Communauté française dans l'ordre international », *Tijdschrift voor Bestuurwetenschappen en Publiekrecht*, vol. 50, n° 9, 1995, pp. 666-673.

[32] Compte rendu de la réunion constitutive de la commission II, 30 mars 1995, point 5.

[33] « Rôle et missions futures de l'ARE après la création du Comité des régions », compte rendu de la réunion du Bureau de l'Assemblée des Régions d'Europe, Leeuwarden, 1er juillet 1994.

[34] Point 2 des nouveaux statuts adoptés à Bâle le 4 décembre 1996.

[35] Voir particulièrement les préambules de la Déclaration finale. Le point 13 de la Déclaration finale de l'assemblée générale d'Anvers, octobre 1995, affirme la conviction de l'ARE « que la construction d'une Europe unie, pluraliste et démocratique implique la notion d'ordre pan-européen s'appuyant sur quatre

niveaux qui sont les Institutions européennes, les Etats membres, les régions et les collectivités locales, chacun ayant ses attributions, ses compétences et ses responsabilités spécifiques ».

[36] Cité in GROUPE COUDENBERG, *Les relations extérieures de la Belgique fédérale*, Bruxelles, 1990, p. 92.

[37] Voir par exemple DEHOUSSE, R., *Fédéralisme et Relations Extérieures*, Bruylant, Bruxelles, 1991, pp. 96-106. Egalement MARKS, G., NIELSEN, F., RAY, L., SALK, J., « Competencies, Cracks and Conflicts ; Regional Mobilization in the European Union », dans MARKS, G., SCHARPF, F. W., SCHMITTER, P. C., STREECK W. (ed.), *Governance in the European Union*, London, Sage Publications, 1996, pp. 40-63.

[38] CEREXHE, E., *op. cit.*

[39] DUCHACEK, I., « Perforated Sovereignties ; Towards a Typology of New Actors in International Relations. », *in* MICHELMANN, H. J., SOLDATOS, P. (éd.), *op. cit.*, p. 27.

[40] PHILIPPART, E., « Le Comité des Régions » confronté à la « paradiplomatie » des régions de l'Union européenne. » *in* BOURRINET, J. (ed.), *op. cit.*, p. 163.

[41] « Réunion du Bureau de l'Assemblée des Régions d'Europe », Leeuwarden, 1er juillet 1994, Régions d'Europe, n° 9, 1994, p. 37.

[42] SCHAEFER, G., « Regions in the Policy Process of the EC – Reflections on the Innovations of the Maastricht Treaty », *Eipascope*, n° 3, 1993, p. 9.

[43] Interview de l'auteur avec F. Perl, attaché au Cabinet du ministre-président Collignon.

[44] Voir DE RYNCK, S., MAES, R., « Belgium ; Regions, Communities and Subregional Authorities in the European Integration Process », dans HESSE, J. J. (ed.), *Regions in Europe* (Baden-Baden, Nomos Verlagsgesellschaft, 1995), p. 115. Egalement JEFFERY, C., « The Regional Dimension of the European Union. Farewell the Third Level ? », dans *Regional and Federal Studies*, vol. 6, n° 2, été 1996, p. 67.

[45] Voir JEFFERY, C., « The Regional Dimension of the European Union. Farewell the Third Level ? », dans *Regional and Federal Studies*, vol. 6, n° 2, été 1996, p. 71.

[46] Voir l'exemple des *Länder* allemands dans JEFFERY, C., « The German Länder and the 1996 Intergovernmental Conference », dans *Regional and Federal Studies*, vol. 5, n° 3, automne 1995, pp. 355-365 et JEFFERY, C., « The Regional Dimension of the European Union. Farewell the Third Level ? », dans *Regional and Federal Studies*, vol. 6, n° 2, été 1996, pp. 56-75.

Notices biographiques

Nous publions ci-après de brèves notices biographiques de nos auteurs afin de mieux faire connaître au public leurs occupations professionnelles et leurs intérêts culturels.

Maurice BAYENET est né à Thy-le-Château en 1946. Instituteur de formation, il a également obtenu le brevet de direction et un brevet d'inspecteur.

Il mène en parallèle une carrière professorale et un engagement politique sur le plan communal ; il est successivement échevin et premier échevin de la ville de Dinant.

A partir de 1988, il se consacre entièrement à la vie politique en étant d'abord sénateur et ensuite député de la Fédération du PS de Dinant-Philippeville et, depuis mai 1995, de président du groupe PS du Parlement wallon.

Son appartenance à la pensée laïque remonte à sa jeunesse et n'a jamais depuis souffert d'interruption, de même que son combat pour une Wallonie forte dans une Europe solide et sociale.

Né en 1963, Alain BINET est licencié en droit et diplômé en communication sociale. Ses fonctions au sein de plusieurs administrations et cabinets ministériels, comme ses activités politiques, lui ont permis d'observer de l'intérieur le fonctionnement concret des institutions de la Région de Bruxelles-capitale. C'est à ce titre qu'il est chercheur au Centre d'études Jacques Georgin.

Il est également conseiller juridique au greffe de l'Assemblée de la Commission communautaire française.

Docteur en droit, Philippe DE BRUYCKER est directeur du Centre du droit public de l'ULB et chargé de cours à la Faculté de Droit.

Il est également expert auprès du Congrès des Pouvoirs locaux et régionaux du Conseil de l'Europe (CPLRE).

Armand DE DECKER est né à Bruxelles en 1948, Licencié en droit de l'Université libre de Bruxelles, il devient avocat en 1973, Il entame une carrière politique en 1979 en devenant secrétaire général adjoint du Parti réformateur libéral à sa création.

Il devient ensuite conseiller au cabinet du ministre de la Défense nationale. En 1981, il est élu député de Bruxelles.

Délégué par le Parlement belge à l'assemblée du Conseil de l'Europe et à l'assemblée de l'Union de l'Europe occidentale depuis 1982, il exerce la vice-présidence de l'assemblée de l'UEO de 1984 à 1986, date à laquelle il devient président du groupe libéral.

Il est élu échevin de la Culture à la commune d'Uccle, fonction qu'il exerce de 1989 à 1995.

Armand De Decker est élu sénateur en 1995 et président du Conseil de la région de Bruxelles-capitale. Il préside, depuis décembre 1996, la Commission de la défense de l'assemblée de l'UEO.

Armand De Decker s'est toujours intéressé prioritairement aux questions institutionnelles belges, à la politique étrangère et européenne et aux questions de défense.

Marianne DONY, née en 1954, a obtenu successivement la licence en droit à l'Université libre de Bruxelles, puis le doctorat. A l'origine essentiellement spécialiste des interventions publiques dans l'économie au regard du droit belge et du droit de la Communauté européenne, elle a élargi récemment le chapitre de ses recherches en droit communautaire. A ce titre, elle est co-auteur d'un ouvrage intitulé *Introduction au droit communautaire* publié en octobre 1995 dans la collection Cursus, aux Éditions Armand Colin. Directeur de l'Institut d'Études européennes de 1990 à 1995, elle assure actuellement la direction des recherches juridiques au sein de l'Institut.

Christian FRANCK est né à Auderghem en avril 1945. Il est docteur en science politique, diplômé d'économie, bachelier en philosophie. Sa thèse de doctorat portait sur « La Belgique dans la CEE à la CNUCED ». De 1977 à 1980, il a été conseiller du ministre de la Coopération au développement et du Commerce extérieur. De 1979 à 1995, il a enseigné à la Faculté de droit de Namur. Depuis 1984, il est professeur à l'Institut d'Études européennes de l'UCL.

Ses publications portent sur la politique étrangère de la Belgique et particulièrement la politique européenne belge, les enjeux institutionnels de la construction européenne, la politique étrangère et de sécurité commune.

Ancien recteur (1982-1986) et président du Conseil (1986-1995) de l'Université libre de Bruxelles, Hervé HASQUIN, né en décembre 1942, est historien économiste et dix-huitièmiste de formation.

Professeur en cette même université depuis 1970, il s'est spécialisé, au fil du temps, dans l'étude des idéologies et des mouvements nationaux.

Parlementaire depuis 1987, il est actuellement ministre de la Région de Bruxelles-Capitale.

Chantal KESTELOOT (Bruxelles, 1963) est licenciée en histoire de l'Université libre de Bruxelles (1985). Assistante au Centre de Recherches et d'Études historiques de la Seconde Guerre mondiale, elle a publié divers articles sur le mouvement socialiste clandestin (1940-1944), sur l'histoire du mouvement wallon et sur Bruxelles. Elle prépare une thèse de doctorat sur le mouvement wallon et l'enjeu bruxellois (1932-1970).

Après avoir enseigné douze ans à l'Université Comenius à Bratislava, le professeur Miroslav KUSY, docteur en philosophie, s'est retrouvé ouvrier de 1969 à 1989, et a connu pendant cette époque la prison, comme membre de la Charte 77. Depuis l'effondrement du régime communiste, il est devenu membre du Parlement national à Prague (1989), recteur de l'Université Comenius (1990-1991), membre du Présidium slovaque (1990-1992).

Aujourd'hui, Miroslav Kusy est à la tête du département des sciences politiques de l'Université Comenius.

Joël KOTEK est docteur de l'Institut d'Études politiques de Paris. Après avoir effectué des recherches au Antony's College d'Oxford, il a enseigné à l'Université d'Ottawa. Il travaille actuellement à l'Université libre de Bruxelles et au CERIS. Joël Kotek s'est spécialisé dans l'étude de la guerre froide, l'histoire de la construction européenne, le nationalisme et la Shoah. Il a publié de nombreux articles et ouvrages, dont récemment, sous sa direction, *L'Europe et ses villes-frontières* aux éditions Complexe. Joël Kotek est également conseiller culturel à l'Assemblée de la Commission communautaire française.

Philippe LAUVAUX est professeur à la Faculté de droit de l'Université libre de Bruxelles et chercheur au FNRS.

Affecté au Centre de recherches administratives, politiques et sociales (CRAPS) de l'Université de Lille II. Il est chargé de cours au département de science politique de la Sorbonne (Paris I) et a été antérieurement maître de conférences à l'Institut d'études politiques de Paris. Principales publications : *Le parlementarisme,* PUF, 1987, *Parlementarisme rationalisé et stabilité de l'exécutif,* Bruylant, 1988, *Les grandes démocraties contemporaines,* PUF, 1990.

Jacques LEMAIRE (né à Bruxelles en 1946) est docteur en philosophie et lettres (philologie romane).

Spécialiste de la langue et de la littérature françaises du Moyen Âge, il est l'auteur d'une thèse sur le *Thème de la vie curiale en France sous les premiers Valois (1328-1498).* Il a publié sept livres et plus de soixante-dix articles (dans les revues de France, de Belgique, d'Italie, des États-Unis, de Pologne, du Canada, etc.).

Il s'intéresse aussi à l'histoire des idées en France au XVIIIe siècle (il a coédité le *Dictionnaire de Voltaire),* spécialement aux rapports entre les gens de lettres et la franc-maçonnerie. Ses travaux sur cette question ont donné lieu à un livre qui a reçu le prix de la Fondation Guy Cambier en 1984.

Il assume, depuis septembre 1975, la direction des publications de *La Pensée et les Hommes.* Il préside l'association depuis avril 1993.

André LETON (né à Liège en 1953) est docteur d'État en science politique (Paris II), licencié en droit (ULg), licencié spécial en droit maritime et en droit aérien (ULB). Prix national de thèse du Gral-CNRS (France), prix de la chancellerie des Universités de Paris, prix de l'Université de Paris II, prix de la Fondation wallonne P.-M. et

J.-F. Humblet. Il a enseigné la science politique à l'Université de Liège et enseigne aujourd'hui en fonction principale à l'Institut d'Études politiques de l'Université de Lille II.

Née en 1950. Évelyne LENTZEN est licenciée en Sciences politiques (ULB). Elle assure les fonctions de rédactrice en chef du *Courrier hebdomadaire du CRISP* depuis 1983 et est cotitulaire d'un cours sur les réformes institutionnelles au CERAP (ULB). Elle a écrit de nombreux articles sur les élections et le système électoral, les législatures, le système de décision politique, les groupes d'entreprises et les médias. Elle assure les commentaires des résultats des élections en direct à la radio (RTBF 1) et en différé à la télévision (notamment sur Télé-Bruxelles).

Nicolas LEVRAT est maître d'enseignements et de recherches à l'Institut européen de l'Université de Genève et chercheur aux Centres de droit public et de droit international de l'Université libre de Bruxelles. Il a travaillé de 1991 à 1995 au Conseil de l'Europe. Il a publié en 1994 un ouvrage aux PUF intitulé *Le droit applicable aux accords de coopération transfrontière entre collectivités publiques et infraétatiques*.

Né à Grenade en 1952, Miguel JEREZ MIR est docteur en droit de l'Université de Zaragoza, où il a été *profesor adjunto* de droit politique jusqu'en 1989. Fulbright Fellow à l'Université de Yale (1981), il a également été professeur visiteur à l'Université de North Carolina (1987). M. Jerez Mir enseigne actuellement la théorie de l'État et le système politique espagnol à l'Université de Grenade, où il est professeur agrégé de sciences politiques et administratives depuis 1992.

Née en 1943, Françoise MASSART-PIERARD est docteur en sciences politiques et sociales de l'Université catholique de Louvain, où elle est professeur et responsable de l'Unité de relations internationales.
Ses travaux portent essentiellement sur l'intégration européenne et ses politiques publiques, les relations culturelles internationales, la politique extérieure des États fédéraux et de leurs composantes, la culture politique, la francophonie internationale.

Xavier MABILLE est le président-directeur général du CRISP et est chargé de cours à l'ULB. Il est aussi l'auteur de *Histoire politique de la Belgique,* parue au CRISP en 1986 et en 1992.

François PERL est né en 1971 à Bruxelles. Il est candidat en droit et licencié en sciences politiques. Il est actuellement attaché au ministre-président du gouvernement wallon pour les questions internationales. Il collabore ponctuellement avec le CERIS, où il fut assistant de recherche entre 1994 et 1995.

Simon PETERMANN (né en 1942) est docteur en sciences politiques. Il est actuellement chargé de cours à l'Université libre de Bruxelles. Il est également chargé de conférences à l'Institut royal supérieur de Défense, maître de conférences à l'Université de Liège et chargé d'enseignement à l'Université de Mons-Hainaut.

Ses enseignements et ses écrits portent sur la sociologie des relations internationales, l'intégration européenne et l'histoire des doctrines politiques et sociales. Il est l'auteur des ouvrages suivants : *Marx, Engels et les conflits sociaux, Le processus de paix au Moyen-Orient* et *Devenir citoyen : initiation à la vie démocratique*. Il a également publié de nombreux articles dans diverses revues scientifiques en Belgique et à l'étranger.

Il s'intéresse depuis 1989 aux problèmes de la transition démocratique dans les pays d'Europe centrale et orientale où il fait de nombreux séjours. De novembre 1995 à janvier 1996, il a été observateur européen pour les élections palestiniennes. Il est devenu depuis 1996, expert-consultant auprès du Conseil de l'Europe.

Éric ROBERT (né à Uccle en 1965) a effectué ses études à l'ULB où il a obtenu les diplômes de licencié en sciences politiques et relations internationales, de licencié en droit international et de licencié en droit. Membre de l'équipe vainqueur du concours de droit international Charles Rousseau lors de l'épreuve internationale de procès simulé, il a eu à cette occasion le prix du meilleur mémoire écrit et le 4e prix individuel de plaidoirie. Chercheur au Centre de droit international depuis 1990, il réalise pour l'instant des recherches de doctorat ayant pour thème la compatibilité des règles du commerce international avec les principes de droit international en matière d'environnement dans le cadre d'un Mini-Arc. Depuis peu, il donne un cours de droit des opérations et des contrats économiques internationaux au titre de maître de conférences à la Faculté de droit de l'ULB. Auteur de diverses publications, il a également participé à des consultations en droit international.

Jan REYNAERS est né à Anderlecht, licencié en sciences politiques et diplomatiques, licencié en journalisme, licencié spécial en études européennes (VUB). Ancien fonctionnaire de l'AGCD, chef de cabinet du gouverneur-adjoint du Brabant flamand, vice-président des Socialistes progressistes belges, conseiller du Front pour le Fédéralisme d'union et ancien conseiller communal de Molenbeek Saint-Jean.

Jean-Louis SIX est licencié en droit de l'Université libre de Bruxelles et diplômé en droit fiscal de l'Université de Cambridge. Il fut successivement chercheur au département d'économie appliquée de l'ULB (Dulbéa), puis inspecteur des Finances, avant d'entrer dans la carrière diplomatique. Il est actuellement chef de cabinet du ministre-président de la Région wallonne, M. Robert Collignon.

Il est maître de conférences à l'Université libre de Bruxelles et auteur ou coauteur d'une douzaine de publications scientifiques.

Isabelle SMETS est licenciée en journalisme et communication (ULB) et en études politiques européennes (ULB, Institut d'études européennes). Elle mène actuellement des recherches dans le cadre d'une thèse de doctorat consacrée à l'étude des types de mobilisation et de représentation des autorités régionales auprès de l'Union européenne.

Elle est membre fondateur du Groupe d'étude du lobbying européen (ULB, Institut de sociologie) et du Groupe de recherche interdisciplinaire sur les régions et collectivités locales en Europe (ULB, Institut d'études européennes).

Né en 1960, Jérôme SOHIER est licencié en droit de l'ULB (1983) et a entrepris des études post-universitaires en Allemagne dans le cadre d'un programme spécial pour juristes étrangers (1984).

De 1985 à 1992, il fut secrétaire d'administration au ministère de la Justice, affecté au Bureau d'Études du secrétariat général et, de 1985 à 1989, il fut chercheur au Centre universitaire de droit public.

Il est actuellement avocat au barreau de Bruxelles et maître de conférences à l'ULB.

Table des matières

Jacques Lemaire	Avant-propos	7
Hervé Hasquin	La Belgique et ses nations au regard de l'histoire	9
Table ronde	Quel avenir pour la Belgique à l'horizon 2010 ? Avec la participation de Xavier Mabille, Maurice Bayenet, Marc Bertrand et Armand De Decker	21
Georges Goriely	La Belgique et ses nations dans la nouvelle Europe	33
Miguel Jerez Mir	Le statut des autonomies espagnoles	39
Miroslav Kusy	Le « divorce de velours » entre Slovaques et Tchèques	51

L'État, l'identité nationale et la résurgence des identités territoriales — 57

Chantal Kesteloot	Une identité aux contours incertains	59
Jan Reynaers	L'identité culturelle flamande	73
Simon Petermann	Existe-t-il une identité bruxelloise ?	77
André Leton	La communauté germanophone	85
Alain Binet et Joël Kotek	Fédéralisme et régionalisme en Europe Le devenir de Bruxelles	93
Éric Robert	Le devenir de Bruxelles comme district européen ?	109

Jérôme Sohier	Le devenir du Sénat, Chambre des États factice	129
Évelyne Lentzen	L'état, l'identité nationale et la résurgence des identités territoriales. Synthèse	133

Les relations extérieures des entités fédérées ... 137

Nicolas Levrat	Une dimension nationale de la coopération transfrontalière ?	139
Philippe De Bruycker	Les garanties européennes territoriales	145
Marianne Dony	Les régions face au principe de subsidiarité	161
Françoise Massart-Pierard	Evolution d'un partenariat : la Belgique francophone et la francophonie institutionnelle	167
Jean-Louis Six et François Perl	Les relations extérieures de la Région wallonne	171
Christian Franck	Belgique fédérale ou « défédérée » et institutions de l'Union européenne	181
Philippe Lauvaux	État présent du fédéralisme	187
Isabelle Smets	L'utilisation de canaux de représentation non institutionnalisés auprès de l'Union européenne	205

Notices biographiques ... 221

Table des matières ... 227